SEGURANÇA JURÍDICA E CONTROLE DA ADMINISTRAÇÃO

panorama geral e comentários sobre a Lei n. 13.655/2018 (LINDB)

Maria Coeli Simões Pires
Eurico Bitencourt Neto
Dayana Alves Guimarães
(Coordenadores)

SEGURANÇA JURÍDICA E CONTROLE DA ADMINISTRAÇÃO

panorama geral e comentários sobre a Lei n. 13.655/2018 (LINDB)

editora
Del Rey
2022

EDITORA DEL REY LTDA.
www.livrariadelrey.com.br

Editor: Arnaldo Oliveira

Editor Adjunto: Ricardo A. Malheiros Fiuza
(*in memoriam*)

Coordenação Editorial: Letícia Neves

Diagramação e revisão: Know-how Editorial

Editora:
Rua dos Goitacazes, 71 – Lojas 20 a 24
Centro – Belo Horizonte – MG
CEP 30190-050

Comercial:
Tel.: (31) 3284-3284 / 3293-8233
vendas@editoradelrey.com.br

Editorial:
editorial@editoradelrey.com.br
Tel.: (31) 2516-3340

S456 Segurança jurídica e controle da administração: panorama geral e comentários sobre a Lei n.13.655/2018 (LINDB)/Maria Coeli Simões Pires, Eurico Bitencourt Neto, Dayana Alves Guimarães (coordenadores). -- Belo Horizonte: Del Rey, 2022.
384 p.; 15,5x22,5 cm.

Inclui bibliografia.
ISBN 978-65-00-38426-0

1. Direito administrativo - Brasil. 2. Garantia (Direito). 3. Administração pública - Brasil. 4. Controle jurisdicional de atos administrativos. I. Pires, Maria Coeli Simões. II. Bitencourt Neto, Eurico. III. Guimarães, Dayana Alves. IV. Título.

Junio Martins Lourenço – Bibliotecário – CRB-6 3167

HOMENAGEM À PROFESSORA MARIA COELI

Já dizia Cora Coralina que é "feliz aquele que transfere o que sabe e aprende o que ensina".

Não há quem discorde da afirmação de que a Professora Maria Coeli é uma daquelas pessoas que possuem o dom de ensinar e que transmitem felicidade em cada segundo das suas aulas. Aulas essas marcadas por imensa sabedoria e empatia, com aprofundamento de debates e apontamento de caminhos seguros para a aplicação prática de tema controverso e desafiador.

Mais importante ainda, enquanto ministrava o conteúdo da disciplina, fez questão de tirar um tempinho para conhecer cada um de nós, alunos, de maneira mais profunda, proferindo palavras de carinho e estímulo para todos.

Diante disso, a 1ª Turma de Especialização em Direito Administrativo da Universidade Federal de Minas Gerais (UFMG) gostaria de prestar a ela esta singela homenagem, agradecendo por toda a generosidade que marcou sua convivência conosco.

Temos certeza de que os estudos de segurança jurídica na administração pública, guiados por uma professora tão brilhante, irão respaldar a nossa atuação profissional e acadêmica. Esperamos, assim, com esta obra, compartilhar o conteúdo com terceiros, visando transformar cada vez mais a gestão pública brasileira.

À Professora Maria Coeli, nosso muito obrigado!

1ª Turma de Especialização em
Direito Administrativo da Universidade
Federal de Minas Gerais (UFMG)

SOBRE OS COORDENADORES

DAYANA ALVES GUIMARÃES

Pós-graduada em Direito Administrativo pela Universidade Federal de Minas Gerais (UFMG). Pós-graduada em Direito Processual pela Pontifícia Universidade Católica de Minas Gerais (PUC Minas). Graduada em Direito pela UFMG.

EURICO BITENCOURT NETO

Professor dos Cursos de Graduação e Pós-graduação da Faculdade de Direito da Universidade Federal de Minas Gerais (UFMG). Doutor em Ciências Jurídico-políticas pela Universidade de Lisboa. Advogado.

MARIA COELI SIMÕES PIRES

Graduada em Direito pela Pontifícia Universidade Católica de Minas Gerais (PUC Minas). Mestre e Doutora em Direito Administrativo pela Faculdade de Direito da Universidade Federal de Minas Gerais (UFMG). Professora de Direito Administrativo na UFMG. Procuradora aposentada da Assembleia Legislativa de Minas Gerais. Advogada.

SOBRE OS AUTORES

ANDRÉ PINHO SIMÕES

Mestrando em Direito pela Universidade Federal de Minas Gerais (UFMG). Pós-graduado em Direito Público pela Pontifícia Universidade Católica de Minas Gerais (PUC Minas). Pós-graduado em Direito Administrativo pela UFMG.

ARTHUR ELIAS DE MOURA VALLE

Pós-graduado em Direito Administrativo pela Universidade Federal de Minas Gerais (UFMG). Especialista em Direito Público pelo Instituto para o Desenvolvimento Democrático (IDDE). Sócio do Escritório Maneira Advogados.

BIANCA ROCHA BARBOSA

Mestranda em Direito pela Universidade Federal de Minas Gerais (UFMG). Pós-graduada em Direito da Mineração pelo Centro de Estudos em Direito e Negócios (CEDIN). Pós-graduada em Direito Administrativo pela UFMG.

BRUNA DE PAULA FERREIRA COSTA

Pós-graduada e mestranda em Direito Administrativo pela Universidade Federal de Minas Gerais (UFMG). Graduada em Direito pela UFMG. Assessora de Desestatização no Banco de Desenvolvimento de Minas Gerais (BDMG).

BRUNA SOUZA DA SILVA

Pós-graduada em Direito Administrativo pela Universidade Federal de Minas Gerais (UFMG). Graduada em Direito pela UFMG. Sócia e *Compliance Officer* da Muzzi e Advogados Associados.

CAIO BENEVIDES PEDRA

Mestre em Direito pela Universidade Federal de Minas Gerais (UFMG). Mestre em Administração Pública pela Fundação João Pinheiro (FJP). Pós-graduado em Direito Administrativo pela UFMG. Graduado em Direito pela UFMG.

CAROLINA GOMES ROSADO

Mestre em Administração Pública pela Universidade Federal de Viçosa (UFV). Pós-graduada em Direito Administrativo pela Universidade Federal de Minas Gerais (UFMG). Pós-graduada em Direito Público pela Pontifícia Universidade Católica de Minas Gerais (PUC Minas).

CARULINA DE FREITAS CHAGAS

Graduada e em Direito pela Pontifícia Universidade Católica de Minas Gerais (PUC Minas). Pós-graduada em Direito do Trabalho pela PUC Minas e pela Escola Superior de Advocacia da OAB/MG (ESA OAB/MG). Pós-Graduada em Direito Administrativo pela Universidade Federal de Minas Gerais (UFMG).

CLEISSON JÚNIOR DOS SANTOS

Graduado em Direito pela Pontifícia Universidade Católica de Minas Gerais (PUC Minas). Pós-graduado em Direito Administrativo pela Universidade Federal de Minas Gerais (UFMG). Mestrando em Direito pela PUC Minas.

DANIEL MARÇONI SANTOS SILVA

Pós-graduado em Direito Administrativo pela Universidade Federal de Minas Gerais (UFMG). Graduado em Direito pela UniBH. Advogado.

DAYANA ALVES GUIMARÃES

Pós-graduada em Direito Administrativo pela Universidade Federal de Minas Gerais (UFMG). Pós-graduada em Direito Processual pela Pontifícia Universidade Católica de Minas Gerais (PUC Minas). Graduada em Direito pela UFMG.

EDGARDO CAMPOS MELO FILHO

Pós-graduado em Direito Administrativo pela Universidade Federal de Minas Gerais (UFMG). Graduado pela Faculdade de Direito das Faculdades Milton Campos. Graduado pela Faculdade de Administração das Faculdades Milton Campos.

GIULIA PARREIRA XAVIER DO VALE

Pós-graduada em Direito Administrativo pela Universidade Federal de Minas Gerais (UFMG). Especialista em Direito Processual Civil pela Pontifícia Universidade Católica de Minas Gerais (PUC Minas). Assessora Jurídica.

GLADSTON SOARES DA SILVA

Advogado nas áreas Cível e Administrativa. Pós-graduado em Gestão Ambiental pela Universidade Fumec e em Direito Administrativo pela Universidade Federal de Minas Gerais (UFMG).

GUILHERME LACERDA DE OLIVEIRA

Pós-graduado em Direito Público pela Pontifícia Universidade Católica de Minas Gerais (PUC Minas). Pós-graduado em Direito Administrativo pela Universidade Federal de Minas Gerais (UFMG). Advogado.

GUILHERME TEMPONI DIAS GODINHO

Pós-graduado em Direito Público pela Universidade Católica de Minas Gerais (PUC Minas) e em Direito Administrativo pela Universidade Federal de Minas Gerais (UFMG). Graduado em Direito pela Universidade Federal de Minas Gerais (UFMG). Procurador do Município de Belo Horizonte.

HAMILTON ROQUE MIRANDA PIRES

Pós-graduado em Direito Administrativo pela Universidade Federal de Minas Gerais (UFMG). Especialista em Direito Civil pela Faculdade de Direito de Ipatinga. Graduado pela Faculdade de Direito da UFMG.

JESIMIEL ANDRÉ PEREIRA

Pós-graduado em Direito Processual Constitucional pela Faculdade de Pará de Minas (Fapam). Pós-graduado em Direito Administrativo pela Universidade Federal de Minas Gerais (UFMG). Pós-graduando em Direito Civil pela Pontifícia Universidade Católica de Minas Gerais (PUC Minas).

JOELMIR DE OLIVEIRA DANIEL

Pós-graduado em Direito Administrativo pela Universidade Federal de Minas Gerais (UFMG). Pós-graduado em Direito Público pela Pontifícia Universidade Católica de Minas Gerais (PUC Minas). Graduado em Direito pela PUC Minas.

LISANDRO CARVALHO DE ALMEIDA LIMA

Pós-graduado em Direito Administrativo pela Universidade Federal de Minas Gerais (UFMG). Assessor Parlamentar na Assembleia Legislativa de Minas Gerais. Advogado.

LORENA CRISTINA SILVA RIBEIRO

Pós-graduada em Direito Administrativo pela Universidade Federal de Minas Gerais (UFMG). Graduada em Direito pela UFMG. Graduada em Administração Pública pela Fundação João Pinheiro (FJP).

LOURENÇO HAMDAN RESENDE MORAIS

Pós-graduado em Direito Administrativo pela Université Panthéon-Assas e pela Universidade Federal de Minas Gerais (UFMG). Assessor Jurídico da Secretaria de Política Urbana de Belo Horizonte.

LUCAS ANTUNES LEÃO

Especialista em Finanças Públicas pelo Tribunal de Contas do Estado de Minas Gerais (TCEMG). Especialista em Segurança Pública e Atividade Policial pela Faculdade Arnaldo. Pós-graduado em Direito Administrativo pela Universidade Federal de Minas Gerais (UFMG).

MARCEL MARTINS TORRES

Pós-graduado em Direito Administrativo pela Universidade Federal de Minas Gerais (UFMG). Graduado em Direito pela UFMG. Advogado.

MARCO ANTÔNIO ANDERE TEIXEIRA

Historiador pela Universidade Federal de Minas Gerais (UFMG). Graduado em Direito pela UFMG. Cientista Político pela UFMG. Especialista em Controle Externo pela Escola de Contas do Tribunal de Contas do Estado de Minas Gerais (TCEMG) / Pontifícia Universidade Católica de Minas Gerais (PUC Minas). Pós-graduado em Direito Administrativo pela Universidade Federal de Minas Gerais (UFMG). Advogado.

MARIA COELI SIMÕES PIRES

Graduada em Direito pela Pontifícia Universidade Católica de Minas Gerais (PUC Minas). Mestre e Doutora em Direito Administrativo pela Universidade Federal de Minas Gerais (UFMG). Professora de Direito Administrativo na UFMG. Procuradora aposentada da Assembleia Legislativa de Minas Gerais. Advogada.

MARÍLIA JUNQUEIRA LEMES

Especialista em Gerenciamento de Projetos pela Pontifícia Universidade Católica de Minas Gerais (PUC Minas). Pós-graduada em Direito Administrativo pela Universidade Federal de Minas Gerais (UFMG). Especialista em Políticas Públicas e Gestão Governamental (MG).

MAURÍCIO VIANA DA SILVA REIS ROSA

Especialista em Direito Administrativo pela Universidade Federal de Minas Gerais (UFMG). Graduado em Direito pela Faculdade de Minas (Faminas-BH). Advogado.

POLIANA OLIVEIRA FONSECA

Pós-graduada em Direito Público pelo Instituto de Educação Continuada (IEC) da Pontifícia Universidade Católica de Minas Gerais (PUC Minas). Pós-graduada em Direito Administrativo pela Universidade Federal de Minas Gerais (UFMG). Graduada em Direito pela PUC Minas.

RAFAEL LARA CAMARGOS DINIZ

Pós-graduado em Direito Administrativo pela Universidade Federal de Minas Gerais (UFMG). Advogado. Servidor Público.

RAFAEL MENEZES BRITO

Pós-graduado em Direito Administrativo pela Universidade Federal de Minas Gerais (UFMG). Graduado em Direito pela UFMG. Advogado.

RAPHAELLA MIRANDA CRUZ

Pós-graduada em Direito Administrativo pela Universidade Federal de Minas Gerais (UFMG). Advogada. Empregada Pública.

RENATA FARIA SILVA LIMA

Mestre em Direito Administrativo pela Universidade Federal de Minas Gerais (UFMG). Pós-graduada em Direito Administrativo pela UFMG. Graduada em Direito pela Pontifícia Universidade Católica de Minas Gerais (PUC Minas).

RODRIGO DA SILVA SOARES

Pós-graduado em Direito Eleitoral pelo Instituto para o Desenvolvimento Democrático (IDDE). Pós-graduado em Direito Administrativo pela Universidade Federal de Minas Gerais (UFMG).

SÁLVIA GOMES DE ALMEIDA

Pós-graduada em Direito Administrativo pela Universidade Federal de Minas Gerais (UFMG). Graduada em Direito pela Universidade Estadual de Montes Claros. Servidora Pública da Secretaria de Estado de Saúde de Minas Gerais.

STEPHÂNIA COELI SIMÕES BATISTA

Pós-graduada em Direito Administrativo pela Universidade Federal de Minas Gerais (UFMG). Graduada em Direito pela Pontifícia Universidade Católica de Minas Gerais (PUC Minas) – Serro. Advogada.

TATIANA ROSMANINHO ANDRADE

Graduada em Direito pela Faculdade Dinâmica do Vale do Piranga. Especialista em Finanças Públicas pelo Tribunal de Contas do Estado de Minas Gerais (TCEMG). Pós-graduada em Direito Administrativo pela Universidade Federal de Minas Gerais (UFMG).

VIRGÍNIA LONDE DE MELLO

Pós-graduada em Direito Tributário pela Faculdade Damásio e em Direito Administrativo pela Universidade Federal de Minas Gerais (UFMG). Advogada da Companhia Energética de Minas Gerais (CEMIG).

SUMÁRIO

2ª PARTE

SEGURANÇA JURÍDICA E NORMAS DE DIREITO PÚBLICO

Comentários à Lei n. 13.655/2018

APRESENTAÇÃO

A coletânea que vem a lume nesta oportunidade, sob o selo da Editora Del Rey, intitulada **Segurança jurídica e controle da Administração**: panorama geral e comentários sobre a Lei n. 13.655/2018 (LINDB), significa a conjunção de importantes iniciativas acadêmicas no âmbito da Faculdade de Direito da UFMG.

Em primeiro lugar, trata-se de contribuição desenvolvida no bojo das atividades do Curso de Especialização em Direito Administrativo, coordenado pelo Professor Eurico Bitencourt Neto, que, a despeito das grandes dificuldades impostas pela pandemia de Covid-19 desde as semanas iniciais do período letivo, conseguiu, já com sua turma inaugural, pelo esforço e dedicação dos seus professores e alunos, produzir excelentes resultados.

Em segundo lugar, os trabalhos publicados nesta obra resultam, os primeiros, de roteiros de exposição da disciplina “Controle da Administração Pública 1 – Controle e Segurança Jurídica”, a cargo da Professora Maria Coeli Simões Pires, suplementados por estudos por ela mesma desenvolvidos para palestras e, especialmente, em conjunto com o monitor Leonardo

Antonacci Barone Santos, no "Grupo de Pesquisa: Segurança Jurídica e Direito Administrativo", cuja coordenação, na Pós--Graduação, restou por ela compartilhada com o Professor Eurico Bitencourt Neto, o que possibilitou aos alunos do Curso de Especialização que dele participaram desenvolverem instigantes valências de investigação, com alguns argumentos aportados aos artigos e outros que, certamente, ainda frutificarão; o texto relativo aos paradoxos da Administração que caracterizam o contexto da edição do referido marco legal, os que analisam o processo de elaboração das novas soluções normativas, bem assim os que versam os desafios para sua aplicação, conjugando elementos de Legística e de Hermenêutica, constituem reflexões e estudos a título de atividade avaliativa significativa do conteúdo programático da aludida disciplina.

Assim é que, ao longo da obra, são tratados temas de grande relevância para o Direito Administrativo contemporâneo, aglutinados sob o pálio da correlação das ideias gerais de segurança jurídica e controle da Administração Pública, tendo como especial foco de análise as alterações instituídas na Lei de Introdução às Normas do Direito Brasileiro – LINDB – pela Lei n. 13.655/2018. A metodologia de argumentação reflete-se na estrutura tópica da publicação, que se encontra dividida em duas partes: a primeira, de caráter mais abrangente, de viés contextual e fenomenológico, seja no tocante ao Estado, seja no que tange à Administração, seja ainda relativamente à governança em face de seus desafios de efetividade e eficiência, com ênfase na perspectiva dos dilemas da concorrência entre governança pública e governanças paralelas; e a segunda, de traço mais pragmático, cuida de articulação de comentários sobre os dispositivos de maior impacto, invocando-se temas subjacentes. Essa abordagem não poderia ser mais momentosa, em vista das transformações em curso no Estado, na Administração Pública e no Direito Administrativo.

As transformações começam nas bases estruturais do Estado moderno, a partir de uma "dinâmica de desnacionalização"[1], seja no plano externo, com o reconhecimento de poderes públicos globais desvinculados do Estado[2], seja em âmbito interno, no que se tem chamado Estado pós-moderno[3]. Isso implica transformações na Administração Pública[4], até porque, em boa medida, as razões das mudanças são encontradas no nível administrativo[5].

No plano constitucional, embora o Estado de Direito, em suas feições contemporâneas, ainda expresse necessária vinculação à socialidade[6], é preciso reconhecer que novos desafios impõem uma reconfiguração da Administração Pública para concretizar os seus objetivos constitucionais. Tais mudanças têm transformado o perfil da Administração desde as últimas décadas do século passado, induzindo um repensar de velhos dogmas do Direito Administrativo.

Pode-se dizer que a face visível da Administração Pública neste início de século XXI é multifacetada, destacando-se suas dimensões como Administração infraestrutural, procedimentalizada, multipolar, em rede, concertada e vinculada a um imperativo de eficiência[7]. Nesse contexto, a

---

1 MEDEIROS, Rui. **A Constituição portuguesa num contexto global.** Lisboa: Universidade Católica Editora, 2015. p. 20 e seg.

2 CASSESE, Sabino. **Oltre lo Stato.** Roma-Bari: Laterza, 2006.

3 CHEVALLIER, Jacques. **O Estado pós-moderno.** Belo Horizonte: Fórum, 2009.

4 CANOTILHO, José Joaquim Gomes. O direito constitucional passa; o direito administrativo passa também. *In*: **Estudos em homenagem ao Prof. Doutor Rogério Soares.** Boletim da Faculdade de Direito da Universidade de Coimbra. Coimbra: Coimbra Editora, 2001. p. 708.

5 GAUDEMET, Yves. Cinquant'anni di diritto amministrativo francese. *In*: D'ALBERTI, Marco (org.). **Le nuove mete del diritto amministrativo.** Bologna: Il Mulino, 2011 (e-book).

6 CANOTILHO, José Joaquim Gomes. O direito constitucional passa; o direito administrativo passa também, p. 710.

7 A síntese de tais características está em BITENCOURT NETO, Eurico. Transformações do Estado e a Administração Pública no século XXI.

atividade administrativa se torna cada vez mais complexa, deixando mais explícita a fragilidade de uma suposta vinculação mecânica do administrador público a comandos legais predeterminadores de sua conduta. O cenário de dificuldades e incertezas é ainda mais agravado no fluido ambiente da inovação, potencializado pelas descobertas da inteligência artificial e pelas tantas mudanças que tensionam valores de humanidade e desenvolvimento, sobretudo.

Esse quadro tem repercussão nos modos de atuar da Administração Pública e nos controles aos quais se submete. Se a prática administrativa absorve com maior velocidade as transformações do que o Direito Administrativo, também é verdade que a Administração ativa as expressa muitas vezes em descompasso com a Administração ou a Jurisdição controladoras. É que a função da Administração ativa é responder, sem espaço para omissão, às necessidades cada vez mais complexas da vida, enquanto a atividade de controle, em grande medida realizada em momento posterior, sofre menos a pressão fática de uma realidade estuante.

É esse o contexto no qual se editou a Lei n. 13.655/2018, que acrescentou dispositivos de Direito Público à LINDB. Tais dispositivos, em linhas gerais, buscam explicitar a necessidade de vinculação da aplicação normativa aos seus resultados concretos, assegurar previsibilidade nas decisões dos órgãos administrativos e de controle, fomentar a concertação administrativa, regrar de modo mais claro a responsabilização dos agentes públicos, prever a hipótese de compensações por danos decorrentes de processos administrativos e judiciais

---

Revista de Investigações Constitucionais, Curitiba, v. 4, n. 1, p. 207-225, jan./abr. 2017. DOI: 10.5380/rinc.v4i1.49773. Esta matéria foi desenvolvida, de modo analítico, em BITENCOURT NETO, Eurico. **Concertação administrativa interorgânica**: direito administrativo e organização no século XXI. São Paulo: Almedina, 2017.

e fomentar uma regulação participativa dos procedimentos para a edição de normas administrativas.

Em síntese, sem proceder a uma análise crítica da redação e do alcance dos novos dispositivos da LINDB – por não convir a este texto de apresentação – pode-se dizer que a sua finalidade geral é buscar aproximar a atividade controladora da nova realidade da Administração Pública contemporânea com atenção aos influxos que esta já produz sobre a dogmática do Direito Administrativo, ambicionando alcançar, a um só tempo, uma atuação controladora efetiva, conectada com o seu tempo e que assegure ao administrador a segurança indispensável para o bom desempenho de suas funções.

A busca de conexão entre o Direito Administrativo e a realidade deve induzi-lo a uma nova concepção de sua dogmática, que não se prende a presunções formais, mas deve aspirar, como tarefa também jurídica, à efetividade. Em outras palavras, o Direito Administrativo contemporâneo não se legitima mais apenas pela presunção de que a aplicação de seu sistema normativo garante a concretização dos interesses públicos. Muitas vezes, a aplicação do instrumental jurídico-administrativo depende de fatores extrajurídicos, aos quais o Direito Administrativo não pode estar indiferente quando faz suas opções normativas. Nesse sentido, "La ciencia del Derecho administrativo ha de ser concebida como ciencia de dirección y vertebración"[8].

---

[8] SCHMIDT-ASSMANN, Eberhard. **La teoría general del derecho administrativo como sistema**. Madri-Barcelona: INAP-Marcial Pons, 2003. p. 27. Indicando, em apertada síntese, algumas linhas da construção sistemática do Direito Administrativo por Schmidt-Assmann, BITENCOURT NETO, Eurico. Algumas linhas de transformação da teoria geral do direito administrativo. *In*: CRISTÓVAM, José Sérgio da Silva (org.). **Direito administrativo contemporâneo**: diálogos Brasil e México. Florianópolis: Habitus, 2020. v. 1, p. 36-43.

Essa afirmação está assentada na compreensão de que a Ciência do Direito, e mais especificamente o Direito Administrativo, não se deve limitar à construção dogmática de técnicas, categorias e normas jurídicas, mas deve também cogitar das condições e pressupostos para que aquelas se tornem eficazes e efetivas[9]. Trata-se da abertura da dogmática jurídico-administrativa para exercer uma função ordenadora, de direção social, o que tem particular relevância em uma realidade de interesses públicos transversais e de decisões técnicas complexas.

Na concepção sistêmica de Schmidt-Assmann, que se considera adequada para responder aos desafios hodiernos do Direito Administrativo, também na realidade brasileira, concebê-lo como Ciência de Direção corresponde a, sem abrir mão do método jurídico[10], integrá-lo a outras Ciências Sociais na análise dos fatores e condições que influenciam os processos sociais e, por consequência, a eficácia do Direito. Busca-se compreender a influência recíproca entre sujeitos, objetos, meios e instrumentos de direção e ordenação social, entre os quais o Direito Administrativo[11]. Essa compreensão tem importância superlativa em áreas complexas da atuação administrativa, como a atividade regulatória ou ambiental, na medida em que considerar os efeitos recíprocos dos

---

[9] SCHMIDT-ASSMANN, Eberhard. **La teoría general del derecho administrativo como sistema**, p. 27.

[10] "O tradicional 'método jurídico' não se tornou de modo algum supérfluo, pela conversão da jurisprudência numa 'ciência de direcção'; mas ele perdeu, no entanto, o seu direito de estar sozinho e foi enriquecido por outras perspectivas disponibilizadas pelas ciências afins" (Matthias Jestaedt, **"Öffentliches Recht" als wissenschaftliche Disziplin**, p. 241 (261), *apud* SCHMIDT-ASSMANN, Eberhard. **Dogmática jurídico-administrativa**. São Paulo: Saraiva, 2016. p. 43).

[11] SCHMIDT-ASSMANN, Eberhard. **La teoría general del derecho administrativo como sistema**, p. 28.

distintos meios de direção social potencializa a eficácia da intervenção jurídica[12].

Tal abertura do Direito Administrativo não significa o afastamento de conceitos assentados nesse campo ou do método jurídico. É preciso identificar "pontos de apoio no sistema jurídico e, a partir deles, construir o contexto argumentativo de recepção"[13]. Nesse sentido, releva a proposta de Schmidt-Assmann do uso de "conceitos de ligação"[14], que podem identificar pontos de interseção entre o Direito Administrativo e a Ciência da Administração ou as Ciências Econômicas, por exemplo, notadamente em face de um quadro fenomenológico desafiador. Talvez uma boa referência recente no Direito Administrativo brasileiro seja o conceito de eficiência. Quando foi integrado à Constituição de 1988 pela Emenda Constitucional n. 19, de 1998, como um princípio geral do Direito Administrativo, foi recebido com reservas por parte relevante da doutrina. Não obstante, sua integração como norma jurídico-administrativa obrigou a dogmática a buscar seu conceito jurídico, absorvendo parcialmente ideias antes invulgares no campo jurídico e ampliando o espectro de legitimação da ação administrativa[15].

Além disso, no âmbito da técnica jurídica, essa concepção alargada do Direito Administrativo permite a inclusão no instrumental tradicional de meios de atuação – formado por instrumentos de intervenção coercitiva – de uma plêiade de novos instrumentos reguladores sem caráter impositivo, como incentivos, subvenções, uso da informação, vale dizer, meios

---

[12] SCHMIDT-ASSMANN, Eberhard. **Dogmática jurídico-administrativa**, p. 43.

[13] SCHMIDT-ASSMANN, Eberhard. **Dogmática jurídico-administrativa**, p. 45.

[14] SCHMIDT-ASSMANN, Eberhard. **Dogmática jurídico-administrativa**, p. 46-48.

[15] Sobre o conteúdo jurídico do princípio da eficiência, BITENCOURT NETO, Eurico. **Concertação administrativa interorgânica**, p. 150-159; 301-308.

comumente alheios ao universo jurídico-administrativo[16], além de privilegiar instrumentos de negociação e concertação.

Todo esse contexto de atualização da Teoria Geral do Direito Administrativo, que busca mantê-lo orientado a satisfazer uma dupla função - de ordenação, disciplina e limitação do poder e, por outro lado, de eficácia e efetividade da ação administrativa[17] –, é substrato teórico-dogmático capaz de fundamentar os influxos das alterações na LINDB sobre a atuação de controle da Administração Pública.

Deixando à margem, nesta oportunidade, as discussões sobre pragmatismo ou consequencialismo, que têm sido feitas acerca de alguns dos novos dispositivos da LINDB, pode-se dizer que uma dogmática jurídico-administrativa aberta a outros campos do conhecimento, que tem na devida conta as circunstâncias fáticas da atuação administrativa e as perspectivas de sua efetividade, não é incompatível com a tradição jurídica na qual se ancora o Direito Administrativo material brasileiro, como ilustram algumas das ideias de Schmidt-Assmann referidas.

Nesse sentido, deve importar para uma concepção de segurança jurídica adequada ao novo tempo uma vinculação real entre as atividades de controle e as circunstâncias fáticas e interesses concretos que informaram a atuação administrativa controlada, vinculação racionalmente demonstrada, por meio da obtenção e do tratamento procedimental das informações e motivações aplicáveis, em uma atuação controladora objetivamente imparcial, vale dizer, que tenha levado em consideração todos os fatos e interesses relevantes para decidir e desconsiderado os irrelevantes, em função das finalidades públicas normativamente estabelecidas, além de demonstrá-la, em argumentação racional, em âmbito procedimental ou processual.

---

16 SCHMIDT-ASSMANN, Eberhard. **La teoría general del derecho administrativo como sistema**, p. 29-30.

17 SCHMIDT-ASSMANN, Eberhard. **La teoría general del derecho administrativo como sistema**, p. 26.

Em suma, os textos que compõem esta coletânea buscam trazer a lume subsídios para esse esforço plural de reconstrução e discussão, à luz de novos desafios, da pauta de grande repercussão do Direito Administrativo brasileiro. Espera-se que sua leitura possa fomentar discussões que contribuam para a tarefa, difícil e instigante, à qual Paulo Neves de Carvalho, grande inspirador da Escola Mineira de Direito Administrativo, sempre impeliu os seus discípulos, de colocar o instrumental jurídico-administrativo a serviço da vida.

Belo Horizonte, setembro de 2021.

Coordenadores da obra coletiva:

Eurico Bitencourt Neto

Coordenador do Curso de Especialização em Direito Administrativo – Pós-Graduação – Faculdade de Direito da UFMG.

Maria Coeli Simões Pires

Professora da Disciplina Controle da Administração Pública 1 – Controle e Segurança Jurídica.

Dayana Alves Guimarães

Pós-graduada em Direito Administrativo (UFMG) – 1ª Turma do Curso 2020.

Informação bibliográfica deste texto, conforme NBR 6023:2002 da Associação Brasileira de Normas Técnicas (ABNT):

BITENCOURT NETO, Eurico; PIRES, Maria Coeli Simões; GUIMARÃES, Dayana Alves. Apresentação. *In*: PIRES, Maria Coeli Simões; BITENCOURT NETO, Eurico; GUIMARÃES, Dayana Alves (coord.). **Segurança jurídica e controle da Administração:** panorama geral e comentários sobre a Lei n. 13.655/2018 (LINDB). Belo Horizonte: Del Rey, 2022. p. 1-9. ISBN 978-65-00-38426-0.

1ª PARTE

PANORAMA GERAL

—

SEGURANÇA JURÍDICA, GOVERNANÇA E PARADOXOS DA ADMINISTRAÇÃO

—

ELEMENTOS DE CONTEXTUALIZAÇÃO E ENQUADRAMENTO TEÓRICO, HISTÓRICO E FENOMENOLÓGICO

CAPÍTULO 1

SEGURANÇA JURÍDICA E CRISE DAS INCERTEZAS

novos dilemas e perspectivas[1]

MARIA COELI SIMÕES PIRES

> "Tudo flui e nada permanece, tudo dá forma e nada permanece fixo. Você não pode pisar duas vezes no mesmo rio, pois outras águas, e ainda outras, vão fluir."
>
> *Heráclito* (500 a.C.)

---

1 Este capítulo é uma adaptação do Plano de Curso desenvolvido para exposição de parte do conteúdo programático da disciplina Controle e Segurança Jurídica do Curso de Especialização em Direito Administrativo da Faculdade de Direito da UFMG-2020; incorpora, também, elementos teóricos preliminares e fundamentos que integram o Projeto de Pesquisa "Segurança Jurídica e Direito Administrativo", elaborado pela autora, na condição de orientadora, com a contribuição do então monitor Leonardo Antonacci Barone dos Santos - Belo Horizonte: UFMG - Faculdade de Direito - Departamento de Direito Público, 2018.

1.4.2.2 Proteção da confiança e Direito Transitório – 1.5 Pós-Modernidade e fatores de radicalização da crise do Estado – crise das incertezas: 1.5.1 Processo de comunicação virtual; 1.5.2 As perplexidades da inteligência artificial; 1.5.3 Legística e disfunções na produção legislativa; 1.5.4 Desafios no campo da Hermenêutica – 1.6 Novos dilemas da segurança jurídica – ênfase na esfera pública: 1.6.1 As diversas perspectivas de abordagem dos riscos de insegurança jurídica: 1.6.1.1 Riscos para o Estado Nacional; 1.6.1.2 Riscos para os entes federativos; 1.6.1.3 Riscos para os gestores; 1.6.1.4 Riscos para os cidadãos – dificuldades de emancipação da cidadania, diversidade e pluralismo; 1.6.1.5 Riscos para o empreendedor e para o mercado; 1.6.1.6 Riscos para o servidor – 1.7 Alternativas para o enfrentamento dos fatores de risco: 1.7.1 Controle social; 1.7.2 Mediação de conflitos entre particulares e autocomposição de conflitos no âmbito da Administração Pública; 1.7.3 No campo da Legística; 1.7.4 No campo da Hermenêutica; 1.7.5 Adequada utilização de recursos tecnológicos de comunicação e tratamento e uso conformes das informações: ênfase nas redes sociais; 1.7.6 A inteligência artificial como ferramenta de enfrentamento da crise das incertezas – uma dimensão da inovação que não pode prescindir da inteligência humana; 1.7.7 Acoplamento de mecanismos tecnológicos ao sistema administrativo para otimização do princípio da eficiência no setor público – 1.8 Conclusão – 1.9. Referências.

1.1 Introdução

Em meio a transformações radicais que afetam as concepções de tempo e espaço e influenciam as relações no nível interno e na esfera global e ao influxo de desconfiança generalizada no Estado e de uma crise multifacetada e de alto poder de desconstrução dos padrões estatais, societais e econômicos tradicionalmente estabelecidos, muito se tem clamado por segurança jurídica, ganhando o tema grande importância nos debates nas esferas pública e privada, com pretensões pragmáticas ou propósitos científicos. Nesse sentido, os debates políticos, os fóruns técnicos de setores econômicos, as agendas institucionais ou corporativas e a discursividade que envolve o dia a dia dos cidadãos, ao abrigo do sistema democrático, têm colocado em evidência a crise de confiança no Estado, bem assim nas relações institucionais ou sociais, propugnando por estratégias e mecanismos pragmáticos de resgate e proteção desse valor, por um lado, enquanto o meio acadêmico vem tematizando a crise em suas variáveis expressões pela vertente da segurança jurídica como objeto de pesquisas e estudos científicos de caráter inter e transdisciplinar, por outro.

Nesse cenário bifurcado entre o empírico e o científico, revelam-se de grande importância as questões que tangenciam a organização política na figura modelar dominante do Estado, hoje em crise; a (des)governança pública em razão, sobretudo, da desconfiança dos cidadãos e dos múltiplos atores no sistema político-administrativo, com o abalo dos alicerces da legitimidade e da eficiência; os dilemas de permanência e ruptura da racionalidade dos arranjos sociais, políticos e institucionais; as incompatibilidades de postulados mecanicistas sancionatórios com perspectivas pedagógicas e potencializadoras de resultados do controle, entre outros pontos de tensão.

Respondendo a essa demanda temática, registra-se, especialmente no viés acadêmico, entre outras obras, a do Professor francês Jacques Chevallier, intitulada **O Estado Pós-Moderno**, que trata em profundidade a crise do Estado. Os seus suplementos sobre a crise do Estado e os seus ensinos que sustentam, a despeito dela, a permanência do Estado como organização política, agora desafiado por diversos fatores internos e globais, estão presentes, de modo recorrente, neste capítulo, perpassando a análise do tema proposto sob a perspectiva da Ciência Política e do Direito, sobretudo. Já a obra de Zygmunt Bauman, sob o Título **Modernidade líquida**, faz o pano de fundo da crise das incertezas e auxilia na compreensão dos fenômenos que pressionam a sociedade líquida, em linha filosófica. Em outro giro, colhe-se, no campo do Direito, a **Teoria da segurança jurídica**, de Humberto Ávila, como obra de referência na temática específica, que é, também, objeto de outros estudos importantes. Ainda no plano científico, comparece a obra de José Augusto Simonetti, **O princípio da proteção à confiança no direito administrativo brasileiro**: estabilidade de atos e limitação da discricionariedade, que faz a convergência das reflexões para as relações no âmbito do sistema administrativo, considerando que "a atuação estatal influi diretamente no cotidiano do cidadão". O referido princípio, na metáfora do autor, revela-se como um "verdadeiro escudo" voltado para a proteção de "expectativas legitimamente criadas pelo cidadão em face de uma atuação estatal [...], ao mesmo tempo em que garante a credibilidade necessária para que uma sociedade receba investimentos". Simonetti, contudo, lembra que a valorização e a proteção de expectativas não podem significar "uma petrificação da atividade pública, sob pena de o Estado deixar de atender aos anseios dos demais cidadãos em face de novos contextos sociais" (SIMONETTI, 2017, p. 3-4). Outras obras contêm contribuições relevantes para a análise de pontos focais dos desdobramentos do tema, tendo algumas sido visitadas para as reflexões aqui desenvolvidas e brevemente citadas no texto.

Sem desconsiderar a excelência de múltiplas contribuições, busca-se traçar uma visão panorâmica da realidade do Estado, da Sociedade e do Desenvolvimento, pela vertente da (in)segurança; a partir da abordagem dos riscos, desafios e outros dilemas, em linha conciliadora, tenta-se contribuir para a sinalização de pontos polêmicos e de temas transversais abertos à reflexão, bem assim para a proposição ou explicitação de alternativas de enfrentamento desses fatores de incerteza, dando-se ênfase à esfera pública e à proteção da confiança.

Limitado, assim, pelo propósito de apresentação de uma simples resenha dos principais aspectos do tema, o capítulo não enfrenta indagações conceituais sobre o Estado ou seus correspondentes funcionais ao longo do processo civilizatório, nem sobre o Direito, ou ainda sobre os fenômenos que se verificam na dimensão histórica dessas instituições. Embora pressupondo lineamentos fundamentais como os referentes das antigas civilizações, a teoria do Contrato Social, o advento do Estado Nacional e a apropriação histórica do conceito, bem assim pautando questões cruciais acerca do Estado de Direito e da "Pós-Modernidade", não aporta complexas teorias, nem traz respostas completas às grandes indagações. Busca-se tracejar um roteiro ou um fio condutor que alinhava elementos básicos para uma reflexão que possa contribuir para o adensamento da pauta do Direito Administrativo e seus desafios no campo da (in)segurança jurídica.

Em síntese, este capítulo discorre sobre o princípio da segurança como força propulsora e pilar do Estado e do Direito, bem assim sobre a tensão entre a índole conservadora e o papel transformador dessas instituições civilizatórias, apresentando uma visão panorâmica do cenário atual, marcado por profundas mudanças políticas, sociais, econômicas e jurídicas, ou múltiplas crises – do Estado, dos mecanismos de representação e de autoridade, e consequente quebra da confiança no Estado, pelos diversos atores, com implicações na governança pública; das incertezas, com reflexos no paradigma societal para sustentar as sociedades hipercomplexas; a que desafia os padrões de desenvolvimento, para além da ordem econômica global, no bojo da IV Revolução Industrial ou Tecnológica, com ênfase nos processos virtuais de comunicação e nos avanços da inteligência artificial; e a do Direito da "Pós-Modernidade"[2] –, tudo como pano de fundo da abordagem do tema da (in)segurança jurídica e os impactos sobre o Direito Administrativo. Resgatam-se, em perspectivas diversas, os fatores de risco que potencializam as crises e os novos dilemas da segurança jurídica, apontando-se tendências e alternativas para atenuação dos riscos. Conclui, propugnando pela valorização do princípio da confiança, de natureza subjetiva, notadamente

[2] A expressão "Pós-Modernidade" é empregada no sentido que lhe atribui Jacques Chevallier (2009, p. 20).

no contexto da "democracia de opinião"[3], como desdobramento do sobreprincípio da segurança jurídica, e pela necessidade de superação de axiomas do Direito, de modo a projetá-lo como ordem normativa aberta, e do Estado, com vistas a transpor as limitações das soluções modelares tradicionais como organização política, para que possa fazer face às profundas e inescapáveis transformações, sob pena de obsoletismo de ambos.

O texto está dividido em nove tópicos: os primeiros reúnem considerações sobre o tema central, Segurança, em seu acoplamento com o Direito, apresentando as balizas objetivas de proteção da segurança jurídica; na sequência, cuida-se do Estado tomado em situação de crise, com reflexos na Governança, sinalizando com a valorização do princípio da confiança e das balizas subjetivas de proteção da segurança jurídica, com suporte no mesmo princípio; o tópico n. 1.5 situa a Pós-Modernidade e aborda os fatores de crise multifacetada; o tópico n. 1.6 cuida dos dilemas da segurança jurídica, apontando disfunções, riscos e perplexidades, com ênfase na esfera pública; o tópico n. 1.7 apresenta algumas alternativas de enfrentamento dos fatores de risco; a conclusão se desenvolve em busca de um equilíbrio conciliador: nem rupturas que afastem o Estado e o Direito como instituições civilizatórias essenciais, nem a inércia ou postura refratária a mudanças, mas a trilha do meio, que possa acenar para o desenvolvimento qualificado e sustentável da sociedade sob a égide de um Direito e um Estado democráticos e sintonizados com o novo tempo, com reflexos positivos na Administração Pública e no Direito Administrativo. Seguem as referências bibliográficas.

---

[3] A expressão "Democracia de Opinião" é amplamente adotada por Jacques Chevallier, a partir de J. Julliard, 2008, e desenvolvida em tópico específico – Chevallier, 2009, p. 243-251.

1.2 Segurança como força propulsora do Estado e do Direito

A permanente mutação do ser humano e de tudo o que com ele se relaciona é uma imposição inescapável, ao mesmo tempo, desafio e aspiração, temor e encantamento. Tudo muda! "A vida é uma série de mudanças naturais e espontâneas", na lição de Lao-Tze, filósofo chinês do século VI a.C., autor de **Tao Te Ching** (LAO-TZE). Segundo a lei da conservação da matéria, de Antoine Laurent de Lavoisier, descoberta a partir de reações químicas, "Na natureza, nada se perde, nada se cria; tudo se transforma" (LAVOISIER, 1774).

Há, pois, na natureza, um fluxo inerente de mudança e a este se associa o impulso humano de transformação. Assim é que, para além da força espontânea da natureza, há, na linha de tempo do processo civilizatório, um esforço constitutivo permanente de nova realidade a reciclar a maneira como as pessoas se relacionam, tanto entre si quanto com as coisas, como se expressam ou desenvolvem as atividades, e, por conseguinte, como vivem e se caracterizam como ser. Como consequência, modificações naturais ou decorrentes da ação humana ocorrem em diferentes campos, temporalidades, ritmos e escalas.

Essa força mutacional invoca, como contraponto, o instinto universal de autopreservação, ou a ideia de segurança, que, segundo Humberto Ávila (2019, p. 5), "é a origem do desenvolvimento de todas as capacidades humanas, de toda a civilização", e se revela na inventividade das soluções que marcam os tempos: os utensílios para proteção contra agressores, os aterros e os muros para proteção da casa; as fronteiras para limitar os domínios. Conforme advertência do autor, o imanente apelo de segurança está presente até na dimensão religiosa, eis que "não apenas a vida e os bens terrenos são dominados pelo instinto de segurança da humanidade" (ÁVILA, 2019, p. 5).

O Estado, desde suas formulações embrionárias em períodos remotos, passando pelo esboço de criação do Estado Nacional de Portugal, no século XII, de índole patrimonialista, e, mais tarde, pela configuração do Estado Moderno, no século XV, em Portugal, França, Inglaterra e, posteriormente, na Itália, até a conformação que assume na Pós-Modernidade, sustenta-se em variáveis núcleos ideológicos e fundamentos. O Estado experimenta influências de ideias de MAQUIAVEL, em **O Príncipe**, de THOMAS HOBBES, em **O Leviatã**, todas de viés absolutista, embora sustentadas pela opção contratualista sob diferentes fundamentos. Mais tarde, entre os séculos XVII e XVIII, marcando oposição ao absolutismo, sem prejuízo de outras contribuições, John Locke defendia a divisão do poder político, então concentrado em mãos do soberano; Rousseau, assim como outros filósofos iluministas, influenciou a concepção de Estado, defendendo o contrato social como instrumento da soberania coletiva e alternativa de resguardo da liberdade natural do homem, seu bem-estar e sua segurança. Chega-se ao Estado como organização política da sociedade, ao abrigo de um Pacto firmado pela maioria dos indivíduos de uma comunidade.

É assim que o Estado de Direito, que tem raízes mais profundas e longínquas, encontra, nos séculos XVII e XVIII, no bojo das revoluções inglesa e francesa, espaço para a semeadura de seus valores bem traduzidos nas ideias iluministas, entre as quais pontificam as de Montesquieu, um dos principais teóricos contra o absolutismo, que propõe a separação dos poderes, o que fora defendido também por John Locke, que frutificaram logo após a Revolução Francesa. O Estado de Direito ganhou no século XIX, na Alemanha, vigor teórico; o tema, com seus desdobramentos, polêmicas e novas nuances, ainda desafia os estudiosos, em especial, na dita Pós-Modernidade e na sua relação com a democracia[4].

De modo recorrente, a criação ou conformação do Estado está associada, ao longo do tempo, ao apelo de segurança do poder do soberano, à proteção da vida dos cidadãos, da propriedade e da liberdade, entre outros valores, cabendo destacar a importância do chamado "Contrato Social", como um conceito basilar da organização do poder político que ainda hoje arrima novas formulações teóricas acerca do Estado.

À sua vez, o Direito como instituição civilizatória de organização da convivência humana leva em conta esse desafio. Movido, desde suas formulações embrionárias, pelo instinto de conservação do homem para se contrapor às permanentes transformações, sustenta-se em superlativos princípios, entre os quais pontifica o da segurança, a sua própria razão fundante.

Assim é que a segurança jurídica, valorizada, desde a mais primitiva aspiração humana de proteção, na vertente de generalização e estabilização de expectativas, e traduzindo-se, a partir do Estado moderno, num sistema de garantias, ganha arquitetura progressivamente sofisticada, na qual assume a condição de sobreprincípio dos ordenamentos jurídicos. Revela-se, assim, por essa vertente, a índole conservadora do Direito.

Na ordem interna vigente, a segurança jurídica assume o *status* de norma-princípio assentada na Constituição da República, notadamente na sua invocação preambular, que prestigia a certeza e a determinação do Direito, passando

---

4 Subsidiam ou complementam o presente tópico, no tocante ao resgate da formação e da evolução do Estado, os elementos históricos, filosóficos e políticos aportados por Marco Antônio Andere Teixeira no Capítulo 3, intitulado "Paradoxos da Administração Pública: segurança jurídica e controle", integrante desta obra coletiva.

pela ordem fundante do Estado Democrático de Direito, por toda a tessitura constitucional dos objetivos do Estado, dos direitos fundamentais, pelas matrizes de políticas públicas assecuratórias de prestações como direitos subjetivos públicos, entre outros lineamentos que embasam a relação Estado-cidadão, em suas variáveis expressões, notadamente no campo da ampla processualidade.

Uma leitura tópica da Constituição, com detença em núcleos mais emblemáticos, mostra que, implícita ou explicitamente, o tema da segurança jurídica faz o pano de fundo da ordem constitucional. Humberto Ávila, com um olhar especializado no campo tributário, mas, também, ampliado para outros domínios, faz esse percurso, colhendo referências a diversas invocações diretas ou indiretas do sobreprincípio (ÁVILA, 2019, p. 49-50).

1.3 O Direito como fruto e instrumento de transformações sociais

O transcurso de séculos ou décadas leva à transformação de paradigmas societais, reconstruindo padrões de comportamento, sustentando uma postura distinta da anterior em relação à economia, à organização social, à política e à cultura, o que tem reflexos no Direito, na segurança jurídica. Isto é, a evolução da normatividade do Direito carrega a influência dos paradigmas societais, dos jogos e valores da convivência social. Trata-se de uma relação de conformação do Direito aos padrões prevalecentes e de diálogo com sua historicidade.

Ao mesmo tempo, a construção de parâmetros prospectivos de justiça revela a face aberta do Direito, que se traduz na sua força mutacional ou constitutiva de nova realidade.

Com a superação dos paradigmas pré-modernos e o desenvolvimento da Era Moderna, houve mudanças estruturais na economia social e no Direito, colhido este sobretudo pela "destradicionalização", que rompe com a "sacralidade das tradições" e valores naturalizados, mediante a trasladação da normatividade para o campo da política, conforme leciona Adeilson Oliveira (2016) ao tematizar **O Direito na Modernidade**. Trasladado para o campo da política, sujeita-se o Direito às escolhas mais abertas, à busca de soluções que, por vezes, operam rupturas.

As transformações são associadas aos modos como a sociedade opera e se perpetua (BAUMAN, 2001, p. 36) e, principalmente, às revoluções dos processos produtivos, com o desenvolvimento da ciência e a emersão de uma série de mecanismos capazes de otimizar a forma como determinados insumos são convertidos em bens de consumo. Em síntese, entende-se que, de maneira geral, a transformação do como se produz transforma o modo como o homem vive e como a sociedade se organiza (PERELMUTER, 2019, p. 15).

Almiro Fraga, prefaciando a obra **Futuro presente**, de Guy Perelmuter, que analisa a evolução das transformações do padrão de vida da humanidade para compreender os estágios e as contribuições do processo de desenvolvimento ao longo do tempo e, em especial, os avanços da tecnologia nas últimas décadas, sintetiza o percurso:

> O padrão de vida da humanidade evoluiu muito lentamente através de milênios até que, na segunda metade do século XVIII, a revolução industrial, a primeira, pôs em movimento uma espiral de inovação extraordinária, que nunca mais parou [...] Estamos falando de ideias, inovações, tecnologias, processos, de origens abstratas e práticas, cada vez mais especializadas, que hoje afetam praticamente todos os aspectos da vida. (FRAGA, *in* PERELMUTER, 2019, p. 11)

Da Primeira Revolução Industrial, ainda no século XVIII, "na qual a produção deixou de ser artesanal para ser realizada por máquinas em fábricas com extenso uso de energia a vapor", despontando em grande escala, passou-se à Segunda Revolução Industrial, 1870, com a popularização da eletricidade e a criação das linhas de montagem e divisão de tarefas, consoante assinala Perelmuter (2019, p. 15). "Novamente, cerca de um século se passou e a Terceira Revolução Industrial, também chamada Revolução Digital, varreu o planeta [...] Essas revoluções moldaram a maneira como o mundo está estruturado e criaram questões e desafios únicos para as gerações futuras" (PERELMUTER, 2019, p. 15).

Acumulando avanços, a humanidade chega ao presente momento, com as inovações no campo da ciência e da tecnologia, dando início à Quarta Revolução Industrial[5].

Perelmuter vislumbra, nesse estágio do desenvolvimento sob o novo signo revolucionário, grandes impactos, afirmando que

> [...] certamente será mais um processo que modificará definitivamente a forma de fazer negócios, produzir bens e interagir com esses bens e com as pessoas [...] O termo já vem sendo utilizado há algum tempo e contempla as novas tecnologias que estão permitindo que elementos antes confinados às histórias de ficção científica façam parte de um futuro gradativamente mais presente: integração de sistemas artificiais e biológicos, desenvolvimento de técnicas de aprendizado para máquinas, integração e comunicação entre equipamentos, extensão da realidade física com a realidade virtual. (PERELMUTER, 2019, p. 18)

---

[5] **Mundo Educação** – História Geral / Revolução Industrial. Disponível em: m.mundoeducação.uol.com.br. Acesso em: 4 dez. 2020.

Para o autor, os grandes avanços tecnológicos registrados nas últimas décadas, conjugados com fatores ligados "ao barateamento de componentes básicos como censores, dispositivos de armazenamento e processadores", possibilitaram o emprego generalizado de tecnologias até recentemente exclusivas dos centros de pesquisas e ambientes restritos do conhecimento; tal abrangência da aplicação das tecnologias na realidade global está bem traduzida na formulação que, para o autor, sintetiza a fase – "o mundo movido à tecnologia" (PERELMUTER, 2019).

Na mesma linha, Bruno Ravacci (2019) apresenta a Quarta Revolução Industrial, na qual todos os avanços das anteriores são agregados, com uma tendente comunhão entre elementos digitais, físicos e biológicos; a propagação do conhecimento e da comunicação assume o protagonismo; forma-se uma teia complexa de transformações que afetam o modo como a sociedade e o mercado se comportam e, por conseguinte, coloca-se um desafio para o Estado, responsável por editar o direito.

No contexto, o Estado há de superar as limitações do direito fechado ou de índole meramente conservadora, para regulamentar, por matrizes normativas mais abertas, as relações que daí advêm, por promover o interesse comum e por fazer a convergência de fatores capazes de arrimar mudanças sociais profundas em processo seguro de sustentação coletiva. Por fim, é necessário que o Direito se desafie na antecipação do futuro, projetando soluções de segurança, de confiança, e, também, de sustentabilidade na mais lata dimensão.

O Direito, na sua face aberta, não é provisão – nascente de uma fonte linear – colhida em *decanter* de purificação, eis que não se desenvolve alheio ou imparcial ao quadro social – na comunhão das temporalidades que abriga, passado, presente e futuro; ao contrário, pode ser instrumento de mudanças, capaz de capturar nesse quadro as condições e as variáveis para imprescindíveis rupturas com aspectos da ordem estabelecida, para enfrentamento dos dilemas da realidade em curso e, também, para propulsão ou projeção de soluções ajustadas à complexidade do futuro, afastando o obsoletismo de suas construções artificiosas e tresandadas no tempo.

1.4 Tensão entre a índole conservadora do Direito e o seu papel transformador

O Direito, por vocação, objetiva "a conservação e a estandardização das condutas humanas", consoante afirma Gisele Mascarelli Salgado (2010a). Essa ordem, contudo, segundo a autora, apresenta uma potencialidade constrangedora, pois que "padece do seu próprio mal". Isto porque, "ao se consolidar como norma escrita, tem de permitir um mecanismo de transformação para se renovar e assim consolidar outro paradigma".

De fato, nisso reside um drama ou uma tensão do Direito, eis que se coloca sob o desafio de "romper com a lógica de neutralidade em relação ao fenômeno social, para ganhar, por um lado, a força propulsora para a transformação do quadro social e, por outro, a imparcialidade suficiente para se pôr como sistema aberto às múltiplas relações, numa perspectiva includente" (PIRES, 2005, p. 3). Em outras palavras, trata-se do drama entre o Direito e o progresso, que disputam lugar na ordem jurídica e social por meio da lei como expressão política ou como concepção jurídica de papel estabilizador, dilema resgatado a partir de suplementos de Georges Burdeau, por Humberto Ávila (2019, p. 49).

Mila Batista Leite Corrêa da Costa, atenta a esses dilemas e com foco em seara de preservação do patrimônio cultural, mostra, a partir da noção de campo político formulada por Bourdieu, a lógica de atuação no âmbito desse microcosmo, que tem o Legislativo como ator importante, com seus meios de desempenho "como espaço majoritário democrático por excelência", e, também, em outros campos específicos, cumprindo o "Direito papel de relevo na tarefa de sedimentar meios possíveis de convergência entre legisladores e os agentes de campo" (COSTA, 2018, p. 35-36).

Ao influxo dos diversos paradigmas e das tensões entre a índole conservadora e o papel transformador do Direito, este pregnado pelos desafios do quadro de realidade, mas, também, pela dinâmica das forças que se arregimentam nas arenas políticas fiadoras da lei, o princípio da segurança jurídica, em diferentes estágios, foi-se densificando, em especial em face de ameaça de insegurança. O momento atual, por força de diversos fatores, entre os quais se alinham os decorrentes do estágio do processo de desenvolvimento, os associados às crises do Estado e à abrangente crise das incertezas, é marcado por um apelo paradoxal: segurança na transformação, esta, de resto, inescapável.

Analisando esse estágio de incerteza do macroambiente social, político e econômico, afirma Quintela que "[...] a tão invocada 'segurança jurídica' alcança, nesse panorama, ponto de inexorável mutação: institutos até então construídos como plenamente capazes de proteger a estabilidade das relações jurídicas não mais se mostram aptos a tanto" (QUINTELA, 2013, p. 15). Em síntese: como valor fundante e força propulsora do Direito, a segurança jurídica é tensionada pela insegurança, seu contravalor, no movimento polarizador e pendular, alimentado pelos fatores de índole social ou jurídica, datados e contextualizados. Essa tensão, à sua vez, tem reflexo na linha do tempo das construções e estudos jurídicos em variadas vertentes, desde o Direito Romano, passando pelos marcos de transições, até registrar, em recente temporalidade, a presença de estudos de fôlego de países como Alemanha, França, Itália, Espanha, Portugal, Estados

Unidos, Inglaterra e Brasil, conforme resenha de Humberto Ávila (2019, p. 51-55). Hodiernamente, o tema da segurança jurídica, na comporta da insegurança, desafia o curso de um novo caudal de contribuições intelectuais e interpretativas, com vistas a (re)cobrar um fluxo equilibrado de argumentos e ponderações que possam fazer face à realidade de transformações com a atenuação da insegurança jurídica, que, segundo Humberto Ávila, "assumiu um grau nunca antes alcançado". O autor corrobora a afirmação, lembrando que, na discursividade presente, "os termos 'complexidade', 'obscuridade', 'incerteza', 'indeterminação', 'instabilidade' e descontinuidade do ordenamento jurídico servem para ilustrar tal momento" (ÁVILA, 2019, p. 55).

Em linha convergente, afirma Guilherme Quintela que

> [...] o panorama atual de insegurança, tanto não jurídica quanto jurídica, bem como de desconfiança nas relações humanas, merece especial atenção por parte do Direito [...] Esse cenário, associado à alta complexidade social, econômica e política, bem como a complexidade inerente ao próprio sistema jurídico como um todo, faz com que a insegurança nas relações humanas se eleve exponencialmente, especialmente naquelas que envolvem o Estado e os cidadãos. (QUINTELA, 2013, p. 15)

1.4.1 Balizas objetivas de proteção da segurança jurídica

Para a arbitragem de equilíbrio das forças tensionais entre preservação e mudança, o princípio da segurança jurídica ganha paulatina apropriação de institutos, especialmente aportados para a solução de conflitos da lei no tempo, como o do direito adquirido, o do ato jurídico perfeito e o da coisa julgada, que se tornaram clássicos como barreiras objetivas à retroatividade da lei, ou como referências do Direito Intertemporal.

Registra-se que a expectativa de direito não integra esse arcabouço de proteção, pelo menos no nível dos institutos de índole objetiva, sendo nesse passo tomada apenas na perspectiva comparativa, a partir de suplementos de Reinaldo Porchat:

> Expectativa é a [...] esperança de um direito que, pela ordem natural das coisas, e de acordo com uma legislação existente, entrará provavelmente para o patrimônio de um indivíduo, quando se realize um acontecimento previsto. [...] Distingue-se da faculdade porque esta entra para o patrimônio do indivíduo independente de qualquer ato deste. (PORCHAT, 1909, p. 30)

Os institutos jurídicos objetivos de proteção da segurança jurídica[6], de um modo geral, são enunciados nas ordens constitucionais, sendo tratados, internamente, no artigo 5º, inciso XXXVI, da Constituição Federal, que prevê: "A lei não prejudicará o direito adquirido, o ato jurídico perfeito e a coisa julgada".

No nível infraconstitucional, a matéria é disciplinada na Lei de Introdução às Normas do Direito Brasileiro (LINDB), Decreto-lei n. 4.657, de 4 de setembro de 1942[7]. A LINDB, no artigo 6º, dispõe: "A lei em vigor terá efeito imediato e geral, respeitando o ato jurídico perfeito, o direito adquirido e a coisa julgada". Os parágrafos do referido artigo 6º tra-

---

6 Tomam-se como institutos jurídicos objetivos de proteção da segurança jurídica os constitucionalmente enunciados como barreiras à retroprojeção da lei, independentemente de sua caracterização intrínseca, que tangencia a discussão sobre teorias objetivas e subjetivas acerca especialmente do direito adquirido.

7 (BRASIL, 1942) Além da disciplina constante da LINDB, várias súmulas do STF tratam da matéria, com destaque para a de número 654, que afasta a possibilidade de invocação da irretroatividade da lei pela entidade estatal que a tenha editado.

çam os conceitos dos institutos. Consoante disposto no § 1º, "reputa-se ato jurídico perfeito o já consumado segundo a lei vigente ao tempo em que se efetuou". De acordo com o § 2º, "consideram-se adquiridos assim os direitos que o seu titular, ou alguém por ele, possa exercer, como aqueles cujo começo do exercício tenha termo pré-fixo, ou condição pré-estabelecida inalterável a arbítrio de outrem". E, na dicção do § 3º, "chama-se coisa julgada ou caso julgado a decisão judicial de que já não caiba recurso".

Anotam-se alguns suplementos doutrinários sobre as categorias mencionadas.

Segundo Ávila,

> A cláusula de proteção do *ato jurídico perfeito* pode ser entendida, assim, como a proibição de que uma nova norma venha a alterar requisitos dos atos jurídicos que já tenham sido celebrados por meio do preenchimento de todos os elementos necessários à sua existência com base na norma anterior, vigente no momento da sua celebração. (ÁVILA, 2019, p. 375)

No mesmo sentido, sustenta o autor:

> A cláusula do *Direito adquirido* pode ser compreendida como a proibição de aplicação de nova norma relativamente a direitos surgidos pela concretização dos requisitos legais necessários à eficácia de fatos ou de atos jurídicos com base em norma anterior, vigente no momento de sua verificação. (ÁVILA, 2019, p. 375)

Em outra dicção, Humberto Ávila aduz que "[...] a proteção do direito adquirido visa a proibir que uma norma posterior altere os efeitos surgidos pela completude dos fatos necessários à geração de direito subjetivo conforme a norma anterior" (ÁVILA, 2019, p. 375).

Ainda sobre direito adquirido, pode-se afirmar que sua configuração demanda duas fundamentais exigências: direito subjetivo não exercido e lei nova que discipline de modo diferente a matéria tratada pela antiga. Em outras palavras, o direito adquirido é aquele apenas titularizado ou cujo início de gozo tenha ocorrido antes da vigência de nova lei que disponha de modo diverso sobre os requisitos de constituição da situação jurídica, operando como categoria de proteção da segurança jurídica para atrair a aplicação da lei antiga como garantia da posição mais vantajosa para seu titular (PIRES, 2005, p. 241).

Retoma-se a vertente doutrinária de Ávila para afirmar, quanto à coisa julgada, que

> A cláusula constitucional impede que uma nova norma seja aplicada relativamente aos efeitos de atos ou de fatos abrangidos por decisão judicial da qual não caiba mais recurso. O que qualifica a *coisa julgada* é o esgotamento, de modo a evitar que as discussões se eternizem, em favor da estabilidade das relações jurídicas e da certeza dos atos estatais. (ÁVILA, 2019, p. 375)

Em posição intermediária, apresenta-se uma categoria pouco estudada na literatura sobre segurança jurídica e ainda não inteiramente assimilada ou prestigiada na prática dos tribunais: direito expectado, dotação jurídica que se configura na esfera do titular pelo cumprimento de condições aquisitivas, mas que ainda não se encontra disponível para proteção como direito subjetivo (PIRES, 2005). Situações concretas desafiam a análise, para identificação dos elementos constitutivos do direito expectado e do momento pontual da caracterização do direito subjetivo, a exemplo das que constam dos registros em referência[8].

Anota-se que a ênfase da literatura, do direito positivo e da jurisprudência foi dada por longo tempo às barreiras objetivas contra a insegurança, marcadamente na dimensão conflitual do entretempo.

Há de se registrar, contudo, que posições contrárias aos tradicionais institutos de segurança jurídica, como a de Gisele Mascarelli Salgado, têm marcado o debate sobre a matéria, sob argumento de que os ditos institutos são "dogmas do direito presentes no ordenamento", nos quais se evidencia "o caráter ideológico mascarado pela aparente neutralidade do conceito de instituto" (SALGADO, 2010b). Segundo a autora, "[...] ao adquirirem o caráter de instituições, os dogmas, construtos aleatórios e políticos, tornam-se figuras de longa tradição e que devem ser respeitadas, pois se presume que não há direito sem eles" (SALGADO, 2010b). Salgado justifica sua objeção pela ínsita natureza instável da realidade: "Não se pode perder de vista que segurança jurídica é um construto do direito e pode funcionar apenas no âmbito jurídico. Isso porque o direito visa regrar o mundo, e este não e, nem nunca foi, imutável ou estável" (SALGADO, 2010b).

De qualquer forma, referindo-se aos tradicionais institutos, reconhece a autora que "São os dogmas de estabilização que permitem a alteração de um direito para outro, sem

---

[8] 1ª situação: aprovação dentro do número de vagas ofertadas pelo edital. Durante o prazo de validade do concurso, configura-se para esse classificado o direito expectado. Expirado o prazo de validade do certame, tem-se, para o classificado dentro do número de vagas do edital, a configuração de direito subjetivo à nomeação.

2ª situação: na vigência de dois concursos, o concursado do primeiro certame, ainda que não classificado dentro do número de vagas, tem precedência sobre novos concursados, um direito expectado. Seu direito subjetivo, contudo, só emerge da situação em que ocorra a preterição.

que haja uma catástrofe, mas apenas crises absorvidas pelo sistema jurídico" (SALGADO, 2010b). E complementa com a operação do mecanismo, embora aponte sua artificialidade e seu viés conservador:

> O efeito desejado com sua aplicação é a estabilização de determinadas situações, que, pela própria situação do direito atual, seriam imutáveis. Trata-se de uma estabilidade introduzida e imposta pelo próprio sistema, para que o sistema, que é mutável, não se altere. (SALGADO, 2010b)

A reflexão da autora, porém, permeia o lato campo do direito em linha construtiva de reavaliação do sistema jurídico com vistas a compreender o "controle dos mitos": "O direito não padece do mal dos dogmas, mas sim de uma síndrome dogmática; e a 'cura' não está na extirpação do mal, mas sim no diagnóstico e explicitação de seu mecanismo" (SALGADO, 2010b).

Faz-se necessário ampliar as bases de segurança, mediante a valorização de outras alternativas capazes de enfrentar disfunções dos Poderes Legislativo, Executivo e Judiciário, bem assim de desafiar a complexidade da chamada Pós-Modernidade, eis que, de fato, radicaliza-se o apelo de segurança no ambiente de profundas transformações e de ameaças de rupturas, assim como do obsoletismo de instrumentos, institutos e conceitos.

1.4.2 Crise de confiança no Estado e da governança pública – balizas subjetivas da segurança jurídica

Há uma severa crise hodierna caracterizada pela quebra de confiança no Estado e nos mecanismos de autoridade, o que afeta a certeza do Direito e a governança pública, com a negação das instituições (CHEVALLIER, 2009); por outro lado, há o domínio de redes horizontais de poder e, também, o surgimento ou incremento e prevalência de governanças e ordens paralelas ou marginais, como as do crime organizado e as de corrupção.

Boaventura Santos auxilia na compreensão dessas mudanças, a partir da análise das rupturas com paradigmas da ciência, ou epistemológicos, e societais. A propósito, afirma ele, ao perscrutar a atitude das pessoas na relação com o poder e com as institucionalidades:

> A tradição da Sociologia é nesse domínio ambígua. Tem oscilado entre a distância crítica em relação ao poder constituído e o comprometimento orgânico com ele, entre o guiar e o servir. Os desafios que nos são colocados exigem de nós que saiamos deste pêndulo. Nem guiar nem servir. *Em vez de distância crítica, a proximidade crítica. Em vez de compromisso orgânico, o envolvimento livre. Em vez de serenidade autocomplacente, a capacidade de espanto e de revolta.* (SANTOS, 1997, p. 19) (grifamos)

O certo é que, afetado na relação de confiança, o próprio Estado encontra-se ameaçado enquanto forma de organização política, na medida em que em torno dele rivalizam as posições dos que acreditam na sua proscrição e dos que apostam no seu poder de unidade ou na hegemonia do modelo, consoante resenha de Chevallier (2009, p. 11). Há, contudo, segundo o autor, uma ideia comum no tocante à crise do aparelho do Estado enquanto sustentáculo de seu papel, e, nessa perspectiva, vislumbram-se os desafios do Estado como organização política nas suas variações espaciais, e os elementos críticos de sua engenharia funcional e da sua base de legitimação, ao mesmo tempo que se discutem os reflexos ou implicações do travejamento do "sancionamento das ilicitudes pessoais" (controle ampliado dos comportamentos), da "multiplicação de situações de risco" e da "hipersubjetivação" (afirmação de direitos subjetivos), bem assim os rumos da governança, com os seus paradoxos – banalização da ação pública e consolidação da legitimidade por meio da deliberação coletiva –, e, em especial, a valorização da opinião pública, entre outras variáveis da esfera pública (CHEVALLIER, 2009, p. 23; 134; 140; 139-142; 272).

Há de se registrar que o risco da banalização da ação pública é maior quando a governança de meios, modos, recursos, processos e estruturas estatais resta comprometida por forças paralelas e ilegítimas[9]. Por isso mesmo, muito se tem proclamado a importância de fortalecimento da governança pública, o que vem sendo empreendido a partir de suplementos da governança corporativa, notadamente pela incorporação de pilares do setor empresarial: princípios da transparência, da equidade no tratamento dos sócios e *stakeholders*, da prestação de contas ou *accountability*, da responsabilidade corporativa e da *compliance* – conformidade e ou integridade.

Igualmente, tem-se defendido a relevância de investimentos no resgate ou fortalecimento dos laços de confiança entre Estado e cidadãos, sobretudo pela vertente da legitimação, da discursividade, dos mecanismos de transparência e participação e, também, de formação de opinião.

1.4.2.1 *O princípio da proteção à confiança, a contribuição alemã e a aplicação no Brasil*

Em contexto de descrença generalizada no Estado, muito se tem discutido, também, acerca da importância da vertente subjetiva da segurança, na forma de proteção da

9 Na esteira das advertências de Paulo Neves de Carvalho, tenho discutido a caracterização e a atuação das governanças ilegítimas ou paralelas. Em palestras, tenho abordado o tema, que muito me instiga.

confiança, aliada à de caráter objetivo, de viés tradicional. Antes de considerações gerais sobre o princípio da confiança na macroagenda da segurança jurídica, cabe breve incursão no direito comparado, para registro de seus reconhecidos antecedentes e tendências. O princípio, tal como veiculado na atualidade, remetendo aos valores de certeza, previsibilidade, estabilidade e coerência, teve seu berço na Alemanha, a partir de escólios do direito privado com foco na proteção contra credores desleais, em meados do século XX (SIMONETTI, 2017, p. 11-12). No campo público, respondendo à pretensão de limites à anulação de atos administrativos que garantiam algum benefício ao cidadão, ganhou avanços para alcançar outras práticas da Administração, assentando limites à revogação de atos administrativos favoráveis aos administrados. Mais contemporaneamente, foi densificado para estabelecer autovinculação do Poder Público, proibição de condutas contraditórias, vinculação às informações por ele prestadas e eficácia de contratos administrativos eivados de certos vícios, em situações peculiares (SIMONETTI, 2017, p. 20-21). Assim, originário da Alemanha, o princípio da proteção à confiança foi bastante difundido, nas últimas duas décadas, em outros países europeus.

No Brasil, o tema vem sendo prestigiado, seja no campo da literatura jurídica, seja, também, em agendas de debates que transcendem as pautas do Direito, problematizando-se impactos da ordem jurídica interna, seja no chamado "Custo Brasil" no bojo da economia, seja nas soluções de inovação tecnológica, que têm trazido perplexidade generalizada nas searas pública e privada, seja, ainda, nos grandes setores atingidos pela regulação pública, por pactuações internacionais, ou no universo sem fronteiras, notadamente em razão do novo modelo de comunicação que revoluciona o processo de desenvolvimento e desafia a ordem global, o chamado "mundo movido à tecnologia", de que fala Perelmuter (2019).

Embora o princípio ocupe a atenção de estudiosos e encontre apelo em diversos setores, é ainda carente de maior apropriação na dogmática jurídica, uma vez que não encontra suficiente expressão direta na ordem constitucional ou infraconstitucional. Nesse cenário, pode-se dizer que a proteção da confiança é a face mais nova do princípio constitucional da segurança jurídica, projetando-se como eficácia reflexa desse. A propósito vem à baila o exemplo emblemático da Lei Complementar n. 100/2007, de Minas Gerais, impugnada pela Ação Direta de Inconstitucionalidade n. 4.876, cuja solução ocorreu com modulação de efeitos (PIRES; COSTA, 2014, p. 369-376).

Humberto Ávila, discorrendo sobre o princípio da proteção da confiança como instrumento de defesa de interesses individuais, apresenta suplementos para sua caracterização e invoca a sua incidência

> [...] nos casos em que o particular, não sendo protegido pelo direito adquirido, pelo ato jurídico perfeito, em qualquer âmbito, [...] exerce a sua liberdade, em maior ou menor medida, confiando na validade (ou na aparência de validade) de um conhecido ato normativo geral ou individual e, posteriormente, tem sua confiança frustrada pela descontinuidade da sua vigência ou dos seus efeitos, quer por simples mudança, quer por revogação ou anulação, quer, ainda, por declaração de sua nulidade. (ÁVILA, 2019, p. 385)

Não se trata, contudo, de um princípio de singela aplicação; Carla Amado Gomes, da Universidade de Lisboa, em Prefácio à obra de SIMONETTI, sintetiza seus elementos configurativos:

> O princípio da confiança, que miscigena a juridicidade de uma componente ética, vê a sua operacionalidade

> dependente da verificação dos seguintes requisitos: a) a existência de uma actuação administrativa que gere uma situação de confiança fundamentada; b) a existência de um investimento de confiança com base nessa actuação; e, c) a frustração dessa confiança e consequente existência de prejuízo. (Gomes, *in* SIMONETTI, 2017, p. 1)

O princípio é, assim, oponível pelo cidadão frustrado em seus direitos expectados, aqueles em curso de aquisição, ou ainda em suas legítimas e fundadas expectativas, em face da Administração Pública, que lhe quebra a confiança, ainda que normas expressas, permanentes ou de transição, não o tenham protegido.

Conquanto se tome como avanço importante a incorporação dessa dimensão subjetiva da segurança jurídica, sobretudo mediante a aplicação do princípio ou subprincípio da proteção à confiança, em contexto marcado pela descrença nos mecanismos de autoridade, faz-se o alerta sobre a necessidade de amplificar o seu sentido e sua aplicação como recurso de contraposição às crises e de superação de desafios da fase tecnológica; a valorização da segurança jurídica nessa perspectiva como uma solução abrangente deverá, contudo, ser garantida sem prejuízo das cautelas para que se evitem retrocesso e incongruência no tocante às barreiras objetivas à retroatividade, de aplicação mais restrita. Não são elas simples dogmas, mas institutos apoiados em bases normativas de nível constitucional e infraconstitucional. Não são, pois, apenas reguladoras do sistema jurídico, mas integrantes de sua mais elevada normatividade. Não se há de confundir a lógica de sua aplicação, que deve ser histórica, levando em conta o contexto, como, de resto, qualquer processo hermenêutico. O alerta não empana a importância dos avanços em relação ao princípio da proteção à boa-fé e à confiança, que não podem ser olvidados, em suas múltiplas vertentes.

1.4.2.2 Proteção da confiança e Direito Transitório

Cabe ressaltar que uma das formas mais próprias de proteção da confiança é o estabelecimento de normas de transição – normas de Direito Transitório ou de adaptação, que se assentam em postulados de aplicação.

Assim é que, internamente, desafiando os esquemas tradicionais, o tratamento da segurança jurídica pela vertente em análise foi ganhando o leito do Direito Transitório, espaço conciliatório da confiança e desaguadouro de soluções de aproximação das ordens normativas em busca de travessia para as situações em processo aquisitivo de direitos, notadamente mediante normas expressas de transição ou adaptação.

As Normas de Direito Transitório revelam, segundo ensinos recorrentes na doutrina, alguns traços: em contraposição à característica generalidade das normas, o casuísmo de seus comandos, os quais se situam em âmbito normativo específico e limitado e dirigem-se à proteção de interesses de pessoas ou grupos definidos; fogem à índole da construção abstrata da base normativa, pressupondo nível concreto de aplicação; traduzem o escopo de proteção subjetiva da segurança jurídica, como via de preservação da confiança no Estado e na ordem jurídica; destinam-se a promover a equalização ou conciliação dos interesses em jogo nos processos de mudança legislativa, mediante a protetividade dos interesses prejudicados pela solução geral, e não amparados por direito subjetivo.

Deve-se, todavia, reiterar a advertência no tocante à incongruência do tratamento pragmático dado às barreiras objetivas contra a retroatividade, eis que, por vezes, sua aplicação tem sido negada, sobretudo em situações em que o Constituinte Derivado vulnera até o ato jurídico perfeito, atingindo situações consolidadas pelo Direito. Se o Direito Transitório decorre de maior discricionariedade na escolha das soluções de aproximação, as barreiras constitucionais protetivas da segurança jurídica não podem ser desconsideradas pelo constituinte derivado, nem pelo legislador infraconstitucional, sob pena de caracterização das normas assim editadas como um direito de exceção, em território de inconstitucionalidade, qualquer que seja o artifício retórico de justificação de sua edição.

Assinala-se, por outro lado, que não apenas o Direito Transitório propicia o reequilíbrio da confiança, eis que os instrumentos de proteção não se exaurem nesse campo; igualmente, outras soluções se delineiam alimentadas pela mesma vertente principiológica, de potencial inesgotável para o enfrentamento do quadro atual de perplexidades, sociais, econômicas, institucionais, políticas e jurídicas. Registram-se, assim, novas tendências no tocante à segurança e à proteção da confiança, bem como de ampliação ou fortalecimento dos respectivos instrumentos. Nesse sentido, a priorização da convalidação; a ampliação da exigência de motivação; a valorização dos postulados do devido processo legal; a vedação de interpretação retroativa; a adoção de práticas de modulação de efeitos; a aplicação de mecanismos pedagógicos e consensuais de controle; a ampliação dos mecanismos de transparência, como portais, consultas, conferências, pesquisas de opinião; a valorização dos postulados de Legística, sobretudo quanto a impactos das normas. No campo do direito positivo, registra-se a definição de balizas de Hermenêutica aplicáveis ao Direito Público, como as introduzidas pela Lei n. 13.655/2018 na LINDB; devem também ser destacadas, na seara publicística, recentes inserções normativas de importância, como as encontradas na Lei n. 9.784, de 29 de janeiro de 1999, Lei de Processo Administrativo, a teor do disposto nos artigos 2º, inciso XIII, e 55 (vedação de interpretação retroativa e Convalidação) (BRASIL, 2018a; BRASIL, 1999a).

Na área tecnológica e da inovação, comunicação virtual, redes sociais, inteligência artificial, internet das coisas, cidades inteligentes, *fintech* e criptomoedas, satélites, robótica, criptografia e *blockchain*, energia, *big data*, cibersegurança, computação quântica, biotecnologia e outros recursos e mecanismos (PERELMUTER, 2019) projetam o grau de complexidade da realidade atual e sugerem uma preocupação com a apropriação de instrumentos que possam arrimar as bases da confiança dos cidadãos e dos múltiplos atores do "mundo movido à tecnologia" e, igualmente, marcado por crises de credibilidade do Estado, das instituições, dos representantes e de múltiplas incertezas (PERELMUTER, 2019).

1.5 Pós-Modernidade e fatores de radicalização da crise do Estado – crise das incertezas

Inicia-se este tópico com suplementos do sociólogo português Boaventura Santos reunidos em uma síntese dos axiomas da Modernidade que, segundo ele, devem orientar a reflexão acerca da Pós-Modernidade[10] na contraposição com os fundamentos e valores daquela:

> Quatro axiomas fundamentais da modernidade estão, em meu entender, na base dos problemas com que nos confrontamos. O primeiro deriva da hegemonia que a *racionalidade científica* veio a assumir e consiste na transformação dos problemas éticos e políticos em problemas técnicos. Sempre que tal transformação não é possível, uma solução intermediária é buscada: a transformação dos problemas éticos e políticos em problemas jurídicos. O segundo axioma é o da

[10] A expressão Pós-Modernidade é tomada em variáveis sentidos, adotando-se, neste trabalho, os significados que lhe emprestam Bauman (**Modernidade líquida**), Chevallier (Antimodernidade e Hipermodernidade) e Santos (contraposição à Modernidade), conforme referências.

> *legitimidade da propriedade privada, independentemente da legitimidade do uso.* Este axioma gera ou promove uma postura psicológica e ética – o individualismo possessivo – que, articulado com a cultura assumida, induz o desvio das energias sociais da interação com pessoas humanas para interação com objetos porque mais facilmente apropriáveis que as pessoas humanas. O terceiro axioma é o da *soberania dos Estados e da obrigação política vertical dos cidadãos perante o Estado [...] O quarto e último axioma é a crença no progresso entendido como desenvolvimento infinito* alimentado pelo crescimento econômico, pela ampliação das relações e pelo desenvolvimento tecnológico. (SANTOS, 1997, p. 321) (grifamos)

Os valores em disputa evidenciam a força pendular dos paradigmas, o que se dá, segundo Boaventura, ao influxo de clivagens sociopolíticas, ortodoxias conceptuais, ambiguidades, contradições, dualismos, conquanto se projete um consenso relativo "[...] a respeito de um dos grandes paradigmas sócio-políticos da modernidade: a democracia" (SANTOS, 1997, p. 21).

Jacques Chevallier, cientista político francês, sustenta que a Pós-Modernidade se materializa ao mesmo tempo como antimodernidade e como hipermodernidade, com mutações profundas, dando lugar ao quadro caótico de hoje (CHEVALLIER, 2009, p. 9). Segundo o autor, ao influxo de transformações radicais, há um verdadeiro abalo das estruturas tradicionais da arquitetura do Estado e de todo o edifício social, e, na leitura desse quadro paradoxal de realidade, situa as posições de diversos estudiosos, alinhando três ordens de pensamento: aquela dos que sustentam, de forma peremptória, que se anuncia o fim do próprio Estado, atrelando-se a globalização ao consequente esvaziamento do papel do Estado; uma segunda posição dos que veem na globalização fator de afirmação da hegemonia do Estado; e aquela que vislumbra uma crise do aparelhamento estatal, que precisa ser repensado na perspectiva de restabelecimento da confiança na esfera pública (CHEVALLIER, 2009, p. 11-12).

Comentando esse processo de acentuadas mudanças, Jacques Chevallier enumera múltiplos fatores que as potencializam: o abalo da arquitetura estatal; a crise do Estado-Providência, com a fragilização das representações públicas e da política, a invocar a contenção do Estado; o desmoronamento do poder totalitário; a eliminação da hegemonia estatal emergente sobre a economia; as dinâmicas de globalização e o fenômeno da internacionalização (CHEVALLIER, 2009, p. 27-31). Fala-se, assim, de uma tendência de "Estado Englobado", no qual "sua pertinência como unidade política é colocada em questionamento" (2009, p. 54). Segundo o Professor francês, tais fatores fragilizam a soberania do Estado, resultando na perda do seu controle sobre muitas variáveis do desenvolvimento e, também, na atenuação das fronteiras entre as esferas pública e privada, com a fragmentação e degeneração do aparelho do Estado (2009, p. 37).

O Professor da Universidade Panthéon (Paris II) assevera que o fim do monopólio estatal sobre as relações internacionais, no bojo de uma tendência de participação, cada vez mais dilargada, de empresas internacionais, sindicatos e organizações não governamentais (ONGs), na concertação; e de maior interdependência, no âmbito do fenômeno que ele denomina "Estado Rivalizado", "implica um reajuste de perspectivas no que concerne à nova ordem transnacional" (CHEVALLIER, 2009, p. 49). Em aprofundamento de estudo sobre as ONGs nesse Estado Rivalizado, Chevallier assinala que elas estão "associadas mais explicitamente aos processos decisórios, tomando parte ativa na reflexão dos grandes problemas internacionais e na elaboração correlativa das novas normas do direito internacional" (CHEVALLIER, 2009, p. 51). O autor mostra que muitas delas participam, mediante credenciamento, de atividades da Organização das Nações Unidas (ONU), e alerta para o fato de que "o peso das ONG desperta críticas e suscita reações", sendo certo que elas atuam de modo difuso e em redes transnacionais (CHEVALLIER, 2009, p. 52-53).

Não obstante Chevallier reconheça esse cenário marcado pela presença de vários atores e recorrentes dilemas do Estado, ressalta a importância e o significado do ente estatal na vida social, o que, segundo ele, ocorre "[...] sob modalidades diferentes daquelas do passado: vê-se perfilhar uma nova concepção de papel do Estado, o esboço de um novo modelo de Estado", que se assenta em princípios ou conceitos como subsidiariedade ou supletividade, proximidade do cidadão, parceria, entre outros, com foco em novos papéis (CHEVALLIER, 2009, p. 59-60). O autor reconhece diversas dimensões do Estado, desde o padrão do Estado Garante da Coesão Social e da Segurança até o do Estado Supervisor e o Estado Protetor, em suas variações. Na perspectiva da coesão, proclama ele: "Em um mundo cada vez mais complexo e incerto, o Estado permanece um quadro privilegiado de formação de identidades coletivas e um dispositivo fundamental de integração social" (CHEVALLIER, 2009, p. 61).

Nesse diapasão, prossegue ele sustentando o papel referencial e legitimador da ordem estatal: "simbolicamente, o Estado constitui mais que nunca um ponto de referência indispensável para que os indivíduos possam se situar no tempo e no espaço" (CHEVALLIER, 2009, p. 62). Por isso mesmo, em apelo ao plano concreto, lembra que "o Estado tem por tarefa produzir o coletivo reunindo os membros em torno de referências comuns" (CHEVALLIER, 2009, p. 62).

E conclui, lançando um desafio: "O Estado é obrigado a reconstituir um tecido social que a dinâmica da evolução das sociedades contemporâneas tende permanentemente a dilacerar" (CHEVALLIER, 2009, p. 63).

Na visão de Zygmunt Bauman, "as causas da mudança vão mais fundo; estão enraizadas na profunda transformação do próprio espaço público e [...] no modo como a sociedade moderna opera e se perpetua" (2001, p. 36).

Faz-se, nesse sentido, necessário invocar esquemas cognitivos inovadores para o destrinçamento das mudanças e dos desafios presentes na crise da atualidade, denominada, também, "crise das incertezas", conforme cunhou Bauman, e que tem reflexos na seara da Administração Pública; igualmente, é preciso construir novos patamares de interpretação da realidade, de interação com ela, bem assim de aplicação do Direito, em quadra de perda dos referenciais espaciais e de prevalência de um tempo virtual que desafia os valores da Modernidade (BAUMAN, 2001).

Para Bauman,

> [...] a modernidade pesada/sólida/condensada/sistêmica da 'teoria crítica' [...] estava constante e ameaçadoramente no horizonte – como destino último, como uma bomba nunca inteiramente desarmada ou um fantasma nunca inteiramente exorcizado. [...] A teoria crítica pretendia desarmar e neutralizar, e de preferência eliminar de uma vez, a tendência totalitária da sociedade. (BAUMAN, 2001, p. 36-37)

É dizer: a pretensão da Teoria Crítica à Modernidade, segundo Bauman, era a de afastar a carga totalizante, a "homogeneidade compulsória" intrínseca que a tudo presidia naquele contexto e que continuava impregnando a sociedade (BAUMAN, 2001, p. 36-37).

Para o sociólogo e filósofo polonês, essa modernidade está sendo contrastada pela "modernidade fluida", na qual "os sólidos que estão para ser lançados no cadinho e os que estão derretendo neste momento [...] são os elos que entrelaçam as escolhas individuais em projetos e ações coletivas". Assim, ele se refere à perda das conexões ou laços comunicativos entre a política individual que orienta as escolhas pessoais de vida e as "ações políticas de coletividades humanas" (BAUMAN, 2001, p. 13).

Em face desse fenômeno abrangente de volatização das bases de convivência, de desterritorialização de culturas e de tantas instabilizações, a estrutura rígida de Estado, arraigada à cultura do carimbo e do papel, mostra-se cada vez mais obsoleta e ineficaz. As pessoas querem liberdade total, desejam consolidar assembleias horizontais, para o contraste às institucionalidades; não querem barreiras físicas ou de qualquer natureza, não observam limites nem praticam a temperança, porque se arriscam em qualquer parte e vivem unicamente pelo imediatismo. Chega a ser desafiador compreender a mudança de comportamento do cidadão, especialmente em face do Estado, tornando-se cada vez mais universal, questionador e exigente, a partir das informações e apoio que adquire, defendendo, por diversos meios, a efetividade de seus direitos e o atendimento de suas necessidades (CHEVALLIER, 2009, p. 272).

E, diante de uma realidade assombrada por esse imponderável processo de transformação e de ruptura, com projeção virtual de tempo e de espaço, com o encurtamento de distâncias e aceleração da velocidade com que os eventos se desenrolam, se o ente público se mantiver inerte ou em ritmo de morosidade e persistir desalinhado das novas tendências, acabará por se tornar instância inepta de organização, prejudicando a ação pública, a paz social, a produtividade e a competitividade do mercado e, também, o oferecimento de prestações tempestivas e de qualidade aos destinatários de sua atuação. Nisso reside um grande desafio do Direito Administrativo, seja com base em suplementos de Chevallier, seja com fulcro nos ensinos de Bauman.

Assim, um novo perfil de estrutura do Estado, um novo modelo de relações e governança, aderente aos padrões da atualidade, deve ser objeto de atenção, sobretudo em face dos riscos decorrentes dessa liquidez que a tudo ameaça e dos desafios do processo comunicacional intensivo e virtual, no qual o excesso de informações é um desafio.

É que o contexto de incertezas é delineado, notadamente, pela fluidez do processo de comunicação, pressionado por um volume excessivo e impensável de informações, o que, na avaliação de especialistas da economia digital, é um problema, como na expressão de Conrado Adolpho Vaz:

> Ao contrário dos tempos em que a ignorância regia o planeta, não é mais a escassez de informações que nos estorva, mas o excesso delas. Como um exército de formigas, os *bits* nos cobrem, nos subjugam. As engrenagens, essas, coitadas, passaram a ser controladas por eles também. (VAZ, 2011, p. 880)

Ao lado do fluxo das informações que alimentam o processo de comunicação e geram seus impactos na dinâmica social, destaca-se a disposição para o perigo como notável fator de incertezas: "O atual contexto social caracteriza-se pela intensidade na troca de informações e pela valorização da cultura de risco, na qual as relações sociais são cada vez mais dinâmicas e interligadas" (SIMONETTI, 2017, p. 3). Aí o paradoxo: o imanente apelo de segurança, até como condição de continuidade, e a busca incessante do desafio, tudo a pressionar as incertezas e a proteção do Direito, marcadamente na vertente do Direito Administrativo, quando se levam em conta os impactos desse quadro na seara pública.

1.5.1 Processo de comunicação virtual

Guy Perelmuter registra que

> [...] a nova etapa de progresso científico que vivemos atualmente beneficia-se da popularização, ao longo das últimas décadas, de elementos que rapidamente se tornaram comuns no dia a dia de milhões de pessoas: computadores pessoais, internet, aparelhos celulares, *tablets*, armazenamento praticamente ilimitado de dados em diversos formatos (textos, sons, imagens, vídeos). (PERELMUTER, 2019, p. 20)

Assim é que ao influxo das incertezas, nesse estágio de progresso da humanidade, as inovações no campo da comunicação virtual ou as redes sociais[11] vêm remodelando o comportamento dos indivíduos perante a sociedade, cada vez mais complexa e plural. Diante da tela de um computador ou *smartphone*, o internauta alcança e está ao alcance de um amplo universo interativo, sendo capaz de constituir, além da imagem pessoal no círculo de relacionamentos diretos, um capital social, ou seja, um perfil e valor de si num círculo exponencial de relações abertas. Tudo isso, por um lado, reposiciona o mercado, que se beneficia, a princípio, com consentimento, do capital social de um indivíduo para promover seus produtos; e, por outro, interfere na esfera pública estatal e na relação do Estado com os cidadãos, representando potencialidades e riscos para

[11] Rede social é uma estrutura virtual integrada por pessoas ou organizações conectadas para compartilhamento de informações e interesses comuns. Há vários tipos de redes sociais: Facebook, Instagram, WhatsApp, YouTube, WeChat, Twitter, Pinterest, LinkedIn, entre outros.

o interesse público[12]. Nesse sentido, pode-se falar de abuso do poder tecnológico em eleições, por exemplo, na toada das capitulações de abuso do poder econômico, entre outras.

Nesse estágio de comunicação virtual, os riscos são potencializados por outros fenômenos negativos como o da propagação, por meio das redes sociais, das "*fake news*", notícias falsas, e "*hoax*" ou boatos, práticas que têm sido judicializadas e consideradas para definição de políticas públicas preventivas e repressivas.

Certo é que os aparatos sociais, especialmente no bojo da "democracia de opinião", adquiriram grande poder na formação do pensamento da sociedade. Segundo Chevallier,

> [...] a comunicação política adquiriu nas sociedades contemporâneas uma dimensão radicalmente nova: colocados sob o controle vigilante de uma "opinião pública", elevada à posição de ator autônomo da vida política, os governantes são doravante constrangidos a empregar "estratégias de comunicação" destinadas a assegurar de modo permanente a sua sustentação; vê-se, assim, desenvolver-se uma "democracia do público" ou uma "democracia de opinião" (CHEVALLIER, 2009, p. 244)

Para o Mestre francês,

> [...] a internet transforma mais fundamentalmente ainda as condições da comunicação política

---

[12] Por meio desses e de outros instrumentos virtuais, aproveitando-se de recursos como os "*cookies*", por exemplo, tem-se acesso a informações pessoais dos indivíduos, e é possível definir quais são os interesses e preferências desses, ou de um grupo determinado de pessoas, ou mesmo de países. O Facebook, uma das maiores empresas do ramo no mundo, foi acusado de acessar e utilizar, indevidamente, dados de cerca de 87 milhões de usuários, e responsabilizado por disponibilizá-los a uma empresa privada incumbida de elaborar estratégias de comunicação para processos eleitorais.

> (e-democracia): não apenas permite a circulação instantânea de fluxo de informações de uma ponta à outra do planeta, mas ainda modifica o sentido da relação da informação política [...] a Internet apresenta-se como um modo horizontal e interativo, oferecendo aos indivíduos a possibilidade de coletar por eles próprios a informação disponível, assegurando até mesmo a sua produção. (CHEVALLIER, 2009, p. 245)

Assim, os mecanismos em comento revelam, ao mesmo tempo, uma face positiva da inovação no sentido da aproximação das pessoas e da transparência da informação, e uma negativa, na vertente dos fenômenos já aduzidos e de possível manipulação para influenciar a opinião pública, desde políticas públicas até eleições presidenciais. Tem-se, pois, um grande desafio de conciliar os avanços no campo da inovação e da tecnologia, que dominam o mundo, com ênfase na comunicação virtual, e a necessidade de acautelamento contra os impactos nefastos na segurança do Estado, da sociedade e dos indivíduos.

1.5.2 As perplexidades da inteligência artificial

A chamada inteligência artificial, ou sistema de algoritmos de inteligência artificial, como recorrentemente assentado no campo da tecnologia e da inovação, pode ser definida como o *software* que, a partir de um grande número de dados disponíveis, avaliando um contexto, consegue tomar decisões para atingir um objetivo predefinido.

A Comissão Europeia (2018a) registra em Comunicação Oficial que "o conceito de inteligência artificial (IA) aplica-se a sistemas (confinados ao *software* ou integrados em dispositivos físicos) que apresentam um comportamento inteligente, analisando o seu ambiente e tomando medidas – com um determinado nível de autonomia – para atingir objetivos específicos". Colhem-se da mesma comunicação da Comissão Europeia os seguintes suplementos:

> Os sistemas baseados em inteligência artificial podem ser puramente confinados ao *software*, atuando no mundo virtual (por exemplo, assistentes de voz, programa de análise de imagens, motores de busca, sistemas de reconhecimento facial e de discurso), ou podem ser integrados em dispositivos físicos (por exemplo, robôs avançados, automóveis autônomos, veículos aéreos não tripulados ou aplicações de Internet das coisas. (COMISSÃO EUROPEIA, 2018a)

Para Perelmuter, a

> [...] estruturação de algoritmos – conjuntos de instruções que, quando executadas, resolvem determinado problema ou tarefa – foi um dos grandes passos em direção ao desenvolvimento de processos automatizados, nos quais uma abordagem sistemática leva a uma solução. (PERELMUTER, 2019, p. 18)

Com a evolução no campo da automação, as tecnologias de inteligência artificial vêm sendo apontadas entre as possíveis ferramentas de melhoria da eficiência no enfrentamento do quadro de incertezas, de complexidade de demandas e de informações, seja no campo privado, seja na esfera pública.

Assim é que se promete transformar a base de crescimento e desenvolvimento social, com a consequente ampliação da taxa de avanço econômico, a partir de novas estratégias tecnológicas, delineadas, notadamente, por meio da automação inteligente nos diversos campos. Parte-se da premissa de que a difusão da inovação e a adoção da inteligência artificial tendem a impactar positivamente o mercado e a máquina pública, isto é, sustenta-se que essas estratégias podem projetar ganhos de eficiência, produtividade e racionalidade na alocação de recursos (STEFANINI, 2019).

No Brasil, os órgãos e as instituições de Ciência e Tecnologia vêm desenvolvendo programas e projetos na área de inovação, explorando e incentivando investimentos em tecnologias digitais, em inteligência artificial, entre outras. A temática específica da inteligência artificial, contudo, não é tratada como prioridade de modo coordenado e estratégico. Há um grande passo a ser dado, na linha do que já vem sendo desenvolvido nos Estados Unidos, na China, no Japão, no Canadá e, especialmente, no âmbito da União Europeia[13], com o apoio do Parlamento Europeu, da Comissão Europeia, que têm pautado o tema como estratégico para a competitividade e para a implementação de direitos, investindo em tecnologias e infraestrutura que sustentam a inteligência artificial, ao argumento de que

> Tal como aconteceu no passado com o motor a vapor ou a eletricidade, a IA está a transformar o nosso mundo, a nossa sociedade e a nossa indústria. O aumento da capacidade computacional, a disponibilidade de dados e a evolução dos algoritmos fizeram da IA uma das tecnologias mais estratégicas do século XXI. (COMISSÃO EUROPEIA, 2018a)

As diretrizes da Declaração, que tangenciam o campo jurídico, especialmente levando em conta os direitos fundamentais; o plano da ética, incorporando padrões internos e também externos estabelecidos em acordos internacionais;

[13] A Declaração de Cooperação assinada por 24 Estados-Membros da União Europeia, em 10 de abril de 2018, embasou os trabalhos da Comissão junto aos Estados-Membros na elaboração de um plano coordenado em matéria de IA, resultando nas "Diretrizes Universais para Inteligência Artificial", de 23 de outubro de 2018, editadas em Bruxelas, Bélgica.

e o domínio dos postulados de responsabilidade e transparência, estão elencados no documento: direito à transparência e à determinação humana; obrigação de identificação, de justiça; de avaliação e prestação de contas; obrigação de precisão, confiabilidade e validade; obrigação de qualidade dos dados, de segurança pública, de segurança cibernética; proibição de criação de perfis secretos; de pontuação unitária; e obrigação de rescisão (COMISSÃO EUROPEIA, 2018b).

Vislumbra-se, a partir do concurso da inteligência artificial para tarefas compatíveis, a possibilidade de hierarquização ou racionalização de atribuições – o que não remete à ideia de mera elitização da força laboral –, de modo a liberar a mão de obra destinada a tarefas passíveis de soluções de automação para a correta alocação em áreas nas quais se faça imprescindível e vantajosa a presença humana desafiada por missões específicas.

Perelmuter assinala a importância de distinguir

> [...] uma carreira destinada a ser dominada por entidades artificiais – robôs, computadores, ou qualquer outro tipo de dispositivo – de uma carreira relativamente protegida do risco de automação e, portanto, que deve permanecer majoritariamente sob responsabilidade de seres humanos. (PERELMUTER, 2019, p. 47)

Segundo ele, de qualquer forma, não prevalece mais a ideia de que as soluções nesse campo estariam restritas a tarefas repetitivas e braçais, posições, de fato, já automatizadas em diversos setores; muitas tarefas que desafiam o raciocínio são passíveis de automação, registrando-se avanços nesse sentido (PERELMUTER, 2019)[14]. Há, também, os

---

[14] Assim, por exemplo, o Programa Juízo 100% Digital, desenvolvido pelo Conselho Nacional de Justiça (CNJ), sustenta a prática de atos processuais sem presença das partes; do mesmo modo, solução de inteligência

que vislumbram na chamada inteligência artificial o fim das carreiras operacionais e de técnicos e analistas, marcadamente no setor público: "Essas transformações irão provocar a extinção de inúmeras atividades nas administrações públicas [...] Novas carreiras, algumas que ainda desconhecemos, também serão criadas no setor público" (PEREIRA, 2018).

Jaqueline Weigel, considerando os impactos da tecnologia no cenário laboral como um todo no Brasil, sem se ater aos advindos do uso da inteligência artificial, faz um prognóstico radical, apontando que, já em 2020, cinco milhões de postos de trabalho serão possivelmente extintos à conta dos avanços naquela seara (WEIGEL, 2018)[15].

Certo é que a esfera pública, pressionada pelas descobertas tecnológicas, tem evoluído na incorporação de soluções digitais e aos poucos vai-se abrindo ao concurso da inteligência artificial. Nesse movimento, contudo, operações estritamente matemáticas poderão levar ao indesejável resultado de mera substituição da dimensão humana e orgânica das instituições por um contingente de máquinas inteligentes, mas incapazes de garantir a dimensão humana das relações. Adverte-se, então, para a complexidade de uma política de adesão à inteligência artificial; apenas se for levada a efeito com as ponderações cabíveis, e com atenção aos padrões

---

artificial substitui o trabalho do operador do direito na análise de admissibilidade de recursos junto ao Supremo Tribunal Federal (STF). Instituições como Caixa Econômica Federal e Banco do Brasil vêm, também, usando inteligência artificial para interação com clientes, na forma de Chatbot/CEF para simulação de financiamento habitacional, em Feirão da Casa Própria; Chatbot/BB para respostas ao cliente.

15 Weigel (2018), no entanto, chama a atenção para o fato de que, em termos de tecnologia digital, de inovação e de conexão dos ecossistemas sociais, "o Brasil decepciona em sua *performance*: estamos no 69° lugar no Global Innovation Index; e em 44° no *ranking* de Transformação Digital, atrás do Chile, segundo o Global Connectivity Index 2018".

éticos, jurídicos e sociais das soluções, poderá propiciar um redimensionamento sustentável e um aperfeiçoamento sem precedentes nas estruturas que dão suporte aos atores públicos e privados nas suas respectivas arenas decisórias, com impactos diretos na esfera dos destinatários finais.

Assim, sem se poder arriscar no total obsoletismo de certas carreiras, seja pelas inovações tecnológicas em geral, seja em razão do estágio das tecnologias digitais, seja mais especialmente pela concorrência da inteligência artificial, maior desafio se coloca na definição de novos atributos para atuais integrantes dos quadros que devam permanecer e do perfil dos agentes ou de carreiras estreantes que possam catalisar *expertises* necessárias para os novos papéis. A definição não passa pelo mero domínio de *softwares* ou *hardwares*, da lógica dos algoritmos, das técnicas de programação. Questões complexas devem orientar as proposições de tracejamento dos atributos dessa dimensão humana das instituições, passando por capacidade para lidar com as mudanças, com as exigências de regulação, de proteção e de segurança, sob risco dilargado pelos fatores virtuais.

1.5.3 Legística e disfunções na produção legislativa

Outro fator que contribui para a insegurança jurídica, embora não se enquadre na ordem daqueles da chamada "modernidade líquida", é o das disfunções da produção legislativa, estudadas no campo da Legística.

O Professor Doutor Riccardo Guastini, da Universidade de Gênova, em Prefácio à obra de Humberto Ávila, sistematiza os obstáculos à certeza do direito, pela vertente da normatividade, mostrando as "causas diretas de discricionariedade interpretativa (equivocidade dos textos normativos), os fatores derivados do sistema das fontes, mais precisamente da pluralidade de fontes heterogêneas", assim como as dificuldades relacionadas "à desordem dos textos normativos". O quadro anárquico, segundo ele, reflete a proliferação legislativa; a inclusão de disposições em normas estranhas; a dispersão das disposições legais; as alterações fracionárias; a instabilidade diacrônica dos textos normativos; as alterações sucessivamente remissivas; os problemas de revogação tácita; as falhas relativas à técnica legislativa, entre outras incidências (GUASTINI, *in* ÁVILA, 2019, p. 24-25)[16].

Ávila, à sua vez, sintetizando esse estado de incertezas decorrentes das distorções normativas, aponta nível inédito de insegurança jurídica, traduzido em termos corriqueiros como: "complexidade, obscuridade, incerteza, indeterminação, instabilidade e descontinuidade do ordenamento jurídico" (ÁVILA, 2019, p. 55). O autor apresenta uma coletânea de expressões colhidas de referências múltiplas do direito interno e de países estrangeiros, para desenhar o quadro caótico da produção das normas: "chuva de leis, histeria legislativa, furacão legislativo, incontinência legislativa, aluvião de normas, orgia na produção de leis" (ÁVILA, 2019, p. 55).

Pode-se, assim registrar que, pela ausência de aplicação dos postulados da Legística, há disfunções frequentes na produção legislativa, que se desenvolve ao largo da preocupação com os impactos que a Lei gera sobre a complexa realidade (PIRES, 2009).

Italo Calvino, fascinado com a simbologia das cidades, entendendo que elas podem revelar a "tensão entre a racionalidade genérica e o emaranhado das existências humanas", apresenta uma metáfora da arquitetura urbana, que bem pode traduzir o dilema da produção legislativa:

---

[16] GUASTINI, Riccardo. Prefácio à obra de Ávila (2019, p. 24-25).

> O calendário da cidade é regulado de modo que trabalhos, ofícios e cerimônias se disponham num mapa que corresponde ao firmamento daquela data: assim, os dias na terra e as noites no céu se espelham [...]
> – A correspondência entre a nossa cidade e o céu é tão perfeita – responderam –, que cada mudança em Ândria comporta alguma novidade nas estrelas. (CALVINO, 1990, p. 136-137)

De fato, a reflexão de Calvino sobre intervenções na cidade pode ser apropriada no quadro da Legística para enfatizar o quanto a mudança das leis interfere na harmonia da ordem jurídica. O que dizer da intensa inflação legislativa e da errática atuação do legislador sem avaliação de impactos ou efeitos de temerárias alterações?

A incerteza decorrente de disfunções normativas, associada à desconfiança no Estado, e, ainda, à prática jurisprudencial, que, segundo Guastini, abriga especialmente fenômenos de "interpretação não uniforme e não argumentada", "*revirements*", "interpretação evolutiva" e "aplicação analógica"[17], reflete-se, por sua vez, na intensa litigância em que se coloca especialmente a Administração Pública no Brasil. Registros estatísticos do Conselho Nacional de Justiça (CNJ) constantes do Relatório "100 Maiores Litigantes – 2012" revelam que setores públicos da esfera federal e dos estados foram responsáveis por 39,26% dos processos que chegaram à Justiça de primeiro grau e aos Juizados Especiais entre janeiro e outubro de 2012. Na maior parte desses processos, o Poder Público figura no polo passivo das demandas (SIMONETTI, 2017, p. 7). Esse quadro de intensa litigiosidade é desenhado pela atuação transgressora da ordem jurídica pelo Estado, pela posição de responsável por danos causados à esfera patrimonial das pessoas em razão de atos

[17] GUASTINI, Riccardo. Prefácio à Obra de Ávila (2019, p. 25).

ou omissões de seus agentes ou de quem lhe faça as vezes e, especialmente, pela sua incapacidade para respostas às demandas prestacionais universalizadas, em um processo de realimentação, em parte, decorrente daquelas práticas judiciais e das disfunções legislativas, e, por que não dizer, pela reiteração de práticas malsãs do Executivo?

1.5.4 Desafios no campo da Hermenêutica

O princípio da segurança encontra-se clivado pelas constantes e impactantes mudanças de ordem global e, no nível interno, pelas circunstâncias do perfil da ordem normativa. A ordem vigente, assaltada pela inflação legislativa e pelo maçante e profuso concurso do poder normativo da Administração Pública, de um lado; pela incoerência das posições na aplicação dos arcabouços legais, pela Administração e, às vezes, pelos órgãos de controle, até pelo Poder Judiciário, de outro, clama por mecanismos interpretativos e argumentativos compatíveis com a complexidade que a circunstância.

É que, além das dificuldades decorrentes da conjuntura da elaboração normativa, um embaraço contemporâneo está associado aos desafios da transição hermenêutica. Há uma mudança dos seus próprios pressupostos, com disputa de métodos reciprocamente excludentes, seja por força de vínculo geracional, seja por postura ou escolha. Os aplicadores do Direito, de um modo geral, ancoram-se em conhecimentos que guardam fidelidade com um certo núcleo de ideias, e estruturam seu discurso de aplicação segundo as bases de sua formação e crença. Especialmente no campo do Direito Público, no qual o vinco ideológico não consegue ser totalmente desfeito, a interpretação encontra maiores discrepâncias e tensões.

Por outro lado, a segurança jurídica evolui para delinear uma dimensão subjetiva, apoiada em subprincípios como o da proteção à boa-fé e à confiança, já referidos, impondo tormentoso desafio à hermenêutica.

Maior tensão se vislumbra no campo da segurança jurídica, nessa vertente, se tomado em conta o "ativismo judicial", por vezes ocorrente, de que resultam o atropelo da ordem jurídica e a verdadeira substituição do Executivo, no campo decisório, e do Legislativo, no processo de construção das normas, para além das situações passíveis de controle ou das de omissão do titular funcional.

É de se saudar, entre outras previsões normativas, a recente alteração da Lei de Introdução às Normas do Direito Brasileiro, por meio da Lei n. 13.655, de 25 de abril de 2018 (BRASIL, 2018a), que estabelece novos parâmetros para a interpretação do Direito Público, especialmente no tocante ao controle da Administração Pública, e balizas para a autotutela. Trata-se de um passo que deve abrir caminho para outros avanços na mesma direção, uma tarefa que se enquadra nos propósitos de democratização do Direito Administrativo, que, a pretexto de proteger o interesse público, abriga resquícios do autoritarismo em relação aos administrados, e, também, no plano do controle. Mas – repita-se – a norma não basta!

Paulo Neves de Carvalho, em Apresentação à 1ª edição (1992) da obra de Florivaldo Dutra de Araújo, referindo-se ao desafio de democratizar o Direito Administrativo e de libertá-lo do autoritarismo, na linha de equilíbrio entre prerrogativas do Poder Público e garantias dos administrados, enfatizava a advertência do autor:

> [...] o problema excede os limites da cogitação simplesmente normativa; sendo fenômeno essencialmente político e cultural, a mudança requer, antes de tudo, conscientização, que a todos envolva, na sociedade, e isso não é fruto, por si só, da regra como formulação abstrata (CARVALHO, *in* ARAÚJO, 2005).

1.6 Novos dilemas da segurança jurídica - ênfase na esfera pública

Por tudo isso, o tema da segurança jurídica parece não se comportar, em toda a sua extensão, nos álveos tradicionais de seu curso, como o do Direito Intertemporal; o do controle administrativo, notadamente, nas vertentes de aplicação de institutos como revogação, anulação. Nem se há de limitar a análise da matéria às recorrentes tensões: valorização de expectativas *versus* legalidade; prossecução do interesse público e flexibilização da Administração, entre outras.

A discussão aqui pautada perpassa muitos temas transversais, especialmente pertinentes à esfera pública, que impactam a segurança:

- Redução da discricionariedade administrativa ou limitações na sua prática, incluída a de autolimitação administrativa pela geração de expectativas na esfera dos administrados.
- Teoria dos conceitos jurídicos indeterminados.
- Normas para interpretação do Direito Público (Lei n. 13.655/2018 - LINDB).
- Ampliação da obrigação de motivação.
- Tendências de convalidação (Lei n. 9.784, de 29 de janeiro de 1999 - Lei de Processo Administrativo) (BRASIL, 1999a).
- Tracejo mais recente de inovações no controle de constitucionalidade das leis, na perspectiva das soluções de modulação de efeitos em face de situações consolidadas - Lei n. 9.868, de 10 de novembro de 1999, que dispõe sobre o processo de julgamento da Ação Direta de Inconstitucionalidade e da Ação Declaratória de Constitucionalidade (BRASIL, 1999b).
- Consolidação dos pilares do devido processo legal (CF e Lei n. 9.784/1999 - Lei de Processo Administrativo).

- Vedação de interpretação retroativa (Lei n. 9.784/1999 – Lei de Processo Administrativo).
- Incorporação de mecanismos do mercado às modelagens de prestação de serviços públicos (Lei n. 11.079, de 30 de dezembro de 2004, parcerias público-privadas – PPPs) (BRASIL, 2004).
- Complexificação dos processos decisórios, notadamente em razão dos mecanismos participativos, com previsão em marcos de diversas políticas públicas.
- Incorporação de mecanismos de inteligência artificial e práticas virtuais ou eletrônicas na Administração Pública.
- Transparência pública (Lei Complementar n. 131, de 27 de maio de 2009) (BRASIL, 2009).
- Acesso à informação (Lei n. 12.527, de 18 de novembro de 2011) (BRASIL, 2011).
- Arbitragem (Lei n. 9.307, de 23 de setembro de 1996, com alterações) (BRASIL, 1996).
- Mecanismos de autocomposição de conflitos (Lei n. 13.140, de 26 de junho de 2015 – mediação entre particulares para solução de controvérsias e autocomposição de conflitos no âmbito da Administração).
- Ampliação dos mecanismos de controle da corrupção (Lei n. 12.846, de 1º de agosto de 2013) (BRASIL, 2013):
  - desconsideração da personalidade jurídica para fins de responsabilização administrativa e civil pela prática de atos contra a Administração;
  - acordo de leniência para estimular empresas que tenham praticado atos de corrupção a colaborarem com as investigações (artigos 16 e 17);
  - Cadastro Nacional de Empresas Punidas (artigo 22).

- Desafios para o tracejamento de novos parâmetros para o controle da Administração Pública em substituição aos postulados mecanicista e punitivos[18].
- Outros temas que se enquadram, especialmente, na macroagenda das inovações.

1.6.1 As diversas perspectivas de abordagem dos riscos de insegurança jurídica

Especialmente no Brasil, no campo da gestão pública, a segurança jurídica, além de tangenciar todas essas variáveis temáticas, deve ser tratada em múltiplas perspectivas: a do Estado Nacional, a dos entes federativos, a do gestor, a do cidadão, a do servidor, a do contratado (empreendedor-fornecedor), a do mercado e a da sociedade, tomando-se em conta os múltiplos fatores de risco que a afetam e as circunstâncias que particularizam o plano concreto.

Os fatores comuns de risco, especialmente sob o prisma das relações orientadas pelo sistema administrativo, embora concorrendo em diversos campos, podem ser agrupados pelo critério da prevalência de impactos, observada uma contextualização que qualifica o quadro de realidade.

1.6.1.1 Riscos para o Estado Nacional

Na vertente do Estado, os fatores de risco apresentam-se, em um primeiro plano, na forma de polêmicas em torno da competição de paradigmas, neoliberalismo x Estado Social; neoliberalismo x Estado Democrático; de questionamento acerca do papel do Estado e da sua própria valia como modelo de organização política; de tensões diversas:

[18] Confira-se a propósito o artigo de Machado (2013, p. 509-524).

influências de experiências externas e o peso dos fundamentos da ordem econômica x Projeto Constitucional; fontes internacionais do Direito Administrativo x matrizes constitucionais; discursividade democrática x prevalência da lógica consolidada dos processos decisórios; avanços de marcos legais de políticas públicas X peso do legado ou "dependência de trajetória" - *path dependence* (SOUSA, 2011).

Outro fator recorrentemente apontado como ameaça à posição do Estado Nacional é o da globalização. Fala-se, já em tom de bordão, em globalização com a consequente crise de desterritorialização de poderes e forças decisórias. Registra-se, como lembra Chevallier, que, em posição divergente, estudiosos sustentam que a globalização é fenômeno que fortalece a ideia de Estado Nacional e que se alimenta, também, por propósitos hegemônicos, não se vislumbrando ameaça à soberania e à unidade estatal (CHEVALLIER, 2009).

Boaventura Santos, apontando, como uma das dificuldades das soluções fundamentais no contexto globalizado, a questão do inimigo, afirma:

> Ao contrário do que se poderia pensar, a globalização dos problemas não torna os seus causadores mais visíveis ou mais facilmente identificáveis. *De algum modo, a globalização dos problemas globaliza o inimigo e se o inimigo está em toda parte, não está em parte nenhuma.* Esta é uma dificuldade verdadeiramente dilemática, porque civilizações revolucionárias ou reformistas foram sempre organizadas contra um inimigo bem definido. (SANTOS, 1997, p. 321) (grifamos)

Neste passo, cabe destacar que a crise de confiança no Estado decorrente em grande medida da pressão das demandas prestacionais não atendidas é potencializada pela fluidez dos arranjos territoriais de poder; não há negar que a globalização demanda profunda reorganização das forças decisórias e arranjos territoriais de bases diversas. Do mesmo modo, há patente sujeição da ordem política e econômica de Estados Nacionais a interesses internacionais, resultando em tensão entre soberania ou autodeterminação e contingências de dependência e a emergência de soluções regionais. Nesse sentido, Chevallier afirma que há um reforço das relações de interdependência, exercendo o fenômeno da globalização "um efeito dissolutivo sobre a soberania estatal", mediante a redução da margem de liberdade dos estados e sujeição às injunções de uma ordem transnacional, favorecendo o empoderamento de outros atores para além do monopólio dos Estados nas relações internacionais e impondo a constituição de entidades mais amplas, tudo com o esvaziamento do poder supremo dos Estados Nacionais (CHEVALLIER, 2009, p. 38).

Além desses fatores de possível fragilidade da posição do Estado, com as ressalvas de divergências de entendimento, o obsoletismo de muitos de seus instrumentos ou práticas em face do ambiente internacional de inovação é determinante nas relações de poder.

1.6.1.2 *Riscos para os entes federativos*

Em ótica mais estreita, pode-se analisar a crise do Estado tendo em conta os seus reflexos nas relações internas de poder a partir da forma de organização deste no território, no caso do Brasil, em lógica federativa. Entre os riscos para os entes federativos, podem ser enumerados, entre outros, os decorrentes do condomínio legislativo de índole centralizadora; das mudanças legislativas recorrentes, com práticas de criação unilateral de obrigações para estados e municípios por parte da União; da matriz federativa de repartição de receita baseada na concepção de dependência de Estados e Municípios em relação ao ente central. Se não bastasse a perversão da matriz, há ainda mecanismos de interceptação de recursos de transferência obrigatória a Estados e Municípios, resultando em prática de apropriação indébita ou de depositário infiel. Do mesmo modo, há um viés centralizador que perpassa a interpretação da base normativa da autonomia de Estados e Municípios sob equívoco de hierarquização dos entes, quando não incorre em outra falha de desconsiderar a hierarquização de interesses e das matrizes constitucionais de políticas públicas sistêmicas na vertente da harmonização federativa.

Por fim, pode-se dizer que garantir a lógica decisória e operacional de caráter federativo pressupõe o manejo de equilíbrio dos núcleos de poder funcionalizados e também espacializados segundo as ordens territoriais que os envolvam, a coordenação dos interesses em pauta, a articulação dos atores, a manutenção de fluxos institucionais seguros e a coerência do sistema de provisão e financiamento da ação estatal, entre outras convergências.

1.6.1.3 Riscos para os gestores

Francisco Gaetani, em análise sobre "A governabilidade da Administração em jogo", mostra o grave quadro que emoldura a atuação do gestor público brasileiro nas diversas esferas. Segundo o autor, Presidente da Escola Nacional de Administração Pública, a "criminalização da Administração", tal como ocorre na ordem interna, aliada à estratégia de "intimidação das burocracias", alimenta a insegurança jurídica em múltiplas vertentes, especialmente no tocante ao agente público, que, sujeito ao temor das incertezas quanto à legalidade de seus atos, resta desestimulado para o exercício do mister (GAETANI, 2018).

Considerando os postulados do Direito Administrativo (presunção de legalidade), pode-se afirmar que há uma presunção invertida de que o gestor é o transgressor natural da legalidade e o responsável pelo quadro das mazelas do Estado. Essa projeção negativa do gestor é, em parte, associada à quebra de confiança do cidadão no Estado, em uma visão macro. Outros fatores determinantes da vulneração da posição dos gestores podem ser alinhados: perfil das demandas, sempre pressionados pela inovação, pela universalização de direitos sem a garantia das condições de efetividade, resultando em dilemas de eficiência e regularidade da gestão; incoerência entre o alargamento das possibilidades de participação cidadã e social nos processos decisórios sem contrapartida de responsabilidade estendida; limites de responsabilidade fiscal e vinculações de receitas, implicações de planejamento e desvinculação orçamentária, escassez e contingenciamento de recursos.

Enfatizam-se, também, a sobreposição de controles de índole marcadamente sancionadora e o inadequado tratamento hermenêutico no que tange a situações que envolvem conceitos jurídicos indeterminados, aspectos de discricionariedade, aplicação de princípios, entre outros significantes. Especificamente sobre a natureza prioritariamente punitiva do controle, há trabalhos que apontam o fator como disfuncional e apresentam alternativas de conciliação da atividade controladora com o princípio da eficiência, a partir da revisão dos postulados tradicionais e mecanismos existentes (MACHADO, 2013, p. 509-524).

Assinala-se que já há um esforço no sentido de associar às concepções punitivas outras de caráter pedagógico, especialmente a partir de contribuições de quadros dos Tribunais de Contas, resultando em mecanismos de pactuação em torno de práticas de gestão e em missões pedagógicas atribuídas às Escolas de Contas.

Outro ponto de reflexão tem sido colocado: o da intensidade do controle, a sugerir o debate acerca do excesso *versus* déficit de sua incidência. Enquanto se valoriza o controle formal, deixa-se efetivamente de jogar foco sobre questões que têm alto poder deletério sobre a Administração. Trata-se da percepção da necessidade de qualificar a abordagem do controle para que ela priorize sobretudo o cerco às práticas malsãs. Na mesma linha, tem sido pautada a necessidade de avaliar a prática do controle tendo em vista a relação externalidade e eficácia. Não raro, o propósito midiático acaba sendo sobrelevado, com prejuízo de resultados concretos para o interesse público e para o imparcial desfecho da questão posta.

Registra-se, também, um significativo avanço na base normativa do controle, haja vista a presença de marcos legais específicos que adensam esse campo em vertentes de transparência, processualidade, informação, anticorrupção, hermenêutica, entre tantos outros[19]. Mas a construção normativa avançada, a regra como formulação abstrata por si, não é garantia das mudanças expectadas. Haverá de encontrar espaço na consciência cidadã, em especial ganhar internalização na prática cotidiana de seus aplicadores, na linha dos ensinos do Professor Paulo Neves de Carvalho.

Anota-se, por fim, que a crise do Estado e de sua governabilidade mais se revela, diante dos desequilíbrios dos poderes, que refletem sobre a segurança dos agentes da seara

[19] Os marcos legais têm motivado intensas discussões, teóricas, dogmáticas e pragmáticas, especialmente catalisadas pelas Cortes de Contas. Cf. a propósito, entre outros: Pires (2011, p. 60-74).

pública, como evidenciam a intensa judicialização de políticas públicas, o ativismo judicial e dos órgãos de controle e o quadro gritante de engessamento dos poderes políticos do Estado Brasileiro e a prevalência do Poder Judiciário, o que em grande medida se deve à desconfiança do cidadão nos Poderes Legislativo e Executivo. Este último aspecto, na análise do Professor Vinícius Batelli de Souza Balestra, pode ser constatado na história recente da agenda nacional dos poderes: "Enquanto o Legislativo e o Executivo se acomodaram num pêndulo político de estreita trajetória e que apartou as discussões ideológicas do debate nacional, questões graves passaram a ser debatidas pelo Judiciário" (BALESTRA, 2018, p. 4).

1.6.1.4 Riscos para os cidadãos – dificuldades de emancipação da cidadania, diversidade e pluralismo

Um primeiro traço da sociedade atual que impacta a esfera dos cidadãos é a diversidade, que se projeta de modo capilarizado por toda a teia social, formando núcleos cada vez mais fortalecidos por seus pontos nodais, em abrangências e espectros específicos. São infinitos os grupos ou segmentos que, muitas vezes, arregimentam-se em torno de interesses colidentes com outros que disputam acolhida na prática da esfera pública ou nas arenas de construção de normas que lhes proporcionem paulatina segurança jurídica. O fenômeno é registrado por Humberto Ávila, ancorado na lição de Gianluigi Palombella, como "[...] 'politeísmo de valores', graças à multiplicidade de valores existentes no meio social, incapazes de ser apreendidos em noções conceituais absolutas" (ÁVILA, 2019, p. 57).

Nesse quadro complexo, marcado por progressiva diversidade, disputas de grupos por reconhecimento e autonomia e por uma base normativa inflacionada, segundo Humberto Ávila, justifica-se "a avocação estatal da proteção individual nos casos em que os interesses sociais são assimétricos". Igualmente, nesse contexto, justifica-se a incorporação, pelo Estado, de novos papéis, além da "tarefa de induzir o comportamento dos cidadãos para que se conformem às finalidades públicas" (ÁVILA, 2019, p. 58).

Ora, de um Estado prestador, ativo, proativo, intervencionista, reflexivo e propulsor de mudanças, espera-se muito; daí o paradoxo: expectativa e desconfiança do cidadão.

E, de fato, pelo prisma analítico da posição dos cidadãos, importantes são os riscos que afetam a sua confiança no Estado: a vulneração da segurança em seu sentido mais lato, como fator explícito e radical da violência; a variação e a inversão de prioridades governamentais, com reflexos na disponibilidade de bens e serviços públicos; a precarização e a descontinuidade de prestações ou investimentos públicos; o déficit de transparência e a manipulação da informação com prejuízo da confiança; os ônus da judicialização; os impactos dos empreendimentos de alto risco, potencializados pela incoerência de marcos legais sistêmicos, ausência das cautelas no âmbito do poder de polícia do Estado e, também, pelas falhas na regulação.

É sabido que, nesse cenário, os impactos da tecnologia sobre os diversos segmentos de cidadania e o déficit de inclusão são fatores que amplificam essas dificuldades. O que se observa é que Estatuto de Direitos do Usuário, disponibilidade de canais de participação e de reclamações administrativas, ouvidorias de serviços públicos, Ação Popular, Mandado de Injunção e outros instrumentos não são suficientes para neutralizar as dificuldades e as disfunções dos processos. Há, sobretudo, a necessidade de preparação cidadã para a participação eficaz nos processos decisórios, em substituição à pirotecnia e à manipulação das arenas públicas sob pretensa legitimidade de representação, com ressalvas para importantes e louváveis iniciativas de controle social.

Trata-se da necessidade de verdadeiro empoderamento da cidadania, por meio do acesso à informação e aos mecanismos de seu adequado uso e processamento; da disponibilidade de meios e canais de interação e qualificação da sua atuação; da garantia de condições básicas de evolução no processo emancipatório pelo viés da educação e do conhecimento.

1.6.1.5 *Riscos para o empreendedor e para o mercado*

Pelo ângulo do empreendedor, prestador ou parceiro do Estado, vislumbram-se, no Brasil, fatores relevantes que instabilizam as relações negociais, sejam decorrentes da atuação daquele, sejam oriundos da esfera pública.

Nesse sentido, chama-se a atenção para a concentração do poder econômico do setor produtivo como fator de vulnerabilidade, de algum modo enfrentado por práticas de Responsabilidade Social, que se apresentam como contraponto aos riscos da exclusão social; o nebuloso ambiente das transações de mercado, agravado pela relação custo Brasil, envolvendo práticas empresariais que ameaçam o próprio patrimônio corporativo. Igualmente, alinham-se fatores gerenciais, contingências imprevisíveis e práticas administrativas malsãs que, por vezes, permeiam os empreendimentos: (des) continuidade, cláusulas exorbitantes, fatos do Príncipe, fatos da Administração, possíveis atuações tendentes à manipulação de atores diversos; vulnerabilidade da ordem jurídica empresarial, especialmente tendo em vista as soluções normativas aportadas sem aprofundados estudos de Legística; contraditórias concepções de Estado e de economia e decisões erráticas, notadamente de caráter internacional, com reflexos no mercado. A perspectiva de internacionalização da contratualização pública sinaliza com reflexos positivos, mas, também, negativos na competitividade das empresas nacionais.

Em um ambiente de negócios fragilizado pelas recíprocas fórmulas de cooptação mercado-Estado, o que se vê é a precarização da qualidade de empreendimentos, de obras, quebra de compromisso e naturalização do quadro de inidoneidade de empresas. Não por acaso, acena-se para conveniência de adoção de instrumentos de segurança jurídica de grandes investimentos, como a *Performance Bond* (seguro-garantia adotado nos Estados Unidos), as *Punitive Damages* (indenização punitiva, instituto jurídico concebido no âmbito do *Common Law* para punição de condutas especialmente gravosas dentro da esfera cível), entre outros.

Igualmente, não por acaso, pululam iniciativas de investimento em governança corporativa. As empresas desenvolvem programas de integridade, por meio de *compliance*; apresentam Propostas de Manifestações de Interesse – PMI; investem no desenvolvimento de modelos jurídicos de infraestrutura, com incursões em temas transversais. Acena-se com diálogos competitivos como modalidade de licitação, de modo a aproximar empresas e Estado, em colaboração, para a formulação de alternativas técnicas viáveis para o setor público e, igualmente, mais aderentes aos propósitos de segurança jurídica em relação às avenças que tenham as proposições resultantes dessa parceria como objeto.

1.6.1.6 Riscos para o servidor

Para o servidor, os fatores de risco são evidentes: escassez de recursos, com projeção de atrasos ou parcelamentos de salários; perda de legitimidade e desmotivação em virtude de estratégias de corrosão da imagem e do perfil, com a consequente desvalorização dos recursos humanos como força construtiva do desenvolvimento; obsoletismo dos recursos técnicos disponíveis, ausência de preparação para o exercício de novas competências que serão demandadas para sintonia com o tempo e para a competitividade. Os riscos justificam uma reflexão aprofundada sobre os rumos da função pública, em face dos impactos da crise do Estado, bem assim dos avanços da tecnologia e inovação, com ênfase na inteligência artificial, nas relações laborais de seus servidores e, também, nos tradicionais poderes decorrentes da investidura funcional.

Nesse cenário, é urgente a formação de uma consciência geral sobre a complexidade e a inafastabilidade da atual Revolução Tecnológica, ou Quarta Revolução Industrial, pela repercussão no dimensionamento de quadros de servidores, nos modos de atuação de seus integrantes, na estruturação do sistema administrativo e de seus recursos de decisão, integração e regulação.

Reformas centradas em medidas que ameaçam direitos de servidores, ditadas pelas operações de equilíbrio de gastos ou por ordens de compensação de novas despesas sociais ou institucionais, não são a melhor via. A intervenção reformadora do setor há de ser responsável, qualificada por um diálogo aberto e ousado, mas aderente aos pressupostos da crise que se pretende enfrentar, às necessidades do Estado e da sociedade e compatíveis com a natureza do processo laboral em função pública.

1.7 Alternativas para o enfrentamento dos fatores de risco

O enfrentamento desses múltiplos fatores de fragilização, no âmbito interno, e das dificuldades que assombram os estudiosos, em sede mais ampliada, demanda abertura de novos veios de circulação do caudal de elementos de incertezas no contexto da chamada Pós-Modernidade[20], com vistas a possibilitar a adoção de medidas e cautelas para superação do quadro mais emergencial e construção de novas estratégias compatíveis com a fase atual.

Vislumbram-se várias alternativas e estratégias de enfrentamento dos fatores de risco. Entre elas, sobressaem a de valorização e (re)significação do Controle Social e a de estímulo à prática do consenso e da democratização da Administração, em contraponto à concepção de verticalização do poder administrativo, notadamente mediante a exploração de mecanismos de mediação de conflitos entre particulares e de autocomposição na esfera estatal.

Novas tendências do Direito Administrativo na vertente de sua democratização têm chamado a atenção para a (re) semantização do interesse público como núcleo de princípios basilares do regime jurídico-administrativo, propiciando a densificação de esforços no sentido de sua redefinição, na tentativa de ruptura com antigos axiomas (BINENBOJM, 2014; MARRARA, 2014).

Na mesma linha, registram-se os investimentos nos estudos hermenêuticos e uma nova influência na formação

---

[20] A expressão é aqui adotada na conotação dada por Jacques Chevallier, posto que há divergências no tocante à terminologia e à caracterização ou conceituação. "Preferir-se-á aqui falar de 'Pós-Modernidade', na medida em que se assiste ao mesmo tempo à exacerbação das dimensões já presentes no coração da Modernidade e à emergência de potencialidades diferentes: comportando aspectos complexos, mesmo facetas contraditórias, a Pós-Modernidade se apresenta tanto como uma 'hipermodernidade', na medida em que ela leva ao extremo certas dimensões presentes no cerne da Modernidade, tais como o individualismo, e como uma 'antimodernidade', na medida em que ela se desvincula de certos esquemas da Modernidade" (CHEVALLIER, 2009, p. 20).

focada na vertente filosófica e na primazia da Constituição e o desenvolvimento de *expertises* em processos de ponderação de princípios, aplicação de proporcionalidade, para além das meras exclusões de regras a partir da constatação de conflitos.

Em sentido convergente, registra-se a exploração dos postulados da Legística, que cercam a produção legislativa de cuidados, levando-se em conta a projeção de impactos da solução normativa sobre o universo de sua possível incidência (PIRES, 2009).

Na vertente tecnológica, destaca-se que um movimento contemporâneo vem enfrentando a defasagem entre a disponibilidade de recursos virtuais da era presente, envolvendo redes sociais, inteligência artificial e incontáveis instrumentos, e a capacidade do Estado para apropriar avanços e responder às contingências de atualização em diversos campos como desdobramento da evolução do setor e da inovação.

1.7.1 Controle social

Relativamente ao controle social, como imperativo da democracia e expressão da titularidade do poder no Estado contemporâneo, é possível identificar múltiplos canais institucionais e mecanismos de participação: plebiscito, referendo, ouvidorias, consultas públicas, audiências públicas, orçamentos participativos, conferências de políticas públicas, conselhos.

No plano normativo constitucional, prestigiam-se comandos afetos à participação: artigo 37, § 3°, da CF – previsão de lei destinada a disciplinar a participação de usuários; artigo 198, inciso III, da CF – participação da comunidade nos serviços de saúde; artigo 194, inciso VII, da CF – caráter democrático e cogestão da seguridade (BRASIL, 1988).

Em nível infraconstitucional, há desdobramento da diretriz democrática em arranjos de políticas públicas: artigo 2°, inciso II, da Lei n. 10.257, de 10 de julho de 2001 (Estatuto da Cidade) – gestão democrática nos planos de desenvolvimento urbano (BRASIL, 2001); artigo 2°, inciso X, c/c artigo 3°, inciso IV, da Lei n. 11.445/2007 (BRASIL, 2007) – controle social dos serviços de saneamento básico, entre outras disposições, exemplificam a tendência.

1.7.2 Mediação de conflitos entre particulares e autocomposição de conflitos no âmbito da Administração Pública

Diogo de Figueiredo Moreira Neto, em **Mutações do direito administrativo**, em 2001, já sinalizava para a importância da consensualidade, ao dizer que:

> A natureza do processo juspolítico, tal como no-lo indica a História, aponta para o aperfeiçoamento da consensualidade e para a redução da imperatividade, o que importará, de um lado, na desmonopolização do poder do Estado, e de outro, na valorização da cidadania, como aspecto político da dignidade da pessoa. (MOREIRA NETO, 2001, p. 2-3)

Assim é que, enfrentando antigos axiomas do Direito Administrativo, em especial os que constituem pilares do Regime Jurídico-Administrativo – a supremacia do interesse público sobre o interesse privado e o da indisponibilidade, pela Administração, do interesse público –, tomados, até recentemente, como empecilhos à conciliação e à mediação, à autocomposição ou à solução consensual de conflitos que envolvam a Administração Pública, parte da doutrina tem questionado tais pilares, investindo na (re)significação do interesse público e construindo argumentos, não apenas para sustentação da possibilidade de concertação, de resto, reconhecida, mas, também, para a implementação das soluções.

A doutrina brasileira que se consagrou como interpretação do regime jurídico-administrativo prevalecente nas últimas décadas foi construída por Celso Antônio Bandeira de Mello, em seu clássico **Curso de direito administrativo**, já em 33ª edição; a revisão do conceito de interesse público e dos postulados do regime tem contado com iniciativas diversas, devendo ser posto em destaque o esforço de elaboração de uma nova teoria, empreendida por Gustavo Binenbojm (2014).

Refletindo mudanças nos campos de doutrina e jurisprudência, o direito positivo evoluiu no sentido de incorporar, ainda que em latitude insuficiente, normas para regência da matéria, destacando-se a Lei n. 13.140, de 26 de junho de 2015 (BRASIL, 2015a), e a Lei n. 13.998, de 14 de maio de 2020 (BRASIL, 2020). A Lei n. 13.140/2015, Novo Código de Processo Civil, no que se relaciona com o objeto deste tópico, dispõe sobre mediação entre particulares para solução de controvérsias e sobre autocomposição de conflitos no âmbito da Administração Pública, prevendo a criação de câmaras de mediação e conciliação com atribuições relacionadas à solução consensual de conflitos na esfera administrativa. A Lei n. 13.988/2020 estabelece condições e requisitos para que a Administração Federal e devedores realizem transações resolutivas de conflitos, do que resultam desjudicialização, maior celeridade nas soluções e outras consequências relativas à segurança jurídica.

Há, assim, uma tendência de consensualização como contraponto à posição de verticalidade da Administração. Trata-se de uma vertente que valoriza a desjudicialização, o diálogo como meio de reversão do quadro de ameaça à estabilidade jurídica projetada pela postura autoritária da

Administração, por um lado, e pelo furor querelante do administrado, do contribuinte, ou do cidadão, por outro.

1.7.3 No campo da Legística

Nessa seara, registram-se avanços, com a incorporação de seus postulados aos ambientes legislativos, acadêmicos e técnicos, além da prática de estruturação dos observatórios de legislação e do incremento dos debates que têm chamado a atenção para a responsabilidade de todos os atores do processo legislativo e para a necessidade de aperfeiçoamento de estudos de suporte às alterações legislativas nos mais variados campos temáticos, sob o prisma dos impactos.

1.7.4 No campo da Hermenêutica

Os desafios de segurança jurídica no campo da Hermenêutica têm sido enfrentados por diversas teorias mais abertas e avançadas; nesse sentido, novas tendências e esforços são registrados, em especial com a Hermenêutica de cunho filosófico, a partir de contribuições de Lenio Streck, entre outros. Trata-se de superação da "Hermenêutica Clássica, baseada em fórmulas metodológicas e preocupadas com resultados esperados e formas exatas advindas do processo de interpretação", e que pretende "unificar a interpretação do caso concreto e estancar o possível movimento de sintonia entre a ciência jurídica com os fatos", conforme assinala Gisele Leite (2012) ao comentar a nova tendência.

Segundo a autora, a Hermenêutica filosófica, ou a nova Hermenêutica, contrariamente, permite

> [...] a alquimia de opiniões – do intérprete e do texto que se concentram e se dirigem em prol de uma interpretação real e sensível aos acontecimentos mutáveis

> que tanto transformam o mundo fático e o modo de pensamento do ser humano enquanto intérprete. (LEITE, 2012)

Essa vertente filosófica, consoante síntese da autora, propugna pela "efetivação das garantias constitucionais e traz a melhor abordagem interpretativa, vez que reduz a distância entre os desejos reais vividos em sociedade [...] e a estreita legalidade" (LEITE, 2012). Em contexto de uma sociedade hipercomplexa, de extrema pluralidade e intensa pressão de demandas, e sob fundamentos dessa vertente hermenêutica, que desafia o intérprete a capturar a realidade na complexidade de suas injunções e tensões, assim como os anseios, explícitos ou latentes, torna-se crucial a compreensão dos múltiplos fatores sociais, com vistas a aprofundar a sua visão; na mesma direção, faz-se necessária a maior "valorização dos direitos fundamentais, dos postulados do Estado Democrático de Direito e da Constituição" (LEITE, 2012). Pode-se dizer que a segurança jurídica vem ganhando auxílio, sobretudo por meio dessa abordagem pela qual é possível "encontrar resposta constitucionalmente adequada para cada problema jurídico, permitindo maior concretização de direitos e cidadania" (LEITE, 2012).

Ainda no campo da Hermenêutica, deve-se saudar a Lei n. 13.655/2018 (BRASIL, 2018a) - resultante do Projeto de Lei do Senado (PLS) n. 349, de junho de 2015 (BRASIL, 2015b), de autoria do Senador Antonio Anastasia, posteriormente PL n. 7.448/2017 (BRASIL, 2017) –, que incorpora à Lei de Introdução às Normas do Direito Brasileiro (Decreto-lei n. 4.657/1942) (BRASIL, 1942) disposições específicas para o Direito Público com vistas a incrementar a segurança jurídica e a eficiência na sua criação e aplicação. Tais propósitos estão explícitos em fragmentos do discurso de justificação do Projeto e em outros suplementos, notadamente do

Parecer da Comissão de Constituição, Justiça e Cidadania sobre a matéria, da lavra da Senadora Simone Tebet (BRASIL, 2017).

Não podem ser, contudo, olvidadas muitas polêmicas em torno de certas previsões da lei referida, particularmente no tocante aos aspectos que tangenciam o "pragmatismo jurídico" ou o "consequencialismo da tomada de decisões", de um lado, e a "integridade e a coerência do sistema jurídico", de outro[21]. As críticas são feitas no âmbito das discussões pautadas por diversas instituições que se insurgiram contra as alterações introduzidas, marcadamente, pelo artigo 20 da Lei mencionada, cujo comando estabelece que

> Nas esferas administrativa, controladora e judicial, não se decidirá com base em valores jurídicos abstratos, sem que sejam consideradas consequências

[21] Francisco Sérgio Maia Alves, analisando o artigo 20 da LINDB, e aportando suplementos de grandes referências do Pragmatismo Jurídico, Richard Posner e Neil MacCormick, traceja, sobretudo, os contornos das expressões "valores jurídicos abstratos" e "consequências práticas da decisão", cuidando, também, de delimitar o campo de sua aplicação. O primeiro teórico identifica-se com o denominado pragmatismo cotidiano, que remete à ponderação das possíveis consequências, imediatas e sistêmicas, com vistas à avaliação de seus impactos sobre a coerência e outros valores da norma jurídica (ALVES, 2019); já MacCormick sinaliza no sentido de que a invocação de argumentos consequencialistas deve estar amparada na existência de um problema de interpretação na norma, sujeitando-se a solução à ordem jurídica, segundo parâmetro da coesão e da coerência (MACCORMICK, 2009, p. 277). A propósito, conclui Alves que "o que o artigo parece sugerir é que, havendo duas soluções deduzidas do sistema jurídico, deve ser proferida a decisão que gerar as melhores consequências". O artigo 20, entre outros dispositivos, é, também, objeto de estudo no Capítulo 6, "Valores jurídicos abstratos *versus* consequências práticas e dificuldades reais, sob o pálio da motivação e de outras balizas de autotutela - artigos 20, 21 e 22 da LINDB", de autoria de Daniel Marçoni Santos Silva, Rafael Lara Camargo Diniz, Rafael Menezes Brito e Raphaella Miranda Cruz, nesta obra.

práticas da decisão, sem a motivação do ato administrativo, necessidade e adequação da medida imposta ou de invalidação do ato, contrato, ajuste, processo ou norma administrativa, inclusive em face de possíveis alternativas. (BRASIL, 2018a)

1.7.5 Adequada utilização de recursos tecnológicos de comunicação e tratamento e uso conformes das informações: ênfase nas redes sociais

Cabe destacar que, no Brasil, muito se evoluiu no tocante à adoção de mecanismos de transparência pública, o que tem suporte em pactuações internacionais (Convenção das Nações Unidas Contra a Corrupção) e, também, nas tecnologias de informação, que propiciaram importantes plataformas e portais institucionais nas várias esferas da Administração Pública.

Mais recentemente, a Administração Pública passou a ser fortemente impactada pelas redes sociais, sendo um marco emblemático da prática de mobilização horizontal o Movimento Passe Livre de 2013 (Nova Revolta do Vintém), voltado para a contestação dos aumentos das tarifas de transporte público a partir de São Paulo, e que culminou com manifestações populares e protestos por todo o País. A escala do movimento, até então não registrada na história brasileira, chamou a atenção do Estado para a importância de se levarem a sério as potencialidades positivas do uso de redes sociais, assim como os riscos de manipulação de informações, de veiculação de notícias falsas, de incitação de ódio, de maliciosa exposição de pessoas, com os gravames do alcance dessa via comunicativa.

Para amplificar os ganhos e evitar ou amenizar os efeitos danosos das redes sociais, alguns cuidados podem ser adotados: a conscientização dos usuários sobre a necessidade de criteriosa avaliação acerca da fonte ou veracidade da informação – e, para dissipar dúvidas, *sites* como o *Boatos.org* foram criados; a adoção de medidas acautelatórias por parte de empresas responsáveis pelos aplicativos disponibilizados; cuidados com relação à distribuição de informações e à utilização de dados; adequado tratamento das vias institucionais; a observância de parâmetros para não se incorrer em manifestações transgressoras, entre outros. Nesse contexto, debates relacionados a anonimato virtual, liberdade de expressão e seus limites têm sido recorrentes e de grande relevância nas pautas oficiais e nas cortes brasileiras.

Por fim, anota-se a relevância da preocupação em resguardar a privacidade de dados dos usuários, conforme enfatizado na respectiva regulação – Lei n. 13.709, de 14 de agosto de 2018, Lei Geral de Proteção de Dados (LGPD), com alterações (BRASIL, 2018b). O referido marco legal

> [...] dispõe sobre o tratamento de dados pessoais, inclusive nos meios digitais, por pessoa natural ou por pessoa jurídica de direito público ou privado, com o objetivo de proteger os direitos fundamentais de liberdade e de privacidade e o livre desenvolvimento da personalidade da pessoa natural.

Um contraponto, porém, deve ser assinalado, qual seja, a necessidade de tratar a disponibilidade de dados por uma ótica distinta, em relação ao ciclo de alimentação das bases de políticas públicas pelo Estado. Nesse sentido, cabe assinalar, por exemplo, que um recurso bastante eficaz como suporte do planejamento da ação governamental de base territorial é o georreferenciamento de demandas, de indicadores sociais, o que, vinculado a bancos de dados de usuários, permite territorializar soluções ajustadas ao perfil de necessidades e expectativas. É dizer: as melhores políticas poderão ser desenhadas para cada região, refletindo na eficiência do Estado, ou na otimização da prestação de serviços públicos.

No tocante ao desafio do controle da segurança dos dados, observa-se que as cautelas legais não têm inibido os abusos, registrando-se vazamentos de arquivos em escala preocupante para a segurança digital dos brasileiros. Vale citar dois episódios de apropriação criminosa de dados de 223,74 milhões de pessoas, possivelmente compilados em agosto de 2019.

Assim é que, enquanto o uso desses recursos em políticas públicas ainda não alcançou um patamar desejável, em prática perversa, o submundo cibernético apropria-se dos dados para exploração criminosa, situação que desafia, entre outras instituições, a Autoridade Nacional de Proteção de Dados (ANPD), autarquia especial vinculada ao Ministério da Justiça.

1.7.6 A inteligência artificial como ferramenta de enfrentamento da crise das incertezas – uma dimensão da inovação que não pode prescindir da inteligência humana

José Matias Pereira, analisando o emprego dos recursos da inteligência artificial, na forma "de programas e robôs, bem como [...] da internet das coisas (*Iot*, sigla em inglês), que conecta dispositivos físicos à Internet através de sensores inteligentes", mostra que a prática "já está impactando no funcionamento das economias, das empresas e no cotidiano dos cidadãos dos países desenvolvidos" (PEREIRA, 2018).

Na esfera pública de um modo geral, os recursos tecnológicos disponíveis atualmente e num futuro próximo, incluídos os que se situam no campo da inteligência artificial, deverão ser adotados ou assimilados com as cautelas devidas, para que possam modernizar e racionalizar a atividade dos entes públicos, garantindo maior celeridade na execução de tarefas, redução de custos, incremento de qualidade na prestação, universalização do alcance de informações e prestações, entre outros ganhos de eficiência operacional e alocativa de meios.

No Brasil, a inteligência artificial, assim como outros recursos inovadores, vem-se incorporando à iniciativa privada, e, também, à agenda pública, neste caso em situações de atropelo, recebendo resistência dos setores; ou no curso da dinâmica administrativa, como apelo gerencial de modernização e segurança. Na esfera estatal, apresenta-se, assim, em plano de ambiguidade, ora como fator de ameaça à segurança, ora como forma de enfrentamento à crise de incertezas no resgate da eficiência e da confiança.

Desse modo, conquanto seja irreversível a sina da inovação, notadamente da inteligência artificial, a apropriação de efeitos positivos desse estágio no âmbito interno não é algo natural e certo; "para o Brasil se beneficiar desse inexorável mundo novo será necessária a realização de mudanças estruturais e culturais na gestão pública", consoante lembra o analista (PEREIRA, 2018).

Constata-se que o Estado brasileiro, no nível federal e regional, vem buscando avançar para alcançar o patamar da inteligência artificial, por meio de iniciativas isoladas e setoriais e, sobretudo, integrar-se ao processo comunicacional mais dinâmico. A Administração brasileira, contudo, carece de planejamento sistêmico nessa área, capaz de envolver as complexas dimensões da questão: ética, técnicas, jurídica, social, administrativa, econômica, regulatória, entre outras.

Ao seu turno, na lógica de "glocalização", que, segundo CHEVALLIER, "traduz bem essa complexa dinâmica de homogeneização e de diferenciação que renasce incessantemente, inerente à globalização" as tendências na "evolução dos Estados na sociedade contemporânea são assim especificadas em função da irredutível singularidade dos contextos locais" (CHEVALLIER, 2009, p. 13). Por isso mesmo, na era da comunicação via satélite, os municípios mais desenvolvidos em diversos países mostram apetite por soluções digitais avançadas, e vão compondo redes de cidades inteligentes ou *Smart Cities*, e "cidades interligadas"[22]. Na mesma linha, a Unesco mantém redes de cidades criativas, entre outras formas organizatórias e integrativas de tratamento do Patrimônio Cultural da Humanidade.

Especialmente no Brasil, nessa transição, importa uma ação mais coordenada para viabilizar avanços estruturais: sintonizar-se com as mudanças, enfrentando o descompasso entre a evolução tecnológica e a sua apropriação, os desequilíbrios entre os recursos de automação disponíveis e a capacidade de resposta satisfatória por parte dos atores e sistemas envolvidos; superar o passivo de preparação da presente geração para os desafios já postos e, ao mesmo tempo, projetar as futuras gerações para os embates dos novos processos de mudança.

Igualmente, é fundamental preparar ou adequar marcos regulatórios capazes de fazer face à complexidade da ordem virtual com suas externalidades e desenvolver planos e mecanismos de gestão, operacionalização e controle e, ao

---

[22] *Smart Cities* são aquelas cidades que desenvolvem um número expressivo de atividades e contam com fatores de aplicação de tecnologia no ambiente urbano, reconhecidos como próprios e eficazes para garantir serviços, materiais, energia e financiamento, como forma de incentivar a qualidade de vida e o desenvolvimento econômico sustentável. Cidades interligadas são aquelas cujas ações se apresentam interconectadas por sistemas de informação digital a partir dos papéis que exercem ou de pontos comuns de identidade e de fatores tecnológicos disponíveis.

mesmo tempo, antecipar-se, com ousadia, na projeção de novos patamares de soluções para atualização contínua dos arranjos.

Necessário, também, minimizar os riscos para coesão social, evitando-se sociedades reféns da cultura do medo ou reciprocamente fragilizadas, o que pode ter como instrumentos códigos de ética destinados a orientar as condutas no tocante ao manejo, apropriação e aplicação da inteligência artificial, assim como campanhas destinadas a sedimentar nova cultura.

Nesse contexto de mudanças, é desafiador compreender como conciliar tudo o que há de inovador com uma estrutura de Administração Pública ainda presa a exigências burocráticas e sujeita a exagerados controles formais e, portanto, forjada segundo exigências de uma segurança jurídica de delineamento fechado; em outra dicção: como modernizar a máquina pública sob a égide dos mesmos princípios, sustentada pelos tradicionais atributos e elementos fundantes?

1.7.7 Acoplamento de mecanismos tecnológicos ao sistema administrativo para otimização do princípio da eficiência no setor público

A eficiência administrativa, erigida à condição de princípio constitucional por força da Emenda Constitucional n. 19/1998, embora de conteúdo tautológico, é um marco formal de uma modelagem de gestão empenhada em resultados, em produtividade, em efetividade dos direitos fundamentais por meio de políticas públicas avançadas e ajustadas à matriz da Constituição.

Não obstante as dificuldades e as disfunções da gestão pública no Brasil, estudos do IBGE sobre participação dos setores na economia nesse cenário de transformações mostram que, no País, a esfera pública é responsável por significativa parcela do valor agregado da economia, destacando que quinze estados tiveram aumento do volume do PIB acima da média nacional em 2018 (BRASIL, 2021).

A grande participação do Estado na economia, por outro lado, não impede que a qualidade dos serviços públicos continue sendo posta em xeque, especialmente pelo déficit de adaptação do setor às necessidades de inovação e tecnologia, demandando investimentos e gestão adequada para o progressivo aumento de competitividade que o uso intensivo das inovações tecnológicas proporciona. A ampla participação do Estado na economia contrasta com o padrão de eficiência das estatais, conforme PEREIRA (2018): "Esse distanciamento ou despreparo está evidenciado na desconfortável 80ª posição do Brasil no universo de 137 países no *ranking* mundial de competitividade, realizado pelo Fórum Econômico Mundial [...]".

Não se está a dizer de baixa produtividade segundo critério quantitativo, ou melhor, do mito da ineficiência da Administração; até porque especialistas do Instituto de Pesquisa Econômica Aplicada (Ipea), analisando a produtividade pública no contexto da estabilidade econômica, a partir das bases nacionais e regionais de dados do IBGE relativas às contas públicas e da execução orçamentária efetuada pelo Tesouro Nacional, mostram indicadores positivos de produtividade do setor público, que, entre 1995 e 2006, avançou mais que a do privado (IPEA: RIBEIRO, 2009). Ao comentar a pesquisa do Ipea, Marcio Pochmann, então presidente da instituição, afirmava que os estudos desmistificavam a ideia estruturada de inépcia do setor público, uma vez que a produtividade da Administração Pública superou a do setor privado e manteve-se em patamar de equilíbrio, evolução que, segundo ele, fora proporcionada por recursos tecnológicos, por maior profissionalização e pelo controle social alimentado por participação democrática (POCHMANN, 2009).

Dessa forma, há de se investir na qualificação da participação estatal no desempenho de seu complexo papel, isto é, para que o princípio da eficiência possa ganhar consequências práticas no sistema administrativo e na prestação estatal, demanda instrumentos de aplicação e otimização. De fato, se a Administração Pública mantiver os instrumentos incorporados até a Quarta Revolução Industrial/tecnológica, sob cuidados de reavaliação e reciclagem, e acolher mecanismos e recursos compatíveis com as novas necessidades da esfera pública, poderá potencializar o Princípio da Eficiência, isto é, logrará amplificar os efeitos positivos de uma nova dinâmica administrativa.

Cabe aqui destacar os instrumentos digitais que se tornaram mais corriqueiros, tendo sido profundamente assimiladas, em especial, na prática da Administração Pública brasileira, a chancela eletrônica e a assinatura digital. A chancela eletrônica e a assinatura digital são procedimentos que visam validar ou cifrar documentos usando uma chave privada que, em tese, garante a autenticidade destes e obriga o remetente à irrefutabilidade da autoria. A adoção desses instrumentos é cada vez mais recorrente, sobretudo tendo em vista a crescente substituição de documentos físicos e manuscritos por documentos eletrônicos[23].

---

[23] Segundo assentamentos do Tribunal de Contas do Estado de Minas Gerais, "[...] as assinaturas digitais e mecânicas cumprem a mesma função dada à assinatura manuscrita. [...] A autenticidade da autoria da assinatura eletrônica goza de confiabilidade, sendo indispensável seu processamento com base em certificado digital emitido pela ICP-Brasil. [...] A assinatura aposta num documento é intransferível, não podendo ser renovada em outro documento" (MOURÃO *et al.*, 2009).

Questionado sobre o tema, o TCE manifestou-se no sentido da possibilidade de utilização desses aparatos no âmbito da Administração Pública,

Com defasagem, é certo, a esfera pública busca sintonizar-se com o verdadeiro caudal de revolução por meio também de iniciativas mais específicas, fazendo a combinação de pressupostos técnicos e estratégias institucionais, dentre elas a informatização do processo judicial, nos termos da Lei n. 11.419, de 2006; a adoção da modalidade licitatória de pregão eletrônico, inicialmente regulada pela Lei n. 10.520, de 2002 (BRASIL, 2002) – os mecanismos eletrônicos em licitação mais se ampliam por força de novos marcos legais; o georreferenciamento, que combina geografia, estatística, indicadores de políticas públicas, especificação de demandas, fatores de monitoramento, entre outros; portais de controle, radares e *drones*; cartões de barras; tornozeleiras eletrônicas; vigilância remota ou por sensores; prevenção sensorizada de sinistros; radares meteorológicos, salas de situação para acompanhamento em tempo real, ambientes virtuais de mediação; consultas públicas em modelos convencionais ou em ambientes virtuais; conferências de serviços presenciais ou virtuais, para oitivas e decisões simultâneas, entre tantos.

1.8 Conclusão

O Estado e o Direito, lastreados em aspirações de segurança e desafiados pela força transformadora da Natureza e do homem, de resto inafastável, revelam, como instituições civilizatórias de organização da convivência e da paz social, o permanente paradoxo estabilidade e mudança.

---

ressaltando, porém, a necessidade de regulamentação prévia "que adote a certificação como mecanismo de garantia de segurança da autenticidade das assinaturas e previsão de responsabilização do agente público que der causa ao uso indevido" destes. E sintetiza, assim, a eficácia do instrumento: "A regulamentação dará eficácia jurídica aos documentos assinados eletronicamente, ao compará-los aos atos administrativos materializados em papel e manualmente subscritos pela autoridade competente".

No atual contexto global, de mudanças radicais decorrentes da chamada "crise das incertezas" e da crise do Estado, com seus dilemas cruciais que corroem as bases da segurança, coloca-se, sobretudo para o ente estatal, o desafio de reconformação de seu *status* no concerto das Nações, atento aos novos arranjos territoriais de poder e atores das relações internacionais, bem assim ao seu *modus operandi* na ordem mundial.

A nova realidade, conforme narrado, deve reestruturar, também, internamente, as relações do setor público, com a acolhida de diferentes instrumentos capazes de racionalizar a gestão em processos cada vez mais abertos e horizontais, e de desconstruir, em termos, a antiga verticalização do poder, sob pena de perder por completo as condições de governança, a confiança dos cidadãos na capacidade de resposta do setor público, pelo anacronismo da máquina e do modo de sua operação.

Esse cenário vem instigando grandes debates no âmbito de todas as funções do poder estatal – Legislativo, Executivo e Judiciário –, preocupadas em garantir a autenticidade e resgatar a credibilidade de suas atuações funcionais ou reprimir abusos no exercício de liberdades, algo cada vez mais recorrente.

Mudanças estruturais devem ocorrer, especialmente, com vistas a projetar o equilíbrio do *federalismo*, diminuir a dependência interfederativa e potencializar os ganhos da articulação e da coordenação dos entes, em desenhos adequados para garantir as melhores soluções no bojo da Federação. Há de se restabelecer a normalidade dos fluxos de transferências obrigatórias, sem quaisquer artifícios ou distorções, e fortalecer a lógica sistêmica de organização das políticas públicas, ancorada em princípios da subsidiariedade, supletividade e cooperação, com fidelidade à matriz constitucional, e como via de efetividade dos direitos, notadamente os universalizados.

Na perspectiva do *cidadão* nas relações de demanda--prestação, acena-se com a possibilidade de melhoria do setor público, em diversas áreas, como a dos serviços de transportes, de controle de doenças, de educação, segurança, meio ambiente, que podem ter, na chamada inteligência artificial, por sistemas confinados ao *software*, atuando no mundo virtual, ou integrados a dispositivos físicos, alternativas para o aprimoramento, por meio de portais, cirurgias robóticas, atendimento a distância, saúde pública preventiva por videoconferência, gestão de leitos e vagas, monitoramento de frota de serviços, sistemas de reconhecimento facial, georreferenciamento de indicadores de políticas públicas, de controle ambiental e de endemias, robôs avançados, automóveis autônomos, entre outras soluções.

Os impactos sobre a *sociedade* podem ser enfrentados mediante a ampliação e a qualificação do controle social a partir de transparência e confiabilidade da informação, de canais de participação, sobretudo nos sistemas político e administrativo, destacando-se a importância do adequado uso das redes sociais, com as cautelas para evitar desinformações e manipulações, no contexto da democracia de opinião.

O *mundo empresarial* pode também ser protegido a partir de adequada prática de *compliance; da* racionalização legislativa, com a superação de gritantes disfunções na produção de leis erráticas e dissociadas de cautelas de mensuração de impactos e consequências; de uma regulação pública mais responsável; e de medidas que já vêm sendo introduzidas nas relações negociais com o Estado, como a de relativização da inaplicabilidade da exceção do contrato não cumprido e a de amenização das cláusulas exorbitantes, entre outros.

Notadamente, a proteção do *gestor* ganha nova dimensão com a novel disciplina da Lei de Introdução às Normas do Direito Brasileiro – Decreto-lei n. 4.657, de 1942, introduzida pela Lei n. 13.655/2018, que estabelece dispositivos sobre segurança jurídica e eficácia na aplicação do direito público, com destaque para o artigo 20.

A norma do referido artigo 20 densifica o princípio da motivação, exigindo do administrador maior cuidado na indicação de conceitos jurídicos indeterminados e na escolha da solução, devendo a autoridade apontar a razão por que adotou uma e não outra solução em face da demanda. Trata-se de um guia de aplicação e hermenêutica, de uma "norma sobre norma", a induzir soluções mais razoáveis e a projetar maior segurança jurídica, especialmente para o gestor, desafiado pela realidade da Administração Pública e sujeito a rígidos parâmetros de juridicidade. Outros dispositivos da LINDB fortalecem o núcleo normativo que se volta para a sedimentação das bases da segurança jurídica em seara do Direito Público, com ênfase no Direito Administrativo.

Paralelamente, faz-se necessário repensar o atual arcabouço do controle, com vistas a uma solução de equilíbrio que associe alternativas pedagógicas ao espectro das formas tradicionais de abordagem, de índole sancionatória e punitiva.

Assinala-se que o Estado deve incorporar também em suas estratégias de remodelagem e *performance* a dimensão tecnológica e de inovação, como estratégicas, seja para a competitividade em plano internacional, seja para organizar a política interna no setor em bases mais consistentes, com ênfase na IA. Nesse campo, destaca-se que, na economia interna, a inteligência artificial já ganha papel importante e tende a ser fator primordial de competitividade; no setor público, com menor adesão, os recursos da inovação vêm sendo utilizados, e o incremento dessa prática poderá potencializar a eficiência administrativa e os resultados da gestão, desde que se adotem as medidas para mitigação dos riscos e, portanto, providências de segurança jurídica, sem prejuízo de recursos tradicionais não proscritos.

É certo que recursos tecnológicos, por mais inovadores e importantes que sejam, não bastam para otimizar a prestação estatal, mas, se acolhidos de modo responsável, podem colaborar para a redução do déficit de eficiência administrativa, amplificar e qualificar a produtividade e, em consequência, fortalecer os laços de confiança Estado-cidadão.

1.9 Referências

ALVES, Francisco Sérgio Maia. O novo paradigma da decisão a partir do art. 20 da LINDB: análise do dispositivo segundo as teorias de Richard Posner e Neil MacCormick. **Revista de Direito Administrativo**, Rio de Janeiro, v. 278, n. 3, p. 133-144, set./dez. 2019.

ÁVILA, Humberto. **Teoria da segurança jurídica**. 5. ed. São Paulo: Malheiros, 2019.

BALESTRA, Vinícius Batelli de Souza. Apresentação. *In*: MEIRA, João Henrique Alves. **Através do espelho e o que a igualdade política encontrou por lá**: uma análise da ADI 4650. Rio de Janeiro: Lumen Juris, 2018.

BANDEIRA DE MELLO, Celso Antônio. **Curso de direito administrativo**. 33. ed. São Paulo: Malheiros, 2016.

BAUMAN, Zygmunt. **Modernidade líquida**. Tradução Plínio Dentzien. Rio de Janeiro: Zahar, 2001.

BINENBOJM, Gustavo. **Uma teoria do direito administrativo**. Rio de Janeiro: Renovar, 2014.

BRASIL. Comissão de Constituição e Justiça e de Cidadania. **Parecer da Comissão, de 24 out. 2017**, sobre o Projeto de Lei n. 7 448, de 2017. Brasília: Câmara dos Deputados, [2017]. Disponível em: https://www.camara.leg.br/proposicoesWeb/prop_mostrarintegra?codteor=1614971&filename=Avulso+-PL+7448/2017. Acesso em: out. 2020.

BRASIL. Conselho Nacional de Justiça. **Relatório "100 Maiores Litigantes – 2012"**. Disponível em: https://www.cnj.jus.br/wp-content/uploads/2011/02/100_maiores_litigantes.pdf. Acesso em: 23 jun. 2021.

BRASIL. **Constituição da República Federativa do Brasil**. Brasília, DF: Presidência da República, [1988]. Disponível em: http://www.planalto.gov.br/ccivil_03/constituicao/constituicao.htm. Acesso em: out. 2020.

BRASIL. **Decreto n. 9.830, de 10 de junho de 2019**. Regulamenta o disposto nos art. 20 ao art. 30 do Decreto-Lei n. 4.657, de 4 de setembro de 1942, que institui a Lei de Introdução às normas do Direito Brasileiro. Brasília, DF: Presidência da República, [2019]. Disponível em: http://www.planalto.gov.br/ccivil_03/_ato2019-2022/2019/decreto/D9830. Acesso em: out. 2020.

BRASIL. **Decreto-lei n. 4.657, de 4 de setembro de 1942**. Lei de Introdução às Normas do Direito Brasileiro. Brasília, DF: Presidência da República, [1942]. Disponível em: http://www.planalto.gov.br/ccivil_03/decreto-lei/del4657compilado.htm. Acesso em: out. 2020.

BRASIL. Instituto Brasileiro de Geografia e Estatística. **Estatísticas Econômicas**. Disponível em: censo 2021.ibge.gov.br. Acesso em: 12 maio 2021.

BRASIL. **Lei n. 9.307, de 23 de setembro de 1996**. Dispõe sobre a arbitragem. Brasília, DF: Presidência da República, [1996]. Disponível em: http://www.planalto.gov.br/ccivil_03/leis/l9307.htm. Acesso em: jul. 2021.

BRASIL. **Lei n. 9.784, de 29 de janeiro de 1999**. Regula o processo administrativo no âmbito da Administração Pública Federal. Brasília, DF: Presidência da República, [1999a]. Disponível em: http://www.planalto.gov.br/ccivil_03/leis/l9784.htm. Acesso em: jul. 2021.

BRASIL. **Lei n. 9.868, de 10 de dezembro de 1999**. Dispõe sobre o processo e julgamento da ação direta de inconstitucionalidade e da ação declaratória de constitucionalidade perante o Supremo Tribunal Federal. Brasília, DF: Presidência da República, [1999b]. Disponível em: http://www.planalto.gov.br/ccivil_03/leis/l9868.htm. Acesso em: jul. 2021.

BRASIL. **Lei n. 10.257, de 10 de julho de 2001**. Regulamenta os arts. 182 e 183 da Constituição Federal, estabelece diretrizes gerais da política urbana e dá outras providências. Brasília, DF: Presidência da República, [2001]. Disponível em: http://www.planalto.gov.br/ccivil_03/leis/leis_2001/l10257.htm. Acesso em: jul. 2021.

BRASIL. **Lei n. 10.520, de 17 de julho de 2002**. Institui, no âmbito da União, Estados, Distrito Federal e Municípios, nos termos do art. 37, inciso XXI, da Constituição Federal, modalidade de licitação denominada pregão, para aquisição de bens e serviços comuns, e dá outras providências. Brasília, DF: Presidência da República, [2002]. Disponível em: http://www.planalto.gov.br/ccivil_03/leis/2002/l10520.htm. Acesso em: jul. 2021.

BRASIL. **Lei n. 11.079, de 30 de dezembro de 2004**. Institui normas gerais para licitação e contratação de parceria público-privada no âmbito da administração pública. Brasília, DF: Presidência da República, [2004]. Disponível em: http://www.planalto.gov.br/ccivil_03/_ato2004-2006/2004/lei/l11079.htm. Acesso em: jul. 2021.

BRASIL. **Lei n. 11.445, de 5 de janeiro de 2007**. Estabelece as diretrizes nacionais para o saneamento básico; cria o Comitê Interministerial de Saneamento Básico; altera as Leis n. 6.766, de 19 de dezembro de 1979, 8.666, de 21 de junho de 1993, e 8.987, de 13 de fevereiro de 1995; e revoga a Lei n. 6.528, de 11 de maio de 1978. (Redação pela Lei n. 14.026, de 2020). Brasília, DF: Presidência da República, [2007]. Disponível em: http://www.planalto.gov.br/ccivil_03/_ato2007-2010/2007/lei/l11445.htm. Acesso em: 25 jul. 2021.

BRASIL. **Lei n. 12.376, de 30 de dezembro de 2010.** Altera a ementa do Decreto-Lei n. 4.657, de 4 de setembro de 1942. Brasília, DF: Presidência da República, [2010]. Disponível em: http://www.planalto.gov.br/ccivil_03/_Ato2007-2010/2010/Lei/L12376.htm#art2. Acesso em: out. 2020.

BRASIL. **Lei n. 12.527, de 18 de novembro de 2011**. Regula o acesso a informações previsto no inciso XXXIII do art. 5°, no inciso II do § 3° do art. 37 e no § 2° do art. 216 da Constituição Federal; altera a Lei n. 8.112, de 11 de dezembro de 1990; revoga a Lei n. 11.111, de 5 de maio de 2005, e dispositivos da Lei n. 8.159, de 8 de janeiro de 1991; e dá outras providências. Brasília, DF: Presidência da República, [2011]. Disponível em: http://www.planalto.gov.br/ccivil_03/_ato2011-2014/2011/lei/l12527.htm. Acesso em: 25 jul. 2021

BRASIL. **Lei n. 12.846, de 1° de agosto de 2013**. Dispõe sobre a responsabilização administrativa e civil de pessoas jurídicas pela prática de atos contra a administração pública, nacional ou estrangeira, e dá outras providências. Brasília, DF: Presidência da República, [2013]. Disponível em: http://www.planalto.gov.br/ccivil_03/_ato2011-2014/2013/lei/l12846.htm. Acesso em: 25 jul. 2021.

BRASIL. **Lei n. 13.140, de 26 de junho de 2015**. Dispõe sobre a mediação entre particulares como meio de solução de controvérsias e sobre a autocomposição de conflitos no âmbito da administração pública; altera a Lei n. 9.469, de 10 de julho de 1997, e o Decreto n. 70.235, de 6 de março de 1972; e revoga o § 2° do art. 6° da Lei n. 9.469, de 10 de julho de 1997. Brasília, DF: Presidência da República, [2015a]. Disponível em: http://www.planalto.gov.br/ccivil_03/_ato2015-2018/2015/lei/l13140.htm. Acesso em: 25 jul. 2021.

BRASIL. **Lei n. 13.655, de 25 de abril de 2018**. Inclui no Decreto-Lei n. 4.657, de 4 de setembro de 1942 (Lei de Introdução às Normas do Direito Brasileiro), disposições sobre segurança jurídica e eficiência na criação e na aplicação do direito público. Brasília, DF: Presidência da República, [2018a]. Disponível em: https://www.planalto.gov.br/ccivil_03/_ato2015-2018/2018/lei/l13655.htm. Acesso em: out. 2020.

BRASIL. **Lei n. 13.709, de 14 de agosto de 2018**. Lei Geral de Proteção de Dados Pessoais (LGPD). (Redação dada pela Lei n. 13.853, de 2019) Vigência. Brasília, DF: Presidência da República, [2018b]. Disponível em: http://www.planalto.gov.br/ccivil_03/_ato2015-2018/2018/lei/l13709.htm. Acesso em: 25 jul. 2021.

BRASIL. **Lei n. 13.998, de 14 de maio de 2020**. Promove mudanças no auxílio emergencial instituído pela Lei n. 13.982, de 2 de abril de 2020; e dá outras providências. Brasília, DF: Presidência da República, [2020]. Disponível em: http://www.planalto.gov.br/ccivil_03/_ato2019-2022/2020/lei/L13998.htm. Acesso em: 25 jul. 2021.

BRASIL. **Lei Complementar n. 131, de 27 de maio de 2009**. Acrescenta dispositivos à Lei Complementar n. 101, de 4 de maio de 2000, que estabelece normas de finanças públicas voltadas para a responsabilidade na gestão fiscal e dá outras providências, a fim de determinar a disponibilização, em tempo real, de informações pormenorizadas sobre a execução orçamentária e financeira da União, dos Estados, do Distrito Federal e dos Municípios. Brasília, DF: Presidência da República, [2009]. Disponível em: http://www.planalto.gov.br/ccivil_03/leis/lcp/lcp131.htm. Acesso em: 25 jul. 2021.

BRASIL. Instituto Brasileiro de Geografia e Estatística. **Estatísticas Econômicas**. Disponível em: censo 2021.ibge.gov.br. Acesso em: 12 maio 2021.

BRASIL. **Projeto de Lei n. 349, de 2015**. Inclui, na Lei de Introdução às Normas do Direito Brasileiro (Decreto-lei n. 4.657, de 1942), disposições sobre segurança jurídica e eficiência na criação e aplicação do direito público. Brasília: Senado Federal, [2015b]. Disponível em: https://www25.senado.leg.br/web/atividade/materias/-/materia/121664. Acesso em: out. 2020.

BRASIL. **Projeto de Lei (PL) n. 6.303/2005**. Altera a ementa do Decreto-Lei n. 4.657, de 4 de setembro de 1942. Brasília: Câmara dos Deputados, [2005]. Disponível em: https://www.camara.leg.br/proposicoesWeb/prop_mostrarintegra;jsessionid=node01jrrydu16766mo0wyqajkv2xw15147613.node0?codteor=360783&filename=PL+6303/2005. Acesso em: out. 2020.

CALVINO, Italo. **As cidades invisíveis**. São Paulo: Companhia das Letras, 1990.

CARVALHO, Paulo Neves de. *In*: ARAÚJO, Florivaldo Dutra. **Motivação e controle do ato administrativo**. Belo Horizonte: Del Rey, 2005.

CHEVALLIER, Jacques. **O Estado Pós-Moderno**. Tradução Marçal Justen Filho. Belo Horizonte: Fórum, 2009.

COMISSÃO EUROPEIA. **Comunicação da Comissão sobre Inteligência Artificial para a Europa**. Bruxelas: 25 abr. 2018a.

COMISSÃO EUROPEIA. Universal Guidelines for Artificial Intelligence. **Exploratory Memorandum and References**. Disponível em: https://thepublicovoice.org/ai-universal-guidelines/. Acesso em: 20 out. 2018b.

COSTA, Mila Batista Leite Corrêa da. **A atuação do Poder Legislativo no desenho institucional da política de preservação do patrimônio cultural no Brasil**. Tese (Doutorado) – Faculdade de Direito, Universidade Federal de Minas Gerais, Belo Horizonte, 2018.

DWORKIN, Ronald. **O império do direito**. 3. ed. São Paulo: Martins Fontes, 2014.

FRAGA, Almiro. Prefácio à obra de PERELMUTER, Guy. **Futuro presente o mundo movido à tecnologia**. São Paulo: Companhia Editora Nacional, 2019.

GAETANI, Francisco. A governabilidade da Administração em jogo. **Valor Econômico**, 20 abr. 2018.

GOMES, Carla Amado. Prefácio à obra de SIMONETTI, José Augusto. **O princípio da proteção da confiança no direito administrativo brasileiro**. Rio de Janeiro: Lumen Juris, 2017.

GUASTINI, Riccardo. Prefácio à obra de ÁVILA, Humberto. **Teoria da segurança jurídica**. São Paulo: Malheiros, 2019.

IPEA: RIBEIRO, José Aparecido *et al.* **Administração Pública brasileira**: trajetória recente. Comunicado da Presidência 27. 2009. Disponível em: http://www.Ipea.gov.br. Acesso em: 20 jun. 2020.

LAO-TZE. **Tao Te Ching**. Século VI a.C.

LAVOISIER, Antoine Laurent. "Na natureza, nada se perde, nada se cria; tudo se transforma", 1774.

LEITE, Gisele. A nova hermenêutica. **Boletim Jurídico**, 18 set. 2012.

MACCORMICK, Neil. **Argumentação jurídica e teoria do direito**. São Paulo: Martins Fontes, 2009.

MACHADO, Nathália Andrade de Paula. Desafios contemporâneos do controle da Administração: entre a eficiência e o controle. *In*: CASTRO, Dayse Starling Lima (coord.). **Direito público**. Belo Horizonte: PUC Minas, Instituto de Educação Continuada, 2013. p. 509-524.

MARRARA, Thiago. **Direito administrativo**: transformações e tendências. São Paulo: Almedina, 2014.

MOREIRA NETO, Diogo de Figueiredo. **Mutações do direito administrativo**. Rio de Janeiro: Renovar, 2001.

MOURÃO, L.; ELIAS, G. T.; FERREIRA, D. R. A imprescindibilidade da assinatura eletrônica, da assinatura mecânica e da certificação digital para a administração pública brasileira. **Revista do Tribunal de Contas do Estado de Minas Gerais**, ano XXV, v. 73, n. 4, out.-dez. 2009.

OLIVEIRA, Adeilson. O direito na modernidade. **Jusbrasil**. 2016. Disponível em: jusbrasil.com.br. Acesso em: 27 jan. 2021.

PEREIRA, José Matias. **Impactos da 4ª Revolução Tecnológica na Administração Pública**. UNB, 2018. Disponível em: https://noticias.unb.br/artigos-main/2055-impactos-da-4-revolucao-tecnologica-na-administracao-publica. Acesso em: 26 set. 2020.

PERELMUTER, Guy. **Futuro presente**: o mundo movido à tecnologia. São Paulo: Companhia Editora Nacional, 2019.

PIRES, Maria Coeli Simões. Diálogos e conflitos no processo de elaboração das leis. *In*: **Congresso Internacional de Legística**: qualidade da lei e desenvolvimento. Belo Horizonte: Assembleia Legislativa do Estado de Minas Gerais, BH: ALEMG, 10-13 set. 2007. Painel 4. Anais-BH, 2009. p. 119-156.

PIRES, Maria Coeli Simões. **Direito adquirido e ordem pública**: segurança jurídica e transformação democrática. Belo Horizonte: Del Rey, 2005.

PIRES, Maria Coeli Simões. Transparência e responsabilidade na gestão pública. **Revista do Tribunal de Contas do Estado de Minas Gerais**, Belo Horizonte, ano XXIX, v. 81, n. 4, p. 60-74, out.-dez. 2011.

PIRES, Maria Coeli Simões; COSTA, Mila Batista Leite Corrêa da. O Supremo Tribunal Federal e a Lei Complementar n. 100/2007 – MG. Ação Direta de Inconstitucionalidade n. 4.876 e epistemologias do cotidiano.

In: PEREIRA, Flávio Henrique Unes *et al.* (coord.). **O direito administrativo na jurisprudência do STF e do STJ**. Belo Horizonte: Fórum, 2014. p. 369-376.

POCHMANN, Marcio. Produtividade da Administração Pública é maior do que do privado, mostra IPEA. **Correio Braziliense**, 19 ago. 2009. Disponível em: https://www.correiobraziliense.com.br/app/noticia/economia/2009/08/19/internas_economia,136222/produtividade-da-administracao-publica-e-maior-do-que-do-privado-mostra-ipea.shtml. Acesso em: 26 set. 2020.

PORCHAT, Reinaldo. **Da retroatividade das leis civis**. São Paulo: Duprat, 1909.

QUINTELA, Guilherme Camargos. **Segurança jurídica e proteção da confiança**: a justiça prospectiva na estabilização das expectativas no direito tributário brasileiro. Belo Horizonte: Fórum, 2013.

RAVACCI, Bruno. A Quarta Revolução Industrial. **Mega**. 25 set. 2019. Disponível em: mega.com.br. Acesso em: 4 dez. 2020.

SALGADO, Giseli Mascarelli. O direito intertemporal e os dogmas jurídicos: uma análise pela filosofia do direito. **DireitoNet**. 2010b. Disponível em: direitonet.com.br. Acesso em: 20 maio 2021.

SALGADO, Gisele Mascarelli. O direito intertemporal na doutrina. **DireitoNet**. 16 fev. 2010a. Disponível em: https://www.direitonet.com.br/artigos/exibir/5571/Direito-intertemporal-e-os-dogmas-juridicos-uma-analise-pela-Filosofia-do-Direito. Acesso em: 14 dez. 2020.

SANTOS, Boaventura de Sousa. **Pela mão de Alice**: o social e o político na Pós-Modernidade. 3. ed. São Paulo: Cortez, 1997.

SIMONETTI, José Augusto. **O princípio da proteção à confiança no direito administrativo brasileiro**: estabilidade dos atos e limitação da discricionariedade. Rio de Janeiro: Lumen Juris, 2017.

SOUSA, Ana Cristina Augusto de. **Política de saneamento no Brasil: atores, interesses e instituições**. Tese (Saúde Pública) – Escola Nacional de Saúde Pública Sérgio Arouca, Rio de Janeiro, 2011.

STEFANINI. **Inteligência artificial nos setores da economia**: entenda as funcionalidades. 20 mar. 2019. Disponível em: https://stefanini.com/pt-br/trends/artigos/inteligencia-artificial-nos-setores-da-economia. Acesso em: 20 jul. 2020.

VAZ, Conrado Adolpho. **Os 8 Ps do marketing digital**. São Paulo: Novatec, 2011.

WEIGEL, Jaqueline. O impacto da inteligência artificial nas profissões do futuro. **Medium**. 2018. Disponível em: https://medium.com/futuro-exponencial/o-impacto-da-inteli:<g%C3%Aancia-artificial-nas-profiss%C3%B5es-do-futuro-925cb7bb2246. Acesso em: 25 set. 2020.

Informação bibliográfica deste texto, conforme NBR 6023:2002 da Associação Brasileira de Normas Técnicas (ABNT):

PIRES, Maria Coeli Simões. Capítulo 1 – Segurança jurídica e crise das incertezas: novos dilemas e perspectivas. *In*: PIRES, Maria Coeli Simões; BITENCOURT NETO, Eurico; GUIMARÃES, Dayana Alves (coord.). **Segurança jurídica e controle da Administração:** panorama geral e comentários sobre a Lei n. 13.655/2018 (LINDB). Belo Horizonte: Del Rey, 2022. p. 13-99. ISBN 978-65-00-38426-0.

CAPÍTULO 2

POTENCIALIDADES DA GOVERNANÇA PÚBLICA[1]

MARIA COELI SIMÕES PIRES

SUMÁRIO:1 2.1 Introdução – cenário internacional das sociedades contemporâneas e impactos nos sistemas político-administrativos – 2.2 A crise no cenário interno – 2.3 Governança na pauta internacional: da origem privada à sua evolução para abordagem no setor público – 2.4 Governança pública: 2.4.1 Dimensão política e a governança pública democrática: ressentimento político da democracia representativa – instrumentos de participação; 2.4.2 Dimensão normativa e o marco legal de governança pública no Brasil; 2.4.3 Dimensão fenomenológica: fragilidade da governança pública e explicitação dos jogos de governança paralela no Brasil; 2.4.4 A contribuição da nova governança pública para o enfrentamento de governanças paralelas – 2.5 Considerações finais – 2.6 Referências.

2.1 Introdução – cenário internacional das sociedades contemporâneas e impactos nos sistemas político--administrativos

O tracejo do cenário do século XXI pode ser feito a partir de ensinos de Jacques Chevallier[2], Professor da

---

1 Adaptação e complementação de palestra proferida pela autora em 30 de maio de 2017, no X Congresso Mineiro de Direito Administrativo, realizado em Belo Horizonte.

2 A leitura de cenário é feita notadamente com base em Chevallier (2009).

Universidade Paris II, destacado colaborador na discussão do tema da governança em abordagem que transita pela Ciência da Administração, pelo Direito, pela Sociologia e pela Ciência Política.

Chevallier reconhece uma superlativa complexidade das sociedades contemporâneas e profundas transformações "de seus princípios de organização [...] que atingem também todos os níveis do edifício social, bem como o conjunto das instituições (econômicas, culturais e políticas)" (CHEVALLIER, 2009, p. 11). Adverte que "a interpretação mais radical é a de ver essas transformações como o indício, um signo precursor, do fim do Estado enquanto forma de organização política". Em linha oposta, mostra a posição dos que sustentam que "a globalização envolve não a obsolescência da forma estatal, mas a afirmação da hegemonia do modelo estatal que prevaleceu no Ocidente" (CHEVALLIER, 2009, p. 11).

Sustentando que as "transformações remetem a uma dinâmica mais global de evolução" (CHEVALLIER, 2009, p. 13), busca, então, desenvolver uma hipótese conciliadora que "partirá da constatação da historicidade de um modelo estatal que foi construído na Europa ocidental antes de conhecer uma espetacular difusão, ao custo de variantes, inflexões e distorções reveladoras do peso dos contextos locais" (CHEVALLIER, 2009, p. 13). E explica que, no atual cenário, "todos os países são confrontados a um conjunto de novos dados que conduzem a repensar a organização política; e as novas tecnologias institucionais que emergem do Ocidente terão a tendência de se propagar" (CHEVALLIER, 2009, p. 13). Segundo o autor, no bojo desse fenômeno global e como contraponto a ele, a "'glocalização' traduz bem essa complexa dinâmica de homogeneização e de diferenciação que renasce incessantemente, inerente à globalização" (CHEVALLIER, 2009, p. 13).

Segundo o autor, as transformações experimentadas pelo Estado e que acarretam a "perturbação do conjunto de equilíbrios sociais [...] remetem a uma crise mais genérica das instituições e dos valores da modernidade nas sociedades ocidentais; e essa crise parece dever conduzir a uma construção de um novo modelo de organização social" (CHEVALLIER, 2009, p. 16). Estão elas lastreadas nas "revoluções tecnológicas", nas "mutações do sistema produtivo", "da estratificação social", na "inflexão dos comportamentos e de relações sociais [...] sob o modo de instantaneidade", e no "enfraquecimento do sistema de valores que foi a vanguarda e a base da modernidade" (CHEVALLIER, 2009, p. 16-17). Tudo evoca reflexão sobre a necessidade de conciliar mudanças e novas formas de equilíbrio social, político e econômico.

De fato, basta lançar o olhar sobre o panorama global para perceber a recorrência de pressões que abalam a organização social, a certeza do Estado e a confiança em suas autoridades: cenas de terrorismo, conflitos que fragilizam a soberania de Estados, grandes mobilizações em diversos pontos do globo, privatização dos espaços públicos, escândalos de corrupção político-administrativos, de modo que "todos os países são confrontados a um conjunto de novos dados que conduzem a repensar a organização política". (CHEVALLIER, 2009, p. 13).

Um balanço desses primeiros anos do milênio mostra uma gama de fatos e movimentos que põem em xeque a representação do poder estatal: o panelaço da Argentina; o escândalo de Jacques Chirac; os protestos no Sudeste Asiático; as manifestações contra o Presidente da Geórgia; os protestos no Irã; a prisão perpétua do ex-Presidente de Taiwan; o movimento Camisas Vermelhas na Tailândia; o escândalo de Berlusconi na Itália; as mobilizações na Tunísia; a Marcha do Milhão no Egito; o escândalo da ex-Presidente sul-coreana por corrupção e outros tantos episódios que seguem na mesma direção (LAMMERHIRT, 2017). Além de uma sequência de outros fatos emblemáticos da corrosão da esfera pública pela vertente da gestão pública, fatos políticos, como a invasão recente do Capitólio, na Capital americana, no bojo do processo eleitoral para a escolha do Presidente dos Estados Unidos da América, reforçam a gravidade do abalo das estruturas públicas.

No Brasil, fenômenos de igual repercussão têm feito parelhas com os da agenda internacional: em 2013, as manifestações de massa nas ruas do Brasil; a partir de 2014, a Lava Jato.

Atento ao quadro global de transformações e de insurgências, Chevallier distingue vários componentes do quadro de crise política: "a perda de meios de ação tradicionais (crise de governo)" ou a quebra dos modelos tradicionais de atuação política; "o déficit de legitimidade" dos governantes; o acirramento tensional dos processos políticos decisórios, "a pressão da urgência", entre outros. Explica que essas tensões se justificam em face da crescente sofisticação da organização social, das estruturas políticas, "das expectativas dos governados", reforçadas pela "mobilização pluralista" e horizontalizada da sociedade "em nome de uma concepção mais exigente de democracia" tudo refletido em redes midiáticas diversas (CHEVALLIER, 2009, p. 272-273).

Por outro lado, vive-se o paradigma de sociedade em rede, ao abrigo da inovação e da informação, com transformações radicais nos modos de vida e nas relações sociais (CASTELLS, 1999). À sua vez, "o universo administrativo "– a face operacional, orgânica e material do Estado – é impactado por essas transformações e, ainda, diretamente, por demandas de inovação, por novas exigências prestacionais, pela "pressão da urgência" e do tempo virtual sobre a "ação coletiva", por graves disfunções e vulnerabilidades da esfera pública, o que coloca em xeque o interesse público (CHEVALLIER, 2009, p. 273).

Analistas em posições extremadas, como B. Jesop e G. Petters, citados por Chevallier, vislumbram nesses fenômenos um indício do fim do Estado (CHEVALLIER, 2009, p. 11). O Professor francês da Universidade Paris II, embora reconheça a gravidade da crise da arquitetura estatal e as dificuldades de sua atuação, continua sustentando o Estado como "princípio fundamental de integração das sociedades", "o local de formação das identidades coletivas" e "elemento essencial em torno do qual se organiza a vida internacional". Propugna, então, por uma "reconfiguração dos aparelhos do Estado" e por mecanismos que levem em conta a transversalidade, o que exige governança, objeto focal deste trabalho (CHEVALLIER, 2009, p. 23).

Sem propósito de trazer uma visão completa sobre a matéria em análise, tampouco de construir uma teoria da governança, o presente estudo colhe elementos essenciais na pauta internacional e no ambiente interno, com vistas a lastrear reflexões acerca dos desafios da realidade brasileira nessa linha temática.

Nessa linha, este capítulo, tendo como base os suplementos teóricos de Jacques Chevallier em **O Estado Pós-Moderno**, analisa o cenário das sociedades hipercomplexas da atualidade com vistas a compreender os desafios da esfera pública na consecução da governança em suas diversas formas – política, administrativa, fiscal, entre outras –, destacando as governanças disfuncionais ou paralelas, que comprometem a atuação da governança pública. Situa o estágio dos estudos sobre a matéria no Brasil, enfatizando a importância das iniciativas do Tribunal de Contas da União (TCU) relacionadas com o tema; e a demanda de aprofundamento na avaliação dos arranjos de poder, legítimos ou ilegítimos, que extrapolam a estatalidade em seus desdobramentos no sistema político-administrativo e, em especial, no Direito Político e no Direito Administrativo Organizatório.

Assim, serão reunidos e problematizados, nos tópicos a seguir, elementos básicos acerca dos seguintes núcleos de atenção: a crise no cenário interno; o tratamento da governança na pauta internacional, situando a sua origem na iniciativa privada e resgatando sua evolução até ser acolhida no setor público; a governança pública em sua dimensão política, com ênfase na vertente democrática; a dimensão normativa e o marco legal de governança pública no Brasil, o que é feito na forma de uma resenha da legislação, sem comentários; de caráter mais pragmático, o tópico Dimensão fenomenológica: a fragilidade da governança pública e a explicitação dos jogos de governança paralela no Brasil apresentam as distorções no quadro nacional pelo domínio de forças ilegítimas, com o comprometimento da segurança jurídica; e, por fim, busca-se acenar com a contribuição da nova governança pública para o enfrentamento das governanças paralelas, bem assim sinalizar para as condições de reequilíbrio do conjunto das condições sociais, pela linha da segurança das relações. Seguem considerações finais e referências.

2.2 A crise no cenário interno

Fazendo justiça ao Mestre mineiro Paulo Neves de Carvalho (2000), faz-se aqui digressão para retomada do seu alerta, nos anos oitenta, quanto aos desafios do que ele denominava Direito Administrativo Organizatório, que parecia proscrito com suas estruturas e arranjos obsoletos e incapazes de responder à complexidade de seu tempo. Quase delirante, denunciava ele a sofisticação dos arranjos de governança paralela do crime organizado, das redes de poder nos espaços da corrupção e nas arenas de cooptação da cidadania, enquanto a Administração e o Poder Público se aferravam a antigos e superados organogramas, métodos, fluxos e processos decisórios, sem levar em conta toda a densidade fenomenológica que já os circunstanciava (CARVALHO, 2000). Se tivesse acompanhando a mídia mais recente, estaria apenas confirmando sua profecia. Manchetes anunciam, na organização de prestigiosa empresa brasileira, um Departamento de Operações Estruturadas (para pagamento de propinas) (SMITH; VALLE; SCHMIDT, 2017); em uma favela do Rio de Janeiro, a queda de arrecadação da receita do tráfico na cobrança de pedágio para entrada no local (NUNES, 2017); em vários níveis da burocracia pública, denúncias contra altas autoridades. E prossegue a proliferação do ilícito nos meandros públicos ou privados (GOMES, 2017), a denotar a prevalência de governanças paralelas e a (des)governança pública, com as exceções.

E o cenário interno só se agravou. De fato, o Brasil apresenta um quadro de profundas e históricas dificuldades: crise pela ineficiência do Estado; déficit de participação nos processos decisórios e distanciamento do interesse público; crise de legitimidade e quebra de confiança nos governantes, sobretudo pela prática da corrupção. Os mapas da mídia interna e das repercussões internacionais de um Brasil envergonhado são eloquentes.

Um balanço interno, sem que se possa estabelecer marcos temporais precisos de práticas malsãs, mostra, nos últimos anos, grandes escândalos, especialmente a partir de relatos da mídia: Mensalão; Máfia dos Sanguessugas; Operação Satiagraha; Atos Secretos do Senado; Operação Caixa de Pandora – Distrito Federal; Caso Erenice Guerra – Banco Nacional de Desenvolvimento (BNDES); Escândalo do Ministério dos Transportes; Operação Monte Carlo – Caso Cachoeira; Máfia do Imposto sobre Serviços da Capital Paulista; Cartel do Metrô de São Paulo; Operação Lava Jato, classificada como a segunda maior do mundo, após o escândalo da Ucrânia (BRASIL, 2018). Todos esses casos seguem o mesmo leito, aquele pelo qual corre o dinheiro público – o da corrupção resultante da promiscuidade entre público e privado ou praticada pelas máfias do poder, notadamente para garantia de postos e posições de liderança e influência, na lógica da lição de John Steinbeck, Nobel da literatura em 1962 (EUA), que afirma: "O poder não corrompe, o medo corrompe. Talvez o medo de perder o poder" (STEINBECK, 2011).

Diante desse quadro, verifica-se a premência de pleno restabelecimento da governança pública, especialmente na perspectiva do controle contra a corrupção e contra o crime organizado, isto é, na contraposição aos arranjos de governança paralela.

O tema da governança ainda pode soar exótico no campo do Direito Político e do Direito Administrativo, material ou organizatório. Isso porque o principal *locus* de estudo da temática é a esfera privada, mas, como se verá, mais recentemente, o tópico tem desafiado a esfera pública, os órgãos de controle, os organismos internacionais de fomento, embora careça de amplificação de esforços acadêmicos nas tratativas científicas de seus lineamentos mais complexos e em pesquisas, sobretudo no Brasil.

2.3 Governança na pauta internacional: da origem privada à sua evolução para abordagem no setor público

Desde logo, registra-se que a governança não se confunde com governo[3] nem com a denominada governabilida-

[3] Governo é o "Conjunto de pessoas que, sob a direção política de um chefe, cuidam dos negócios do Estado, e administram o seu patrimônio. [...] Modo pelo qual o Estado desempenha as suas funções político-administrativas, para atingir os seus fins. Função sinérgica do conjunto de poderes institucionais de uma nação" (NUNES, 1999, p. 578).

de[4], conceito estreito para abrigar elementos constituintes do universo administrativo, do fluxo comunicativo e das matrizes de poder, tão complexas e cambiáveis, na realidade contemporânea (SANTOS, 1997).

A governança é pauta de importantes debates em diversos países, como Austrália, Canadá, Estados Unidos, Nova Zelândia, Reino Unido e França e, mais recentemente, no Brasil, sobretudo capitaneado pelo Tribunal de Contas da União - TCU (BRASIL, 2014).

Necessária digressão aponta a origem da governança associada ao capital privado, em momento distante, quando empresas que deixaram de ser geridas diretamente por seus proprietários, transferindo-se à administração de terceiros, precisaram investir no aprimoramento do desempenho organizacional, alinhar ações, garantir maior segurança com vistas à prevenção e superação dos conflitos de interesse entre proprietários e administradores. Surgiram, então, os primeiros estudos e estruturas de governança (BRASIL, 2014, p. 11). Segundo Dalton Sardenberg (2017, p. 148), o estudo de Berle e Means (1932) é considerado o ponto de partida para a conceituação de governança corporativa, cujo objetivo foi analisar as estruturas de propriedade das maiores empresas norte-americanas à época, discutindo os inevitáveis conflitos de interesse que essas estruturas pulverizadas poderiam gerar no desempenho e no valor das companhias. Esse estudo resultou na Teoria da Agência, que explicava o risco da existência de atitudes oportunistas dos gestores, identificados como agentes, em detrimento dos interesses do proprietário, denominado principal.

---

[4] Governabilidade é o conjunto de condições que asseguram a capacidade governativa, ou o exercício do poder político de governar, abrangendo forma de governo, as relações entre os poderes estatais, o sistema partidário, a composição das forças políticas, entre outras variáveis (SANTOS, 1997).

O conceito atual e a importância que apresenta, embora com lastro mais remoto, só foram projetados na virada do último século, em meio a fraudes contábeis que causaram grandes prejuízos a acionistas no mercado de capitais dos Estados Unidos, tendo a legislação estabelecido normas protetivas para segurança dos investidores, traçando-se, assim, os contornos da governança corporativa (SARDENBERG, 2017, p. 149).

O tema da governança corporativa ganhou delineamentos mais precisos na Inglaterra e nos Estados Unidos, com os primeiros códigos de boas práticas. A partir dessas experiências, a governança passou a ser tratada com destaque em diversos países, e, também, no Brasil, que conta com o Instituto Brasileiro de Governança Corporativa (IBGC) e, ainda, com a Comissão de Valores Mobiliários (CVM) (BRASIL, 2014, p. 12).

Governança corporativa corresponde a um conjunto de estratégias, mecanismos e práticas voltados para o aprimoramento da gestão de uma empresa com foco na sua missão e finalidade, de modo a atender aos anseios dos públicos envolvidos e, assim, garantir a sua permanência e a *performance* institucional no tempo.

Com base nos ensinos de Chevallier, pode-se dizer que a noção de governança, sob o enfoque democrático, envolve um conjunto de representações, ideológicas e pragmáticas, que permitem novos modos de estruturação e de exercício do poder nas sociedades contemporâneas. Segundo o autor francês, ela comporta duas implicações essenciais: "Por um lado, significa que atores diversos serão associados aos processos decisórios", em lógica transversal, e, "por outro lado, ela significa que as soluções consensuais [...] serão preferidas às fórmulas de tipo autoritário" (CHEVALLIER, 2009, p. 274).

Nessa linha, Chevallier resgata o magistério de P. Schmitter:

> [Governança corresponde a] um método ou mecanismo de regulação de uma vasta série de problemas ou conflitos, pelo qual os atores alcançam com regularidade decisões mutuamente satisfatórias ou vinculantes, através da negociação e da cooperação. (*apud* CHEVALLIER, 2009, p. 275)

Segundo Schmitter, ela se caracteriza por

> [...] formas horizontais de interação entre atores que têm interesses contraditórios, mas que são suficientemente independentes uns dos outros, para que nenhum deles por si só possa impor uma solução, embora sendo suficientemente interdependente para que sejam todos perdedores se nenhuma solução for encontrada. (*apud* CHEVALLIER, 2009, p. 275)

Klaus Frey, igualmente, mostra que o acoplamento de participação e eficiência espelha o conceito de governança interativa, que pressupõe lógica governamental, mas importa na

> [...] criação de novas estruturas interativas, não apenas com o intuito de tranquilizar ou reprimir o protesto social, mas, antes de tudo, com o objetivo de reinventar as formas de gestão no sentido de transformar os atores da sociedade civil em aliados na busca dos melhores resultados, tanto referentes ao desempenho administrativo quanto em relação ao aumento de legitimidade democrática. (FREY, 2004, p. 123)

O sistema de governança envolve estruturas organizacionais, processos de atuação, fluxos de informação, parâmetros de comportamento dos atores, avaliação de cenário, planejamento, coordenação, interação das funções, direcionamento, monitoramento de resultados e avaliação. Esse substrato conceitual pode ser aplicado às derivações de governança, incluída a de caráter público, adaptando-se à natureza e aos objetivos da organização que a sustenta.

Assim é que da esfera privada, o conceito socorreu as necessidades de novos arranjos políticos internacionais sob a forma de *Good Governance* (boa Governança)[5] e de *Global Governance* (governança global) (BRASIL, 2014, p. 12-18; CHEVALLIER, 2009, p. 274). Atualmente, os países desenvolvidos e as agências ou organizações de fomento, como o Banco Mundial e o Fundo Monetário Internacional, dedicam-se a promover a governança em diversas perspectivas, sobretudo por meio de incentivos a países em desenvolvimento, com foco na governança pública. Eventos, estudos, publicações têm disseminado o conhecimento sobre o tema. Exemplo dessa tendência é o Documento "*Government Governance – Corporate Governance in the Public Sector, Why and How?, Netherlands Ministery of Finance*" (TIMMERS, 2000), que reúne elementos teóricos e práticos sobre governança aplicada ao setor público e destina-se a subsidiar os Países Baixos na consecução de uma governança adequada, enfatizando técnicas e recursos de avaliação das condições de governança, incluídos questionários de monitoramento. O documento, pelo caráter técnico de sua estrutura e conteúdo, tem valia para aplicação em outras realidades não contempladas diretamente por sua destinação.

Muito se tem discutido acerca da importância pragmática do tema, sendo que as diversas organizações que avaliam as condições de governança no cenário internacional apresentam uma série de benefícios que a boa governança pode assegurar, como mostra compilação realizada pela International Federation of Accountants (IFAC), em torno

---

[5] Assinala-se que a concepção inicial estava associada aos propósitos de governabilidade e de criação de ambiente favorável ao mercado. Vale destacar: IMF (1997).

das práticas e dos princípios da transparência, da prestação de contas e da integração (BRASIL, 2014, p. 14).

2.4 Governança pública

No Brasil, a crise fiscal de 1980 abriu a agenda da governança pública na vertente da eficiência da esfera pública. Embora lastreados na referida crise e na demanda de eficiência do Estado, datam do início deste século os estudos específicos sobre governança corporativa (MCKINSEY; KORN/FERRY, 2001; SLOMSKI, 2008) e esforços mais sistemáticos em prol do aperfeiçoamento da governança no setor público interno (MATIAS-PEREIRA, 2010).

Nos estudos, em arenas técnicas e políticas de debates sobre a crise do Estado, governança pública interna é referida por múltiplas expressões ou desdobramentos: governança política, governança democrática, governança institucional, governança da gestão, governança federativa, governança corporativa do setor público ou das empresas estatais, governança social, governança democrática, governança fiscal, entre outras. Há os que associam governança pública no viés político à ideia de centro de Governo como estrutura estratégica que mobiliza os atores e os recursos em prol da eficiência e do funcionamento do Governo, na discursividade interna dos órgãos de coordenação da ação governamental e das políticas públicas do Estado[6].

A noção de governança pública, sob alerta de Chevallier quanto ao risco de banalização, e com base em seus suplementos, pode ser problematizada especialmente em sua abordagem pela vertente política, sob o ângulo de equilíbrio entre autoridade e legitimidade, entre participação e pluralismo, como um conjunto de estratégias e mecanismos que

---

[6] Esse o sentido adotado pelo Governo do Estado de Minas Gerais, 2014.

gravitam em torno do Estado, mas que perpassam a ampla esfera pública em acoplamento com a esfera privada. A governabilidade, assim como a governança, leva em conta as estruturas de poder, seus métodos, seus resultados, mas abre-se, em perspectiva mais ampla ao questionamento das "condições sociais de seu exercício [...] colocando a relação de poder no centro da análise" (CHEVALLIER, 2009, p. 271-272).

Em termos pragmáticos e, com certa simplificação do tema, que comporta outros desafios, será aqui enfatizada aquela governança que tem sido objeto de maior interesse pelos órgãos de controle, com foco na gestão, na qualidade dos gastos públicos, nos resultados e nas disfunções. Para tanto, colhem-se de Timmers elementos que estruturam um conceito de governança pública de caráter pragmático com foco em gestão: governança é o conjunto de estratégias cujo objetivo implícito é a gestão de recursos públicos para concretizar objetivos públicos e atender à sociedade, sendo vários os mecanismos e processos que suportam a ação governamental no conjunto de suas metas sociais e políticas: gerenciamento, prestação de contas, supervisão e controle (TIMMERS, 2000, p. 8, tradução livre). A governança, segundo o autor, é, assim, modelada a partir da identificação da natureza da organização, dos seus objetivos e metas a serem alcançados, dos interessados internos e externos e da responsabilidade pela administração, criando-se salvaguardas e métodos que permitam o cumprimento dos objetivos (TIMMERS, 2000, p. 8, tradução livre).

De acordo com a lição de Timmers:

> Para este propósito, a organização deve ser gerenciada e controlada, e deve prestar contas por suas atividades a seus *stakeholders*, em muitos casos, por meio de supervisor nomeado em nome das partes interessadas. (TIMMERS, 2000, p. 8, tradução livre)

Para o Banco Mundial, são princípios da governança pública: legitimidade, equidade, responsabilidade, eficiência, probidade, transparência, *accountability* – atenção às regras e obrigação de prestação de contas (BRASIL, 2014).

A governança pública, no Brasil, é enfatizada sob o enfoque da gestão, sendo assim tematizada, especialmente, pelos órgãos de controle, como o TCU, tomada como premissa para superar os desafios de manutenção do equilíbrio fiscal, mediante, sobretudo, a racionalização dos gastos públicos, investimentos em setores-chave e combate à corrupção (BRASIL, 2014). O TCU vem especializando mecanismos de controle com foco em redes de governança como a que se estrutura em torno da tecnologia, que lida com a chamada economia do conhecimento (BRASIL, 2014). Engajada em esforços externos, a Corte de Contas da União lidera estudo internacional, realizado por 12 países em parceria com a Organização para a Cooperação e Desenvolvimento Econômico (OCDE), destinado a identificar boas práticas de governança pública por órgãos centrais de governos nacionais (BRASIL, 2014).

2.4.1 Dimensão política e governança pública democrática: ressentimento político da democracia representativa – instrumentos de participação

Chevallier explicita as variadas dimensões da governança pública, notadamente a política, a normativa e a fenomenológica.

Lembra que a governança, na sua dimensão política, guarda interface com a democracia, pois envolve "uma aproximação pluralista e interativa da ação coletiva". Esse "pluralismo se inscreve na lógica de uma democracia participativa visando a envolver os diversos interesses sociais na elaboração das escolhas coletivas" (CHEVALLIER, 2009, p. 274-275). Por essa interface da governança, particularmente no Brasil, há de se enfatizar a necessidade de sua compreensão à luz do Estado Democrático de Direito.

Antes, porém, há de se fazer uma reflexão mais ampla sobre as origens da democracia, o que abre a perspectiva do olhar sobre o que alguns cientistas chamam de ressentimento político da democracia, fazendo críticas, por fundamentos diversos, à dita "democracia representativa"[7]. Como sabem todos, tem-se uma democracia de raízes romanas, mas a República Romana de Cícero realiza, paradoxalmente, um projeto grego. Uma República que se arrima na representação. De outra parte, conquanto tenha sido atualizado o projeto republicano, ressente-se, não com pouca frequência, da participação direta. Um ressentimento que é histórico, porque cultural. Os trabalhos que tratam do tema da governança democrática buscam, em substância, abordar esse ressentimento.

Embora presente tal ressentimento, no Estado Democrático de Direito, consagrado na Constituição Federal de 1988, a participação política é assegurada por vários instrumentos de exercício direto do poder político, da denominada democracia direta, como o voto em sufrágio universal, o referendo, o plebiscito, a iniciativa popular, ou de representação política como nas instâncias colegiadas, nas agremiações

---

7 Confiram-se, a propósito: Miguel (2004) aponta a incoerência interna da chamada democracia representativa, apelando para que não se tome representação política como equivalente à democracia representativa, para ele expressão imprópria; Vitullo (2008, p. 271-301) refere-se à "necessidade de reapropriação e ressignificação do conceito de representação política que as correntes contra-hegemônicas deveriam promover dentro da teoria democrática contemporânea"); Avritzer e Santos (2003) fazem alusão à crise da democracia representativa e sugerem uma democracia participativa em larga escala que aproprie instrumentos de democracia direta e amplie a legitimidade.

partidárias, nos movimentos ideológicos e sociais, nas audiências públicas, entre outros.

A governança democrática tangencia também o tema da legitimidade do poder e da confiança na representação política ou no exercício do poder. A propósito do elemento confiança na representação, registra-se um exemplo curioso que mostra como o Brasil se distancia do padrão de países desenvolvidos nesse particular. Na Suécia, um escândalo que dominou as manchetes dos jornais foi o que envolveu o uso de cartão corporativo pelo Deputado Tomas Tobé, do Partido Moderado (WALLIN, 2017). O caso revela a importância que se dá ao controle do uso do dinheiro público e à confiança nos políticos naquele país. Enquanto, no Brasil, o esquema de corrupção descoberto na operação Lava Jato pode ter gerado mais de 40 bilhões de prejuízo, na Suécia, o escândalo envolve R$ 3,8 mil, "valor da imprudência", no pagamento de despesas em benefício próprio. Aquela cifra correspondia a pontos de milhagem acumulados em viagens a serviço, o que, segundo a regra institucional, deveria resultar em barateamento dos custos das viagens dos parlamentares em serviço (WALLIN, 2017). A Agência Nacional Anticorrupção da Suécia não distingue entre pequena e grande corrupção. Entende que é essencial manter a confiança da população em seus representantes, sendo necessário destacar a gravidade do problema moral representado por casos em que o dinheiro público é usado em benefício próprio (WALLIN, 2017). Não é preciso fazer maiores divagações para explicitar a grave crise de legitimidade do poder político no Brasil.

Em cenário mais ampliado, há de se chamar a atenção para o conceito de "Democracia de opinião", que Chevallier (2009, p. 243) resgata, a partir de ensinos de Julliard (2008). Lembra o Professor da Universidade Paris II que a opinião pública, entendida como "opinião coletiva do conjunto dos cidadãos, tornou-se uma força política com a qual os governantes são obrigados a se compor" (2009, p. 244). Explica que, sobretudo no contexto da IV Revolução Industrial, "da explosão das tecnologias da informação e da comunicação (TIC)", os processos de comunicação virtual ganham escala impensável, com a possibilidade de alcançar de forma maciça a opinião pública, que, na visão do autor, reveste-se de autonomia e vinga, então, como um poder imbatível (2009, p. 244-245). Vê-se, pois, que a discussão acerca da governança, notadamente a de caráter público, nas suas variáveis política, institucional e de gestão, é fortemente impactada pela democracia de opinião.

2.4.2 Dimensão normativa e o marco legal de governança pública no Brasil

Segundo Chevallier, a dimensão normativa da governança apresenta "as novas características de um direito que supõe cada vez mais a associação dos destinatários ao processo de elaboração das normas (direito negociado) e privilegia os processos informais de influência e de persuasão (direito flexível)" (CHEVALLIER, 2009, p. 275).

No Brasil, embora não se possa dizer de um direito inteiramente negociado, sabe-se que ele, em alguma medida, vai incorporando a participação dos cidadãos, como ocorreu com o marco legal denominado Ficha Limpa, a Lei Complementar n. 135, de 4 de junho de 2010, que decorreu de iniciativa popular. Assim, conquanto não seja por si garantia de uma governança eficaz e transparente, um arcabouço normativo adequado, construído democraticamente e de forma condizente com os postulados mais avançados da Legística, pode embasar as condições essenciais para sua prática, especialmente.

Destacam-se no Brasil, na esteira de diversos países, vários instrumentos legais de governança:

- *Lei de Improbidade Administrativa* – Lei n. 8.429, de 2 de junho de 1992 (alterada pela Lei n. 14.230, de 25 de outubro de 2021).
- *Código de Ética Profissional do Servidor Público Civil do Poder Executivo Federal* – Decreto n. 1.171, de 22 de junho de 1994.
- *Lei de Responsabilidade Fiscal* – Lei Complementar n. 101, de 4 de maio de 2000.
- *Lei da Transparência* – Lei Complementar n. 131, de 27 de maio de 2009.
- *Lei da Ficha Limpa* – Lei Complementar n. 135, de 4 de junho de 2010.
- *Lei de Acesso à Informação* – Lei n. 12.527, de 18 de novembro de 2011.
- *Lei sobre Conflitos de Interesse* – Lei n. 12.813, de 16 de maio de 2013.
- *Lei Anticorrupção* – Lei n. 12.846, de 1° de agosto de 2013.
- *Estatuto das Empresas estatais*, no qual estão definidas normas de governança corporativa – Lei n. 13.303, de 30 de junho de 2016.
- *Decreto n. 9.203, de 22 de novembro de 2017*, que "Dispõe sobre a política de governança da administração pública federal direta, autárquica e fundacional", contendo regramento específico e mais abrangente sobre a matéria, e tendo sofrido alteração pelo Decreto n. 9.901, de 8 de julho de 2019.

O Decreto n. 9.203/2017, no artigo 2°, I, conceitua "governança pública – conjunto de mecanismos de liderança, estratégia e controle postos em prática para avaliar, direcionar e monitorar a gestão, com vistas à condução de políticas públicas e à prestação de serviços de interesse da comunidade".

Os princípios da governança pública estão enunciados no artigo 3° do referido decreto: capacidade de resposta; integridade; confiabilidade; melhoria regulatória; prestação de contas; e transparência. O artigo 4° estabelece diretrizes de governança: busca de resultados e de soluções tempestivas e inovadoras para lidar com limitação de recursos e com mudanças de prioridades; simplificação administrativa e modernização da gestão; monitoramento do desempenho e avaliação das políticas públicas; articulação das instituições e coordenação de processos; incorporação de padrões elevados de conduta pela alta administração; implementação de controles internos; definição formal de funções, competências e responsabilidades; comunicação aberta, voluntária e transparente, entre outras relacionadas com o processo decisório, os atos normativos e as práticas regulatórias. No artigo 5° estão previstos mecanismos para o exercício da governança pública, entre os quais a liderança para assegurar integridade, competência, responsabilidade e motivação no âmbito das organizações; estratégia e controle.

Posição relevante assume o Comitê Interministerial de Governança (CIG), que tem por finalidade assessorar o Presidente da República na condução da política de governança da administração pública federal (artigo 7°), cabendo aos comitês internos de governança competências restritas aos órgãos ou entidades que os tenham criado (artigo 15-A).

Segundo o artigo 20-A, "Cabe à Controladoria-Geral da União estabelecer os procedimentos necessários à estruturação e ao monitoramento dos programas de integridade dos órgãos e das entidades da administração pública federal direta, autárquica e fundacional".

Na esfera pública, vários outros instrumentos podem ser aplicados à estruturação da base para potencializar a governança democrática, favorecendo o pluralismo, a transversalidade, a integração dos diversos atores e interessados nos processos decisórios no âmbito do sistema administrativo: consultas públicas, audiências, comitês de políticas públicas, consórcios públicos, parcerias com o Terceiro Setor, portal da transparência, instâncias de gerenciamento de qualidade do gasto, observatório de indicadores, comissões de ética pública, núcleos de monitoramento intensivo de resultados, salas de situação, teleconferências, conferências temáticas, descentralização ou desconcentração de serviços, sistemas de compras em rede, governança eletrônica, instância de potencialização de boas práticas, núcleo de gestão do conhecimento institucional, programas de gestão de riscos, controladorias, ouvidorias, Câmaras de Coordenação, conferência de serviços, comitês de pactuação para situações de greve, de discussão de medidas impactantes, como desocupação de áreas urbanas.

Os instrumentos democráticos voltam-se para a descentralização do poder governamental, para a ampliação da participação da sociedade nos processos decisórios e para a interação entre interessados, agentes públicos, atores sociais, notadamente no ciclo das políticas públicas. A maioria dos instrumentos favorece a participação e a consensualidade, que, segundo Diogo de Figueiredo Moreira Neto,

> [...] se tornaram decisivas para as democracias contemporâneas, pois contribuem para aprimorar a governabilidade (eficiência); propiciam mais freios contra o abuso (legalidade); garantem a atenção a todos os interesses (justiça); proporcionam decisão mais sábia e prudente (legitimidade); desenvolvem a responsabilidade (civismo); e tornam os comandos estatais mais aceitáveis e facilmente obedecidos (ordem). (MOREIRA NETO, 2001, p. 41)

Moreira Neto, aprofundando a noção acerca da consensualidade, afirma que, como consectária da participação, ela

> [...] aparece tanto como uma técnica de coordenação de interesses e de ações, como uma nova forma de valorização do indivíduo, prestigiando, simultaneamente, a autonomia da vontade, motor da sociedade civil e do progresso, e a parceria que potencia a ação desses dois atores protagônicos: a sociedade e o Estado. (MOREIRA NETO, 2001, p. 26)

A técnica, segundo o autor, vem se aplicando às atividades do Estado:

> [...] na produção das normas (a regulática, através de fontes alternativas, fontes consensuais, e de fontes externas); na administração pública (formas alternativas associativas consensuais) e na solução dos conflitos (órgãos e formas alternativas de composição). (MOREIRA NETO, 2001, p. 27)

2.4.3 Dimensão fenomenológica: fragilidade da governança pública e explicitação dos jogos de governança paralela no Brasil

Na dimensão fenomenológica, Chevallier resgata ensinos de G. Peters e D'Savoie (G. PETERS; D. SAVOIE, dir., 1995) e afirma, com base em seus suplementos, que a "noção de governança evidencia a inflexão dos modos de ação de um estado colocado em relação de interdependência" (CHEVALLIER, 2009, p. 275).

Foucault sustenta que o poder não está concentrado em uma instituição ou em monopólio do Estado, mas sim em todo lugar, provocando ações e relações flutuantes (FOUCAULT, 1989, p. 183-184). Essa transversalidade do poder pode ser associada a outro suplemento de Foucault no tocante ao conceito de autoridade, como um poder contínuo que leva os subordinados à obediência àquele que a possuir, seja por mecanismo institucionalizado ou não. Ora, se o poder é transversal e se autoridade pode ser legítima ou não, estará presente tanto em uma governança pública como na governança paralela, marginal ou não. Daí a importância de colocar foco sobre as governanças paralelas ilegítimas e nas relações de interdependência.

As governanças paralelas surgem normalmente quando o Estado falha em cumprir o seu papel ou, simplesmente, quando se pretende a privatização do público, de decisões, de investimentos e de recursos. Influências midiáticas podem contribuir, por exemplo, para reforçar, no imaginário popular, a imagem de um Estado ineficiente e distante das necessidades da população, com baixa efetividade da prestação de serviço. Podem criar um clima próprio para o surgimento de poderes paralelos, para os processos de legitimação da atividade criminosa a partir da hipossuficiência extrema, por meio do alinhamento entre os interesses da comunidade e os das organizações paralelas. Nesse quadro, as Máfias se apresentam como melhores gestoras do espaço público que o Estado. A governança pública acaba, então, por sucumbir às governanças paralelas, e, mais, começa a ter lugar a promiscuidade entre a governança pública e a governança paralela.

Múltiplos são os exemplos de governanças paralelas ilegítimas que dominam o Estado. Em primeiro lugar comparece a criminalidade transnacional, o crime organizado que desconhece fronteiras e que é objeto da Convenção de Palermo. No nível interno, chama a atenção a organização criminosa que exerce, na marginalidade, o controle do sistema penitenciário brasileiro. Como fenômeno mais recente, comparece a governança paralela nas estatais ou (des)governança corporativa, que tem seu máximo exemplo na história recente da Petrobras – Sociedade de Economia Mista controlada pela União –, que, em 2011, colocou-se no quinto lugar na classificação das maiores petrolíferas de capital aberto do mundo, até que, em 2014, a Operação Lava Jato descobriu um dos maiores escândalos de corrupção de que se tem notícia, tendo ao centro a estatal. No caso, não se pode dizer apenas de uma governança paralela, mas de uma (des)governança corporativa e da institucionalização de um esquema criminoso transnacional com integração de partidos, empresas, administradores, paraísos fiscais e intransparência, tudo montado para sustentar a corrupção e saquear a empresa.

Com características próprias, coloca-se a governança paralela no setor imobiliário: aquela em que o capital imobiliário passa a comandar o desenvolvimento urbano a partir de uma coalizão de interesses econômicos privados em busca de maior lucratividade, sem compromisso com a qualidade de vida da população em geral – envolve a mercantilização e a especulação da cidade *versus* a flexibilização das normas urbanísticas.

Na dimensão política, a governança partidária delineia-se por meio, sobretudo, do aparelhamento do Estado, inclusive das estatais, com imposição de agendas partidárias e ideológicas, segundo cartilha e interesses do partido de Comando do Governo ou dos chamados partidos de base aliada em regime de coalizão.

Na mesma linha comparecem os *lobbies* subterrâneos, especialmente junto às casas legislativas, que, na ausência de normas regulamentadoras, acabam incorporando práticas escusas, em prejuízo dos interesses coletivos e da transparência dos jogos democráticos.

2.4.4 A contribuição da nova governança pública para o enfrentamento de governanças paralelas

A crise da governança pública há de ser tomada na dimensão potencializadora de reflexões e de esforços no sentido de sua (re)construção sobre pilares da Pós-Modernidade e, assim, capazes de sondar seus valores e avanços, incluídos os decorrentes da IV Revolução

Industrial, de cunho tecnológico, que tem influenciado o perfil da sociedade, profundamente impactada pela comunicação, pela globalização e pelas incertezas, que corroem a segurança jurídica.

Deve-se partir do reposicionamento do Estado, que, a despeito da fragilização de alguns de seus atributos e da resistência que enfrenta no universo das contestações, continua como forma de organização política ainda não superada, a demandar reconfiguração e atualização de seus aparelhos e de seus mecanismos de atuação. Eis um grande desafio para aplicação de tecnologias institucionais e do Direito Público organizatório.

É necessário, igualmente, estabelecer um diálogo com o princípio do interesse público, em viés que afaste os conteúdos dogmáticos e apriorísticos que fazem dele instrumento de dominação, de autoritarismo e de apropriação do público. A sua noção precisa ser densificada na experiência no âmbito da lata esfera pública e deitar reflexos no sistema político-administrativo, em especial, bem assim nas interseções traçadas pelas interfaces desse. De outro lado, é importante que os atores da governança pública reconheçam o campo sobre o qual se expandem as relações de poder que afetam mais de perto os objetivos públicos, sejam as estabelecidas entre Estado, mercado e sociedade, sejam as de que participam núcleos que manipulam ou manejam o poder ilegítimo. Há de se valorizar a representação política sobre bases de legitimidade, coerência e confiança. Igualmente, é crucial assegurar os canais de atuação da cidadania e da sociedade nos processos decisórios, com a consequente descentralização da esfera pública e a pragmática repercussão dos princípios da governança. Tudo com vistas à definição de estratégias adequadas para uma dinâmica construtiva e para a neutralização das forças paralelas ilegítimas.

Em face do processo de autonomização da opinião pública, a governança é desafiada a levar a sério o processo de transparência e comunicação, além do esforço contra manipulações.

A partir da aplicação dos princípios da governança, em especial a transparência e a prestação de contas, já intensamente instrumentalizados por um grupamento de normas avançadas, o Estado pode restabelecer laços de confiança, preparando um ambiente mais plausível para a atuação da governança pública, e, na medida em que esta se consolida, menos frestas ou porosidades apresenta para as governanças paralelas. A governança pública, sobretudo, deve fazer uso de mecanismos disponíveis no campo da inovação, da inteligência artificial, dentre outros, para combate às governanças ilegítimas. Na mesma linha, deve manter-se articulada com a comunidade internacional na busca de alternativas conjuntas de combate ao crime organizado, entre outras atividades de segmentos do poder marginal. Necessário destacar a importância da articulação interfederativa e de políticas sistêmicas, o desenvolvimento da inteligência no âmbito de instituições que lidam como combate à criminalidade; igualmente, cabe propugnar por soluções concertadas no bojo dos processos decisórios, amparados em instrumentos de conferência de serviços, câmaras de mediação ou assemelhados, focados em técnicas de consensualização.

O fortalecimento de uma governança pública voltada para o interesse público e desafiada pela eficiência e pelos princípios e parâmetros democráticos pode, a par de resgatar a confiança, propiciar um patamar de segurança jurídica tão reivindicado nos dias atuais.

2.5 Considerações finais

A governança, tomada em seu substrato conceitual comum, e apropriada na esfera pública, adjetivada de democrática, é sustentada por "um conjunto de representações, constitutivas de uma verdadeira ideologia", arrimada no tripé da participação em lógica transversal dos diversos atores do processo decisório, incluídos os que por ele serão afetados; do *accountability*, que objetiva resultados da ação coletiva legitimados e priorizados no bojo do amplo sistema comunicativo; e da responsividade.

Uma governança pública focada no interesse público reconciliará o Estado com a sua finalidade, que é realizar o bem comum, criando condições de emancipação da cidadania, libertando-a das manipulações e das migalhas que, de modo perverso, por vezes, sustentam a governança pública e a embalam no imaginário popular.

Governanças paralelas hão de ser superadas pela presença responsável e qualificada do próprio Estado, por avanços no Direito Administrativo organizatório, por discussão de alternativas com a própria sociedade; pela profissionalização do serviço público em substituição ao aparelhamento da máquina; pela implementação de governança corporativa nas estatais; pelo aperfeiçoamento das práticas de transparência; pela modernização das formas de prestação de contas; pela renovação política; pela aplicação do marco legal disponível; pela regulamentação do *lobby*.

Há de se colocar em realce a importância do acompanhamento contínuo das condições sociais do exercício do poder na sua transversalidade.

Cada qual há de fazer sua parte, certo de que as matrizes de poder são complexas, flexíveis e cambiáveis e encontram tentáculos em uma sociedade plural.

2.6 Referências

AVRITZER, Leonardo; SANTOS, Boaventura de Sousa. Para ampliar o cânone democrático. *In*: SANTOS, Boaventura de Sousa. **Democratizar a democracia**: os caminhos da democracia participativa. Rio de Janeiro: Civilização Brasileira, 2003.

BERLE JR., A.; MEANS, G. **The modern corporation and private property**. New York: MacMillan, 1932.

BONAVIDES, Paulo. **Teoria da democracia participativa**: por um direito constitucional de luta e resistência. Por uma nova hermenêutica. Por uma repolitização da legitimidade. 2. ed. São Paulo: Malheiros, 2003.

BRASIL. **Decreto n. 1.171, de 22 de junho de 1994**. Aprova o Código de Ética Profissional do Servidor Público Civil do Poder Executivo Federal. Brasília, DF: Presidência da República, [1994]. Disponível em: http://www.planalto.gov.br/ccivil_03/decreto/d1171.htm. Acesso em: 25 jul. 2021.

BRASIL. **Decreto n. 9.203, de 22 de novembro de 2017**. Dispõe sobre a política de governança da administração pública federal direta, autárquica e fundacional. Brasília, DF: Presidência da República, [2017]. Disponível em: http://www.planalto.gov.br/ccivil_03/_ato2015-2018/2017/decreto/d9203.htm. Acesso em: 25 jul. 2021.

BRASIL. **Lei n. 8.429, de 2 de junho de 1992**. Dispõe sobre as sanções aplicáveis aos agentes públicos nos casos de enriquecimento ilícito no exercício de mandato, cargo, emprego ou função na administração pública direta, indireta ou fundacional e dá outras providências. Brasília, DF: Presidência da República, [1992]. Disponível em: http://www.planalto.gov.br/ccivil_03/leis/l8429.htm. Acesso em: 25 jul. 2021.

BRASIL. **Lei n. 14.230, de 25 de outubro de 2021**. Altera a Lei n.8.429, de 2 de junho de 1992, que dispõe sobre improbidade administrativa.

BRASIL. **Lei n. 12.527, de 18 de novembro de 2011**. Regula o acesso a informações previsto no inciso XXXIII do art. 5°, no inciso II do § 3° do art. 37 e no § 2° do art. 216 da Constituição Federal; altera a Lei n. 8.112, de 11 de dezembro de 1990; revoga a Lei n. 11.111, de 5 de maio de 2005, e dispositivos da Lei n. 8.159, de 8 de janeiro de 1991; e dá outras providências. Brasília, DF: Presidência da República, [2011]. Disponível em: http://www.planalto.gov.br/ccivil_03/_ato2011-2014/2011/lei/l12527.htm. Acesso em: 25 jul. 2021.

BRASIL. **Lei n. 12.813, de 16 de maio de 2013**. Dispõe sobre o conflito de interesses no exercício de cargo ou emprego do Poder Executivo federal e impedimentos posteriores ao exercício do cargo ou emprego; e revoga dispositivos da Lei n. 9.986, de 18 de julho de 2000, e das Medidas Provisórias n. 2.216-37, de 31 de agosto de 2001, e 2.225-45, de 4 de setembro de 2001. Brasília, DF: Presidência da República, [2013]. Disponível em: http://www.planalto.gov.br/ccivil_03/_ato2011-2014/2013/lei/l12813.htm. Acesso em: 25 jul. 2021.

BRASIL. **Lei n. 12.846, de 1º de agosto de 2013**. Dispõe sobre a responsabilização administrativa e civil de pessoas jurídicas pela prática de atos contra a administração pública, nacional ou estrangeira, e dá outras providências. Brasília, DF: Presidência da República, [2013]. Disponível em: http://www.planalto.gov.br/ccivil_03/_ato2011-2014/2013/lei/l12846.htm. Acesso em: 25 jul. 2021.

BRASIL. **Lei n. 13.303, de 30 de junho de 2016**. Dispõe sobre o estatuto jurídico da empresa pública, da sociedade de economia mista e de suas subsidiárias, no âmbito da União, dos Estados, do Distrito Federal e dos Municípios. Brasília, DF: Presidência da República, [2016]. Disponível em: http://www.planalto.gov.br/ccivil_03/_ato2015-2018/2016/lei/l13303.htm. Acesso em: 25 jul. 2021.

BRASIL. **Lei Complementar n. 101, de 4 de maio de 2000**. Estabelece normas de finanças públicas voltadas para a responsabilidade na gestão fiscal e dá outras providências. Brasília, DF: Presidência da República, [2000]. Disponível em: http://www.planalto.gov.br/ccivil_03/leis/lcp/lcp101.htm. Acesso em: 25 jul. 2021.

BRASIL. **Lei Complementar n. 131, de 27 de maio de 2009**. Acrescenta dispositivos à Lei Complementar n. 101, de 4 de maio de 2000, que estabelece normas de finanças públicas voltadas para a responsabilidade na gestão fiscal e dá outras providências, a fim de determinar a disponibilização, em tempo real, de informações pormenorizadas sobre a execução orçamentária e financeira da União, dos Estados, do Distrito Federal e dos Municípios. Brasília, DF: Presidência da República, [2009]. Disponível em: http://www.planalto.gov.br/ccivil_03/leis/lcp/lcp131.htm. Acesso em: 25 jul. 2021.

BRASIL. **Lei Complementar n. 135, de 4 de junho de 2010**. Altera a Lei Complementar n. 64, de 18 de maio de 1990, que estabelece, de acordo com o § 9º do art. 14 da Constituição Federal, casos de inelegibilidade, prazos de cessação e determina outras providências, para incluir hipóteses de inelegibilidade que visam a proteger a probidade administrativa e a moralidade no exercício do mandato. Brasília, DF: Presidência da República, [2010]. Disponível em: http://www.planalto.gov.br/ccivil_03/Leis/LCP/Lcp135.htm. Acesso em: 25 jul. 2021.

BRASIL. **Lista de escândalos políticos no Brasil**. Disponível em: https://pt.wikipedia.org/wiki/Lista_de_esc%C3%A2ndalospol%C3%ADticos_no_Brasil. Acesso em: 8 maio 2018.

BRASIL. Tribunal de Contas da União. **Referencial básico de governança aplicável a órgãos e entidades da administração pública**. Versão 2. Brasília: TCU, Secretaria de Planejamento, Governança e Gestão, 2014.

CARVALHO, Paulo Neves de. **Lições do magistério de pós-graduação junto à Faculdade de Direito da Universidade Federal de Minas Gerais**. 2000.

CASTELLS, Manuel. **A sociedade em rede**: a era da informação. Economia, sociedade e cultura. São Paulo: Paz e Terra, 1999. v. 1.

CHEVALLIER, Jacques. **O Estado Pós-Moderno**. Tradução Marçal Justen Filho. Belo Horizonte: Fórum, 2009.

FOUCAULT, Michel. **Microfísica do poder**. 8. ed. Rio de Janeiro: Graal, 1989.

FREY, Klaus. **Governança interativa, uma concepção para compreender a gestão pública participativa**. *Paper* apresentado no Seminário Nacional: Movimentos Sociais, Participação e Democracia. Florianópolis: Política & Sociedade, n. 5, p. 119-138, out. 2004.

GOMES, Luiz Flávio. Os quatro grandes grupos criminalmente organizados no Brasil. **UOL**. Congresso em Foco. 6 jan. 2017. Disponível em: http://congressoemfoco.uol.com.br/opiniao/colunistas/os-quatro-grandes-grupos-criminalmente-organizados-no-brasil/. Acesso em: 29 maio 2018.

IMF. Good Governance. **The IMF's role**. Washington (online), 1997. Disponível em: http:www.imf.org/external/pubs/ft/exrp/govern/govern.pdf. Acesso em: 30 maio 2020.

JULLIARD, J. **La reine du monde**. Paris: Flamarion, 2008.

LAMMERHIRT, Laura. 9 casos de corrupção no mundo. **Politize!**. 18 out. 2017. Disponível em: http://www.politize.com.br/9-casos-de-corrupcao-no-mundo/. Acesso em: 8 maio 2018.

MATIAS-PEREIRA, José. **Governança no setor público**. São Paulo: Atlas, 2010.

MCKINSEY, C.; KORN/FERRY, I. Panorama de governança corporativa no Brasil. **ECGI**. 2001. Disponível em: http://www.ecgi.org/codes/documents/kf_mck_ governan.pdf. Acesso em: 29 maio 2018.

MIGUEL, Luis Felipe. A democracia e a crise da representação política: *accountability* e seus impasses. *In*: VIII CONGRESSO LUSO-AFRO-BRASILEIRO DE CIÊNCIAS SOCIAIS. Coimbra, 16 set. 2004.

MOREIRA NETO, Diogo de Figueiredo. **Mutações do direito administrativo**. 2. ed. Rio de Janeiro: Renovar, 2001.

NUNES, Marcos. Traficantes da Providência cobram pedágio de motoristas de van na Central do Brasil. **Extra**. 19 jun. 2017. Disponível em: https://extra.globo.com/casos-de-policia/traficantes-da-providencia-cobram-pedagio-de-motoristas-de-van-na-central-do-brasil-21491465.html. Acesso em: 29 mai. 2018.

NUNES, Pedro. **Dicionário de tecnologia jurídica**. Rio de Janeiro: Renovar, 1999.

SANTOS, Maria Helena de Castro. **Governabilidade, governança e democracia**: criação de capacidade governativa e relações executivo-legislativo no Brasil pós-constituinte. Rio de Janeiro: Scielo, v. 40, n. 3, 1997.

SARDENBERG, Dalton. Governança corporativa em empresas estatais. *In*: MENDES, Gilmar; PAIVA, Paulo (org.). **Políticas públicas no Brasil**: uma abordagem institucional. São Paulo: Saraiva, 2017. p. 145-154.

SLOMSKI, Valmor. **Governança corporativa e governança na gestão pública**. São Paulo: Atlas, 2008.

SMITH, Michael; VALLE, Sabrina; SCHMIDT, Blake. Como funcionava a máquina de corrupção da Odebrecht. **Exame**. 10 jun. 2017. Disponível em: https://exame.com/negocios/jamais-uma-maquina-de-corrupcao-como-esta-havia-sido-descoberta/. Acesso em: 29 maio 2018.

STEINBECK, John. Dia da Justiça sem a Justiça!!!! **Vecchi Suzuki**. 9 dez. 2011. Disponível em: https://vecchisuzuki.wordpress.com/2011/12/09/dia-da-justica-sem-a-justica/. Acesso em: 8 maio 2018.

TIMMERS, H. Government governance: corporate governance in the public setor, why and how? *In*: **Fee Public Sector Conference**, 9, 2000. Disponível em: http://www.ecgi.org/codes/documents/public_sector.pdf. Acesso em: 29 maio 2018.

VITULLO, Gabriel. Representação política e democracia representativa são expressões inseparáveis? Elementos para uma teoria democrática pós- representativa e pós-liberal. **Revista Brasileira de Ciência Política**, Brasília, n. 2, p. 271-301, jul./dez. 2008.

WALLIN, Claudia. Enquanto isso na Suécia... Escândalo que domina manchetes no país teve "desvio" de R$ 3,8 mil. **BBC News Brasil**. 18 mar. 2017. Disponível em: https://www.bbc.com/portuguese/internacional-39295976. Acesso em: 29 maio 2017.

Informação bibliográfica deste texto, conforme a NBR 6023:2002 da Associação Brasileira de Normas Técnicas (ABNT):

PIRES, Maria Coeli Simões. Capítulo 2 – Potencialidades da governança pública. *In*: PIRES, Maria Coeli Simões; BITENCOURT NETO, Eurico; GUIMARÃES, Dayana Alves (coord.). **Segurança jurídica e controle da Administração**: panorama geral e comentários sobre a Lei n. 13.655/2018 (LINDB). Belo Horizonte: Del Rey, 2022. p. 101-132. ISBN 978-65-00-38426-0.

CAPÍTULO 3

PARADOXOS DA ADMINISTRAÇÃO PÚBLICA
segurança jurídica e controle

MARCO ANTÔNIO ANDERE TEIXEIRA

3.1 Introdução

O tema em epígrafe será desenvolvido a partir da discussão acerca da crise do Estado e da Administração Pública, tendo em perspectiva o reequilíbrio entre *segurança jurídica e controle da Administração Pública*, em face do advento da Lei n. 13.655, de 25 de abril de 2018 (BRASIL, 2018), que altera substancialmente a Lei de Introdução *às* Normas do Direito Brasileiro (LINDB) – Decreto-lei (DL) n. 4.657, de 4 de setembro de 1942 (BRASIL, 1942).

Prima facie, a pauta sugere certa abordagem, que se daria a partir de cânones jurídicos conhecidos, aparentemente livres de maiores polêmicas. Na verdade, emerge um tema que perpassa diferentes *teorias do Estado*, suscita uma profunda indagação conceitual, resvala para discussões sofisticadas e transita por polêmicas milenares, ainda não resolvidas. Urge, portanto, estabelecer alguns limites. Primeiramente, que se registre, por suposto, *a impossibilidade de imaginar a existência do Estado sem Administração Pública (seja de que tipo for) – e vice-versa*. Não seriam apenas fenômenos complementares, mas indissociáveis.

3.2 Marco teórico

A temática em tela está no cerne da discussão relativa à *existência* e à *legitimidade* do Estado, como *construção institucional histórica*, bem como problematiza seus contornos jurídicos e políticos. Isso não é pouco. Em linhas gerais, pode-se estabelecer uma fronteira teórica (e histórica) a partir da ideia do *Estado Moderno* (FALCON; MOURA, 1985; BOBBIO, 1986), explicitada com o auxílio da teoria do *contrato social*, um conceito que dialoga, historicamente, com o advento do *Estado Nacional*[1] – mas não lhe é imediatamente correspondente. Oportunamente, tais conceitos serão retomados.

Cabem, todavia, algumas ressalvas: antes do desenvolvimento desses fenômenos, houve, na Antiguidade, variadas formas e tipos de Estado e de administração pública. Civilizações como a suméria, a assíria, a egípcia, a fenícia, a grega, a romana, a persa, a chinesa, entre outras, experimentaram diversos tipos de organização estatal, ou mesmo burocrática, e formaram até mesmo impérios sofisticados, com fundamentos distintos do *contrato social*[2]. Entretanto, não se ocupará dessa perspectiva.

---

1 O equacionamento desse conceito pode ser encontrado no Capítulo I da obra de Kaplan (1974, p. 1-41).

2 As civilizações *pré-colombianas*, em alguma medida consideradas *pré-históricas*, podem ser mencionadas como organizadas sob forma

Na mesma medida, não serão abordadas as teorias mais recentes, relativas à *autonomização do Estado*, a seu eventual *aparelhamento* e à *hegemonia das corporações*, tanto no nível das instituições quanto do mercado. Tal discussão não se aplicaria à gênese do Estado ou aos seus elementos essenciais, mas ao fenômeno de sua hipertrofia, especialmente nas sociedades plurais ou avançadas[3].

Primeiramente, caberia registrar que a ideia de *contrato social*, como fundamento do Estado, é teórica. E, tal como sugere o conceito de contrato, supõe *partes contratantes*, *conteúdo sinalagmático* e *cláusulas estabelecidas*, mutuamente reconhecíveis. Já o advento do *Estado Nacional* é um fenômeno histórico, embora diversos de seus elementos formadores sejam correspondentes a ambos os conceitos, notadamente a influência do *Iluminismo* (segundo o qual modelos de representação e de administração pública deveriam observar *princípios racionais*).

Entretanto, dimensões históricas específicas, relativas à *língua, cultura, ancestralidade e mercado,* são elementos definidores, propriamente, dos *Estados Nacionais*[4].

---

específica de administração, mas ressalvando a ausência de registros escritos, ou documentos, reconhecíveis segundo o padrão historiográfico dominante (MANN, 2007).

3 Obra considerada clássica trata da complexidade do Estado, da burocracia estatal, das corporações, categorias sociais, classes, estamentos e outros, sob variadas perspectivas teóricas, nas sociedades de capitalismo avançado: Giddens, 1975. O capítulo XV, "O futuro da sociedade de classes", especialmente, apresenta interessante exercício de prospecção, que hoje consolida a percuciência do autor.

4 Os Bálcãs seriam um exemplo atual e recorrente de conflitos entre nacionalidades (muitas vezes emulados por diferentes religiões) no continente europeu, onde teria ocorrido o estopim para a Primeira Grande Guerra, por exemplo, na época compondo o Império Austro-Húngaro. Todavia, problemas desse tipo podem ser vistos na Espanha contemporânea, modelo de Estado Democrático de Direito – mas que enfrentou,

Já o conceito de *Estado de Direito* advém da observação da *superestrutura político-jurídica* do Estado e de suas idiossincrasias, informadas pelo grande campo da filosofia política, da ciência política e da teoria político-jurídica do Estado, cujos limites não podem ser claramente definidos. Norberto Bobbio (1983) faz tal discussão, demonstrando que diversos postulados do *contrato social* remontam a modelos correntes ainda no *Renascimento* (notadamente, a dicotomia *principados x repúblicas*, de Maquiavel, tratada no capítulo VI da obra citada, correspondente a esse autor). Antes, algumas daquelas premissas estavam presentes, e tomaram corpo concomitantemente ao desenvolvimento do primeiro *Estado Nacional* europeu, no caso Portugal, no final do século XII (HESPANHA, 2004) - dotado de certas particularidades estruturais, conhecidas pelo seu caráter mais *patrimonialista* que propriamente *contratualista*[5]. Vale lembrar que Alemanha e Itália só conseguiram organizar seus respectivos *Estados Nacionais* no final do século XIX (tendo como referência conhecidos personagens históricos, tais como Bismarck e Vittorio Emanuelle), embora já se organizassem sob alguns dos princípios do *contrato social* bem antes disso, considerando a organização de seu território, composta por diversas unidades político-jurídicas verdadeiramente soberanas.

No bojo dessa discussão, e como seu antecedente, encontra-se a dissolução do modelo romano de Estado, na Idade Média, o advento da assim chamada "Idade das Trevas" (GIBBON, 2017) e a percepção de que o *Estado*

---

recentemente, uma tentativa de cisão de seu território, amplamente divulgada, por parte da Catalunha. O chamado "País Basco", localizado também no território espanhol, seria outro exemplo de política separatista, de cunho nacionalista.

5 Faoro (1984, capítulos I e II) considera a história de Portugal "peculiar", com idiossincrasias incomparáveis.

(especialmente o *Estado de Direito, ou Estado Moderno*) se contrapõe à barbárie e/ou ao obscurantismo (ANDERSON, 1982), sendo um fenômeno de potencial civilizatório. Nessa medida, avulta a importância histórica do tema em questão, bem como sua delicadeza e complexidade, mormente a partir da seguinte afirmação: não haveria como conceber o *Estado de Direito,* bem como sua *legitimidade*, sem o abrigo da *segurança jurídica* que suas instituições devam proporcionar à sociedade, além do imperativo do *controle* de sua atuação. Em grande medida, *segurança jurídica e controle* seriam a interface do *Estado de Direito*, funcionando como anteparos da civilização moderna. É o que sugerem os movimentos históricos que se deram até aqui.

Finalmente, no campo da *teoria do contrato social*, um dos mais conhecidos fundamentos teóricos do *Estado Moderno* (nacional ou não), destacam-se três pensadores: Thomas Hobbes, Jean-Jacques Rousseau e John Locke. Este último teria concebido as bases do *liberalismo* e também se utilizado do conceito do "contrato social", vendo no Estado um *perigo a ser minimizado.* Mas não *rejeitado* e sim devidamente *contratualizado* (LOCKE, 1983). É de supor que por trás dessa visão resida um "justo" trauma em relação aos modelos monárquicos absolutos, comuns na época, aos quais se opunha o autor. Até porque Locke e sua família foram perseguidos pelo absolutismo inglês e tiveram que optar pelo exílio em duas ocasiões diferentes.

Rousseau (1983), conhecido por seu "romantismo teórico", encantou (e, em alguma medida, teria definido) o segmento hoje chamado de "esquerda", com sua "teoria do bom selvagem", que supõe a condição humana como "naturalmente boa", sendo corrompida pelos "vícios da sociedade". Um mito teórico, historicamente repetido, até convencer um número substancial de adeptos: o próprio Rousseau admitiu que a "teoria do bom selvagem" dialoga com o romance infantojuvenil *Robinson Crusoé*, de Daniel Defoe, publicado no século XVIII[6]. Essa obra "expressa um dos traços fundamentais do pensamento de Rousseau" (ROUSSEAU, 1983, p. XX). Seria importante registrar essa crítica: Rousseau considerava a civilização "responsável pela degeneração das exigências morais mais profundas da natureza humana e sua substituição pela cultura intelectual" (ROUSSEAU, 1983, p. XIII).

As influências dessa visão foram bastante espraiadas: a rejeição da civilização como "antinatural", ou deletéria à natureza humana (como também sua mais poderosa obra, o Estado, por via de consequência), impregnou o movimento esquerdista clássico, a partir da concepção de que o Estado seria "o comitê executivo da classe dominante"[7]. Ideia presente em diversos escritos de Marx e seguidores, especialmente em "Barbárie e civilização: a origem da família, da propriedade privada e do Estado" (FERNANDES, 1983, p. 319-337). A resposta a isso seria a *revolução proletária* e a construção de sua *ditadura*: a implementação do *caos* para se construir "uma nova civilização", livre de seus vícios originais. Seria, igualmente, uma aposta em uma possível tendência entrópica do movimento histórico, marcado pela superação de "modos de produção"[8], ao longo do tempo, até alcançar um modelo ideal. Uma espécie de "nirvana" socialista (FERNANDES, 1983, p. 182-215).

---

6 Dois escritos de Rousseau tratam desse tema: "Do contrato social" e "Discurso sobre a origem e os fundamentos da desigualdade entre os homens". Cf. Rousseau (1983). Na Apresentação, de autoria de Paul Arbousse-Batiste e Lourival Gomes Machado, o livro **Robinson Crusoé**, de Daniel Defoe, publicado em 1719, é apontado como referência para as formulações teóricas de Rousseau (p. XVI).

7 A rejeição absoluta de qualquer forma de Estado se daria no *anarquismo*.

8 Bottomore (1988, p. 267-268), verbete "Modo de produção".

Soluções autoritárias, como resultantes do desprezo por instituições consideradas civilizatórias (tais como família, Estado, democracia, religião, valores culturais e artísticos, por exemplo), são uma constante no pensamento tanto da esquerda ortodoxa quanto da direita extremada.

No campo da extrema direita, cite-se Carl Schmitt (2007), conhecido jurista, que caiu em desgraça por sua filiação ao *Partido Nazista* alemão e por defender *soluções extrajudiciais* (melhor dizendo: um verdadeiro rompimento institucional) para resolver crises diversas. O *Patriot Act*, por exemplo, decreto presidencial norte-americano, mais recente e ainda vigente[9], norma legal emulada a partir do ataque às *Torres Gêmeas* (base legal de um sem-número de violações dos *direitos fundamentais* da pessoa humana[10]), teria sido inspirado em Schmitt.

Pois bem. Aparentemente, uma determinada linha *contratualista* seria teoricamente mais adequada para se compreender o *Estado moderno, o Estado de Direito e o Estado Democrático de Direito*[11], posto que *não* estabe-

---

[9] USA **Patriot Act**, assinado pelo ex-presidente George W. Bush, em 26 de outubro de 2001. Renovado por Barack Obama, em 27 de julho de 2011. Com algumas alterações, foi confirmado pelo Congresso norte-americano em 2015, sob a denominação de **USA Freedom Act**.

[10] Tais violações teriam ocorrido, segundo ampla divulgação, em moldes *extraterritoriais*, em bases militares norte-americanas (sujeitas a princípios excepcionais), como a de Guantánamo, em Cuba. Na prática, evitaria a incidência da normatização constitucional americana, ou local, em territórios alcançados por esse conceito, típico do *Direito Internacional*. Diversos campos de concentração nazistas (construídos em territórios ocupados) e *bantustões*, no *Apartheid*, gozavam do mesmo *status* legal excepcional. Caberia lembrar o assassinato do jornalista saudita, opositor ao regime, Jamal Khashoggi, morto na Embaixada Saudita, em 2018, localizada em Istambul, na Turquia.

[11] *Grosso modo*, cogita-se tanto do *Estado Moderno* (conceito comum na matriz weberiana, assim como em outros autores) quanto do *Estado*

lece adjetivos preconcebidos em relação ao Estado e, especialmente, em relação à *condição humana*. Qual seja: *a condição humana não seria naturalmente boa, nem má*. Seria o que é: definida por suas *condicionantes biológicas e suas circunstâncias culturais*. Uma *unidade complexa*, portanto – não adjetivável. Ideia semelhante se aplicaria ao conceito de *civilização*, resultante da cultura humana.

O *modelo contratualista,* que elege tal perspectiva, estaria na concepção *hobbesiana,* desenvolvida no clássico O Leviatã (HOBBES, 1983), que reconhece *o indivíduo* como *unidade fundamental do contrato social*[12]. O indivíduo se associaria ao Estado (reconhecendo-o e legitimando-o), sobretudo, "por medo da morte violenta". Portanto, o Estado seria uma construção adequada para o indivíduo que busca *segurança e previsibilidade* (que se define pela ideia de *controle*). Para tanto, o indivíduo abriria mão de parte de sua *liberdade*, em benefício da *unidade soberana* (ou Estado). A liberdade humana, por sua vez, seria *ilimitada* somente no "Estado de Natureza", um ambiente fundamentalmente hostil,

---

de Direito, como conceitos *teóricos*, baseados na ideia da construção do Estado, fundado em bases institucionais, burocráticas e legais. Já o Estado *Democrático de Direito* estaria em constante construção e desenvolvimento, supondo modelos cada vez mais *participativos*, tendo como eixo a ideia de *cidadania,* levada cada vez mais a cabo. Portanto, o *Estado Democrático de Direito* seria um conceito *histórico* (assim como o Estado nacional), ou *concreto*. Teria um sentido *evolutivo*, perceptível na medição de *mecanismos*, e *procedimentos*, institucionais de natureza sistêmica, aplicados, especialmente, a políticas públicas encetadas no âmbito da Administração Pública. O fenômeno poderia ser medido com base em *indicadores institucionais*, resultando em certo índice *de democracia*, aplicável a diferentes Estados de Direito. Desenvolve tal ideia Samuel Finer (1981).

[12] Bobbio (1983), na mesma obra aqui citada, apresenta a ideia, de Aristóteles, de que a unidade fundamental do Estado seria a família, no capítulo correspondente a esse autor.

perigoso e violento, que poderia ser classificado como um "tipo ideal" (Weber[13]), ou um "arquétipo" (Platão[14]). Portanto, um conceito teórico. Nessa medida, haveria, na gênese do Estado, uma *opção, um ato volitivo de natureza contratual*. O advento do Estado, nesses termos, como *antagonista do estado de natureza*, teria um componente *civilizatório*, pois exerceria certo controle e disciplina, especialmente, sobre a natureza humana, de todo imprevisível: essa ideia é também apoiada e desenvolvida pelo psicanalista Sigmund Freud (2011).

À vista do exposto, supõe-se que a *importância* (bem como os contornos teóricos) da temática aqui tratada, expressa na *Introdução*, esteja clara e inequívoca: *a ideia de segurança jurídica fundamenta a existência do próprio Estado*. E *o controle do Estado* (e de sua Administração) daria a medida de sua *legitimidade*, portanto.

Por oportuno, caberia registrar que o raciocínio aqui desenvolvido articula-se à análise apresentada por Jacques Chevallier. Embora tenham sido utilizadas fontes distintas, chegou-se a muitas conclusões coincidentes. Notadamente a distinção referente aos conceitos *teóricos* e *históricos* de formas estatais: "o funcionamento real do Estado sempre dependeu do sistema de valores, das tradições próprias de cada país. A aparente semelhança das instituições não pode gerar ilusão: ela recobre usos e práticas profundamente diferentes [...]" (CHEVALLIER, 2009, p. 12). O autor menciona a "constatação da historicidade de um modelo estatal" (CHEVALLIER, 2009, p. 13), bem como o *culto da razão* e o *primado atribuído ao indivíduo* na construção do Estado Moderno (CHEVALLIER, 2009, p. 14). Entretanto, por óbvio, não serão discutidos os formatos pós-modernos do Estado, propostos pelo autor.

---

13 Silva (1987, p. 1232), verbete "Tipo ideal".
14 Silva (1987, p. 84), verbete "Arquétipo".

3.3 Paradoxos da Administração em face da segurança jurídica e do controle

Estabelecidas as bases teóricas e conceituais dessa abordagem, é hora de se ocupar da tarefa precípua do *Direito Administrativo*: arregaçar as mangas e enfrentar problemas concretos. Essa seria a clássica lição do professor Paulo Neves de Carvalho. Aqueles que se ocupam da Administração Pública seriam *operários do direito*. Embora convivam com diversas teorias e perspectivas, devem, sobretudo, examinar situações concretas, procurar dar respostas e propor soluções. Logo, devem se expor, frequentemente, ao risco do fracasso. Diferentemente dos teóricos. Pois não se fracassa na teoria: no máximo, os teóricos enfrentam discordâncias, pertinentes ou não.

Os que lidam com a Administração Pública, por sua vez, são confrontados com problemas, expõem modelos, esposam ideias, defendem soluções, especialmente no dia a dia de seu ofício. Os resultados de sua atividade podem se traduzir em disfunções, contradições ou danos visíveis e palpáveis. Parece inevitável. Isso gera, para administrativistas e gestores, um sentimento de *insegurança jurídica*, pois podem ser *responsabilizados e punidos* por isso. Ponderar *decisões e resultados*, antever *ações, possíveis danos e punições*, passou a fazer parte, cada vez mais, do raciocínio estratégico das ações que se dão na seara da gestão pública. A lei que se discute (ver *Introdução*, acima) veio para disciplinar, em alguma medida, tais dilemas.

Haveria inúmeros paradoxos nas ações administrativas, especialmente no que se refere ao tema em epígrafe. Quais seriam prioritários para análise? Nesses termos, ter-se-ão como referência objetiva as questões levantadas por Francisco Gaetani (2018), em artigo publicado no jornal **Valor Econômico**, a saber, "A governabilidade da Administração em jogo". As considerações desse autor coadunam com a perspectiva aqui adotada.

O principal paradoxo da Administração, segundo Gaetani, *diz respeito aos seus agentes*: em que pese o enorme poder, capilaridade, disposição de recursos e instrumentos para realizar seu trabalho, os gestores *têm medo de cumprir suas funções e atribuições legais e funcionais*. Não haveria pessoas dispostas a assumir riscos, "não valeria a pena". Esse sentimento adviria do fenômeno da "criminalização da gestão pública". E isso se daria, segundo o autor, pela ação de "órgãos de controle que não dominam a complexidade do assunto" (no caso, o grande tema da *gestão pública*), promovendo o adágio *in dubio pro societate*. Teríamos um *Leviatã* desorientado e despreparado, *destruindo* seus próprios filhos – tal como na tragédia grega, de Eurípedes, que descreve o comportamento insano de Medeia. A imagem é forte e sugere, em certa medida, um Estado autofágico e paranoico, atuando contra si mesmo e contra a sociedade que o sustenta. Isso porque, segundo o autor, "burocracias opacas intimidam o setor público e o privado". E ainda: "ironicamente, o mundo jurídico tornou-se a principal fonte de insegurança jurídica".

Nesses termos, vê-se, sob ameaça, supostamente, o mais importante sustentáculo do próprio Estado e principal *cláusula do contrato social*: a *segurança*. Nesse particular, pode-se destacar a posição de Quintela (2013, p. 22), que, citando Misabel Derzi, vislumbra, ao lado do pluralismo e da complexidade, a ausência de regras, a permissividade, o descrédito generalizado, a incerteza e a indecisão, ocasionando questionamentos acerca de princípios como o da *segurança jurídica*, criando uma *crise de confiança*. Sendo razoável supor que o Estado tem como sustentáculo uma espécie de *contrato*, cuja principal cláusula é a *segurança*, tal quadro é muito grave e tende à *dissolução* do Estado, tal como é conhecido. Ou, pelo menos, o estabelecimento de *outro contrato*, sob novas cláusulas.

Nesse diapasão, conforme afirma Gaetani (2018), o *corporativismo dos estamentos burocráticos* mostrou as imperfeições da democracia brasileira: o Judiciário, o Ministério Público Federal (MPF) e o Tribunal de Contas da União (TCU), órgãos de controle por excelência, seriam "irresponsabilizáveis". Eis o busílis. Ademais, o autor aponta certa "guerra de facções corporativas", cada uma delas, a seu turno, em busca de mais poder e privilégios, em detrimento da sociedade e da legitimidade do Estado. Havendo "uma necessidade mínima de previsibilidade (controle), para o bem da sociedade e da gestão pública", continua Gaetani, "a aplicação do direito *não pode se dar de forma descolada da realidade*". Coincidência ou não, temos exatamente a mesma ideia, de outra lavra, segundo Pires, sob forma de demanda justa e necessária: "[...] de modo a tentar *suavizar a lacuna abissal consolidada entre realidade e normatividade*" (PIRES; COSTA, 2014, p. 375). Se a discussão concorresse no campo da psicanálise, o diagnóstico seria devastador: observam-se indícios de alguma patologia, talvez *esquizofrenia*. No caso, de natureza institucional.

Mas quem seria Gaetani? Teria credenciais para propor um diagnóstico tão desconcertante? Não apenas sua titulação o precede. Presidente da *Escola Nacional de Administração Pública*, professor da Ebape/FGV, ex-secretário executivo de dois diferentes ministérios, doutor pela London School of Economics, Gaetani é tido como *referência* de certo *modelo* de administração pública, segundo Maria Luíza Muniz, pesquisadora do Ipea (Instituto de Pesquisa Econômica Aplicada). Qual seria este modelo?

Segundo Muniz (2015), Gaetani seria "referência nos estudos sobre administração pública, gestão pública e reforma do Estado", destacando "a emergência de novas plataformas tecnológicas": esta seria uma das *pedras de toque* para discutir o assunto. O modelo proposto por Gaetani teria como meta "a construção de um *Estado Moderno*, democrático, participativo, interativo, fundado no binômio *mérito e flexibilidade*" (MUNIZ, 2015, p. 1). Nesse particular, e no mesmo diapasão, o alinhamento à visão de Pires, a respeito do perfil do arcabouço normativo, a presidir o desenvolvimento desse Estado: "Assim, é preciso assinalar que o Direito que exsurge nesse contexto apresenta-se sob os signos da *pluralidade, da flexibilidade, da diversidade, da consensualidade.* Guia-se pelo reconhecimento de múltiplas fontes de normatividade [...]" (PIRES, 2006, p. 149).

Por outro lado, para Gaetani, a burocracia *não* teria o condão de "salvar" a Administração Pública. Precisa-se de "política", especialmente "*Polices*" que viabilizem a discussão de "políticas públicas". Gaetani reconhece a existência de *paradoxos* na Administração e propõe o "enfrentamento dos contraditórios" (GAETANI, 2018). Tais contradições seriam resultado, principalmente, da *convivência de setores modernos e arcaicos*, simultaneamente, na seara federal: "A matriz corporativa do *Estado Novo* está vigente, positiva e operante" (GAETANI, 2018). Os principais inimigos seriam o *clientelismo* e o *nepotismo*. E a obsolescência das capacidades dos servidores (gestores) estaria relacionada com os avanços tecnológicos. *A solução seria proporcionar aos servidores uma formação fortemente atrelada a instituições acadêmicas*, tal como nas democracias avançadas do exterior. Finalmente, o tratamento *desequilibrado*, existente na Administração Pública, em virtude da prioridade remuneratória dada a certas categorias funcionais, reforçaria a ideia de "Estado policial". Um perfil lamentável.

Gaetani aponta, ainda, "a propensão infinita da burocracia ao crescimento", assim como destaca que "tratar governo e mercado como unidades homogêneas não é adequado"

(GAETANI, 2018). Conclui: "*não vamos resolver os problemas sem explicitá-los*" (GAETANI, 2018). Muitas das assertivas apontadas por Gaetani são corroboradas, coincidentemente, pelo ex-ministro e professor Paulo Haddad, em sua coluna publicada no jornal *O Tempo* em janeiro de 2021. Portanto, muitos dos paradoxos aqui apontados não teriam sido desfeitos nos últimos dez anos.

3.4 Contraponto: a Lei de Improbidade Administrativa e a Lei de Responsabilidade Fiscal

Se a recente, e substancial, alteração da LINDB pela Lei n. 13.655/2018 (BRASIL, 2018) introduziu novos conceitos jurídicos, tendentes a mitigar a *insegurança jurídica*, no âmbito da gestão pública, há que ponderar seus possíveis resultados, em face de outras leis de natureza punitiva e afetas, primordialmente, à gestão pública. Especialmente as duas leis em epígrafe, a Lei n.8.429, de 2 de junho de 1992, e a Lei Complementar n.101, de 4 de maio de 2000, respectivamente.

A LINDB sinaliza no sentido de um maior nível de *segurança jurídica* na aplicação de eventuais sanções no controle dos *atos administrativos*. Não se pode julgá-los conforme novas disposições legais, ou a partir de *valores jurídicos abstratos*. Há que sopesar e ponderar os efeitos da decisão, ou sentença, bem como seu alcance. Além de proibir a prática, conhecida, de julgar fatos passados a partir de entendimentos recentes. Os fatos passados devem ser julgados conforme a disciplina da época em que ocorreram. Tudo isso parece óbvio. Mas nem sempre o óbvio prevalece.

No caso da *Lei de Improbidade Administrativa* (BRASIL, 1992), lei cível, mas capaz de gerar pesadas consequências punitivas (patrimoniais, políticas e administrativas), discussões relativas ao tratamento conceitual indistinto, entre condutas *dolosas* ou *culposas*, por exemplo, próprio da lógica dessa lei, têm alimentado a polêmica. Não apenas isso: a ausência de *dosimetria*, ou de ponderação *típica*, entre condutas que geram *danos ao erário*, ou *enriquecimento ilícito*, emerge como outro ponto de discussão. A presença de *conceitos abertos* na *Lei de Improbidade* seria outro inconveniente. Essa discussão está presente, ostensivamente, na justificação do Projeto de Lei n. 10.887/2018, destinado a alterar a *Lei de Improbidade* (LUCENA, 2018), bem como no *Parecer de Primeiro Turno*, sobre esse projeto, e no *Substitutivo* proposto (ZARATTINI, 2018). Em breve, provavelmente, haverá uma nova *Lei de Improbidade.*

Uma das críticas recorrentes à estrutura da *Lei de Improbidade* vigente (crítica que reaparece no *Parecer* do Relator do projeto) seria a presença de *cláusulas abertas*, permitindo a possibilidade de interpretações extensivas, conferindo grande liberdade ao intérprete (na tipificação de condutas ou de bens tutelados), como o uso de *analogias*, por exemplo, a contrário senso das exigências do *princípio da legalidade.* Princípio que preside não apenas o direito administrativo, mas, notadamente, as disciplinas que se prestam a sancionar, tipificar e/ou disciplinar condutas, como o *direito penal* (ou mesmo a citada *Lei de Improbidade* em tela), gênero por excelência a demandar tipificação precisa. As chamadas "cláusulas abertas" permitiriam uma não usual liberdade ao intérprete, gerando a *insegurança jurídica*, como subproduto deletério.

As consequências desses, e de outros, problemas têm-se mostrado dramáticas, contribuindo fortemente para o estado de *insegurança jurídica* atualmente observado na gestão pública: o *Relatório*, do mencionado *Substitutivo* (ZARATTINI, 2018), destaca o seguinte número: "Nos últimos dez anos houve 18,7 mil condenações por *improbidade administrativa*, transitadas em julgado, somente nos tribunais federais"[15]. Somente na Justiça federal. Não foram computadas as ações em andamento, federais ou estaduais, bem como as condenações nos Estados – e nos Municípios. Tampouco as dezenas de milhares de absolvidos que, culpados ou inocentes, viveram o trauma de um processo dessa grandeza. Dezenas de milhares de condenações, outras dezenas de milhares de processados, não melhoraram o ambiente na Administração Pública. Há que buscar outras alternativas. O PL em tela cumpriria tal desiderato? Ou viria a se chocar com o disposto na nova LINDB?

A *Lei de Responsabilidade Fiscal* (BRASIL, 2000), por sua vez, *lei complementar* com dispositivos punitivos, expressos no *Código Penal,* teria o condão de apenar *crimes de mera conduta*[16], por exemplo, que não supõem discussões relativas a *dolo*, *culpa* ou mesmo *erro grosseiro*. Não se prevê, no caso, a discussão ordinária de *excludentes de ilicitude*, sejam quais forem. A simples ausência da elaboração de uma *estimativa de impacto financeiro-orçamentário*, por exemplo, nos casos em que seria exigida pela citada lei, ensejaria a punição do agente. Fim da discussão. Estaria em patamar legal superior à nova LINDB, por ser *lei complementar*. Isso se aplicaria aos efeitos punitivos, de ordem penal?

3.5 Conclusão

Este capítulo dedicou-se a discutir aspectos do grande tema da *segurança jurídica*, no âmbito de alguns limites conceituais, teóricos e históricos relativos à gênese e fundamentos do *Estado moderno,* tendo como *pano de fundo*

---

[15] Zaratini (2018), folhas 10 do *Parecer*.

[16] Essa discussão é realizada em três diferentes obras, além de outras: Fernandes (2002), Leonardo (2001) e Motta (2000).

a Lei n. 13.655/2018, que altera substancialmente a LINDB, com o objetivo principal de conferir mais *segurança* à operacionalização da Administração Pública. Especificamente, alguns *paradoxos* da Administração Pública, nessa seara, foram abordados.

O autor, Senador Antonio Augusto Junho Anastasia, na *apresentação* de seu Projeto de Lei n. 7.448/2017 (originário do Projeto de Lei n. 349/2015 e que resultou na mudança da LINDB), pontuou: "Um problema atual do Brasil é a incapacidade de o Estado gerar confiança nas pessoas, nas empresas e no chamado *Terceiro Setor*. Ou melhoramos nosso ambiente institucional ou o Estado será o inimigo, jamais um parceiro". Acrescenta: "[...] o ambiente institucional tem de ser capaz de conciliar as mudanças e controles com o valor da *segurança jurídica*, evitando que pessoas e organizações vivam em permanente risco e instabilidade. Em nosso País, temos falhado quanto a isso" (ANASTASIA, 2017). O exposto neste estudo parece corroborar tais afirmações. À guisa de arremate da pesquisa, busca-se direcionar o foco para o horizonte fenomenológico e pragmático para mostrar que, aparentemente, tem-se falhado na realização do desiderato apontado pelo senador. Segundo o Professor Paulo Haddad (2021), em seu recente artigo aqui citado, continua-se falhando. Seria possível dizer, por outro lado, que as falhas têm aumentado. Não apenas no que se refere à gestão pública e ao governo federal: há que considerar a presente crise sanitária, entre outras, e suas consequências, seguramente trágicas. Outros resultados espraiam-se perigosamente para o ambiente econômico. No dia 11 de janeiro de 2021, por exemplo, foi anunciado o encerramento das atividades da *Ford do Brasil*, a mais antiga montadora de veículos em atividade no País. Curiosamente, as atividades da empresa, no Uruguai e na Argentina, terão continuidade, países cuja economia, escala, recursos, tecnologia e mercado representam uma fração da economia brasileira. Por quê? Segundo Renato Fonseca (2021), diretor executivo de economia na Confederação Nacional da Indústria (CNI), em entrevista dada à rede CNN na noite do dia 11 de fevereiro de 2021, o principal motivo para o fechamento da *Ford do Brasil* seria o ambiente de "insegurança jurídica" do País. Segundo consta, esse seria um *indicador* que compõe o índice do "risco Brasil".

Em razão disso, ouviu-se a opinião do atual *analista* da indústria automobilística, Carlos Eugênio Dutra (2021), ex-diretor de uma montadora no Brasil, que por cerca de 39 anos trabalhou na fabricação de veículos. Esse ex-diretor, que também atuou na Argentina, na África do Sul e participou da fusão de conglomerados industriais, afirmou que os custos operacionais das montadoras no Brasil são *substancialmente* menores que os apurados tanto no Uruguai quanto na Argentina, em razão do custo dos *insumos* e em função da *produtividade* auferida. Logo, conclui-se que o ambiente interno de *insegurança jurídica* seria muito grave e teria contribuído para a decisão da montadora *Ford*.

Haveria mais problemas. Matérias jornalísticas publicadas nos jornais **Valor Econômico** e **O Tempo**[17] reportam um quadro de crise no Ministério da Economia, motivado pelo fenômeno conhecido como "apagão das canetas"[18]. Servidores do segundo e terceiro escalões ameaçavam debandada, renunciando a cargos cujo exercício implique *responsabilidade funcional*, no âmbito da execução orçamentária. Isso

---

[17] **Valor Econômico**, 6 de abril de 2021, matéria publicada na capa, com chamada para a página A8 e outra publicada na página A2, intitulada "Apagão das canetas". No jornal **O Tempo**, do dia 7 de abril, há publicação sobre temática semelhante, na p. 7.

[18] Uma das matérias do **Valor**, do dia 6 de abril de 20121, p. A2, tem exatamente esse título.

por estarem temerosos de serem alcançados, e punidos, pela *Lei de Improbidade Administrativa* e, especialmente, pela *Lei de Responsabilidade Fiscal*, pois esta poderia levar até mesmo a penas de prisão.

É hora de enfrentar seriamente esse imbróglio. Talvez disso dependa o futuro do Brasil.

3.6 Referências

ANASTASIA, Antonio Augusto Junho. **Projeto de Lei n. 7.448/2017**. Inclui no Decreto-Lei n. 4.657, de 4 de setembro de 1942 (Lei de Introdução às Normas do Direito Brasileiro), disposições sobre segurança jurídica e eficiência na criação e na aplicação do direito público. Brasília: Senado Federal, 19 abr. 2017. Disponível em: https://www.camara.leg.br/proposicoesWeb/fichadetramitacao?idProposicao=2130119. Acesso em: 23 abr. 2021.

ANDERSON, Perry. **Passagens da Antiguidade ao Feudalismo**. Porto: Afrontamento, 1982.

BRASIL. **Decreto-Lei n. 4.657, de 4 de setembro de 1942.** Lei de Introdução às normas do Direito Brasileiro. Brasília, DF: Presidência da República, [1942]. Disponível em: http://www.planalto.gov.br/ccivil_03/decreto-lei/del4657.htm. Acesso em: 23 abr. 2021.

BRASIL. **Lei n. 8.429, de 2 de junho de 1992.** Dispõe sobre as sanções aplicáveis aos agentes públicos nos casos de enriquecimento ilícito no exercício de mandato, cargo, emprego ou função na administração pública direta, indireta ou fundacional e dá outras providências. Brasília, DF: Presidência da República, [1992]. Disponível em: http://www.planalto.gov.br/ccivil_03/leis/l8429.htm#:~:text=LEI%20N%C2%BA%208.429%2C%20DE%202%20DE%20JUNHO%20DE%201992&text=Disp%C3%B5e%20sobre%20as%20san%C3%A7%C3%B5es%20aplic%C3%A1veis,fundacional%20e%20d%C3%A1%20outras%20provid%C3%AAncias. Acesso em: 23 abr. 2021.

BRASIL. **Lei n. 13.655, de 25 de abril de 2018.** Inclui no Decreto-Lei n. 4.657, de 4 de setembro de 1942 (Lei de Introdução às Normas do Direito Brasileiro), disposições sobre segurança jurídica e eficiência na criação e na aplicação do direito público. Brasília, DF: Presidência da República, [2018]. Disponível em: http://www.planalto.gov.br/ccivil_03/_ato2015-2018/2018/lei/L13655.htm. Acesso em: 23 abr. 2021.

BRASIL. **Lei Complementar n. 101, de 4 de maio de 2000.** Estabelece normas de finanças públicas voltadas para a responsabilidade na gestão fiscal e dá outras providências. Brasília, DF: Presidência da República, [2000]. Disponível em: planalto.gov.br/ccivil_03/leis/lcp/lcp101.htm. Acesso em: 23 abr. 2021.

BOBBIO, Norberto. **A teoria das formas de governo**. 3. ed., Brasília: Ed. UNB, 1983.

BOBBIO, Norberto. **Dicionário de política**. Verbete *Estado Moderno*. 2. ed., Brasília: Ed. UNB, 1986.

BOTTOMORE, Tom. **Dicionário do pensamento marxista**. 2. ed., Rio de Janeiro: Zahar, 1988.

CHEVALLIER, Jacques. **O Estado pós-moderno**. Belo Horizonte: Fórum, 2009.

DUTRA, Carlos Eugênio Fonseca. Depoimento pessoal. 11 jan. 2021.

FALCON, Francisco; MOURA, Gerson. **A formação do mundo contemporâneo**. 6. ed. rev. Rio de Janeiro: Campus, 1985.

FAORO, Raymundo. **Os donos do poder**. Porto Alegre: Globo, 1984. v. 1.

FERNANDES, Florestan (org.). **Marx e Engels**. Organização e tradução Florestan Fernandes. São Paulo: Ática, 1983.

FERNANDES, Jorge Ulisses Jacoby. **Responsabilidade fiscal**: questões práticas. 2. ed. rev. Brasília: Brasília Jurídica, 2002.

FINER, Samuel. **Governo comparado**. Brasília: Ed. UnB, 1981.

FONSECA, Renato. Diretor de Economia da Confederação nacional da Indústria. **Entrevista concedida à rede de TV CNN,** 11 jan. 2021.

FREUD, Sigmund. **Mal-estar da civilização**. Tradução Paulo Souza. São Paulo: Penguin: Cia. das Letras, 2011.

GAETANI, Francisco. A governabilidade da Administração em jogo. **Valor Econômico**. 20 abr. 2018. Disponível em: https://valor.globo.com/opiniao/coluna/a-governabilidade-da-administracao-em-jogo.ghtml. Acesso em: 4 jan. 2021.

GIBBON, Edward. **Declínio e queda do Império Romano**. São Paulo: Cia. das Letras, 2017.

GIDDENS, Anthony. **A estrutura de classes das sociedades avançadas**. Rio de Janeiro: Zahar, 1975.

HESPANHA, António Manuel (coord.). **História de Portugal**: o antigo regime. Lisboa: Editorial Estampa, 2004. v. 4.

HOBBES, Thomas. **O Leviatã**. Tradução João Monteiro e Maria Silva. São Paulo: Abril Cultural, Editor: Victor Civita, 1983 (Col. Os Pensadores).

JORNAL **Valor Econômico**, 6 abr. 2021. Apagão das canetas. Matéria publicada na capa, com chamada para a página A8 e página A2.

JORNAL **O Tempo**, 7 jan. 2021. p. 2. A gestão pública. Coluna de Paulo Haddad.

JORNAL **O Tempo**, 7 abr. 2021. p. 7. Impasse no orçamento de 2021 atrasa até 13° dos aposentados.

KAPLAN, Marcos. **Formação do Estado nacional**. Rio de Janeiro: Livraria Eldorado, 1974.

LEONARDO, Marcelo. **Crimes de responsabilidade fiscal**. Belo Horizonte: Del Rey, 2001.

LOCKE, John. **Segundo tratado sobre o governo**. São Paulo: Abril Cultural, Editor: Victor Civita, 1983 (Col. Os Pensadores).

LUCENA, Roberto de. Deputado federal, autor do PL n. 10.887/2018. **Portal da Câmara dos Deputados**. [2018]. Brasília, DF.

MANN, Charles. **1491**: novas revelações das américas antes de Colombo. Tradução Renato Aguiar. Rio de Janeiro: Objetiva, 2007.

MOTTA, Carlos Pinto Coelho *et al*. **Responsabilidade fiscal**: Lei complementar 101 de 04.04.2000. Belo Horizonte: Del Rey, 2000.

MUNIZ, Maria Luíza. **A agenda contemporânea de gestão pública e seus destinos, na visão de Francisco Gaetani**. 20 nov. 2015. Disponível em: repositorio.ipea.gov.br. Acesso em: 4 jan. 2021.

PIRES, Maria Coeli Simões. A revisão paradigmática do Estado e do direito: um exercício em prol da democratização do sistema administrativo. *In*: LIMA, Sérgio Mourão (coord.). **Temas de direito administrativo**. Rio de Janeiro: Forense, 2006.

PIRES, Maria Coeli Simões; COSTA, Mila Batista Leite Corrêa da. O Supremo Tribunal Federal e a Lei Complementar n. 100/2007-MG. Ação Direta de Inconstitucionalidade n. 4.876 e epistemologias do cotidiano. *In*: PEREIRA, Flávio Henrique Unes *et al*. (coord.). **O direito administrativo na jurisprudência do STF e do STJ**. Belo Horizonte: Fórum, 2014. p. 369-376.

QUINTELA, Guilherme Camargo. **Segurança jurídica e proteção da confiança**: a justiça prospectiva na estabilização das expectativas no direito tributário brasileiro. Belo Horizonte: Fórum, 2013.

ROUSSEAU, Jean-Jacques. **Do contrato social** e **Discurso sobre a origem e os fundamentos da desigualdade entre os homens**. Tradução Lourdes Santos Machado. São Paulo: Abril Cultural, Editor: Vitor Civita, 1983 (Col. Os Pensadores).

SCHMITT, Carl. **O guardião da Constituição**. Tradução Geraldo de Carvalho. Apresentação do ministro (STF) Gilmar Mendes. Belo Horizonte: Del Rey, 2007.

SILVA, Benedicto (coord.). **Dicionário de ciências sociais**. 2. ed. Rio de Janeiro: Ed. Fundação Getulio Vargas, 1987.

USA Patriot Act, assinado pelo ex-presidente George W. Bush, em 26 de outubro de 2001. Renovado por Barack Obama, em 27 de julho de 2011. Com algumas alterações, foi confirmado pelo Congresso norte-americano, em 2015, sob a denominação de USA Freedom Act. Disponível em: www.history.com/topics/21st/patriot-act. Acesso em: 4 jan. 2021.

ZARATTINI, Carlos. Deputado federal, relator da Comissão Especial, destinada a proferir parecer ao Projeto de Lei n. 10.887/2018. **Portal da Câmara dos Deputados**. Brasília, DF, [2018].

Informação bibliográfica deste texto, conforme NBR 6023:2002 da Associação Brasileira de Normas Técnicas (ABNT):

TEIXEIRA, Marco Antônio Andere. Capítulo 3 – Paradoxos da administração pública: segurança jurídica e controle. *In*: PIRES, Maria Coeli Simões; BITENCOURT NETO, Eurico; GUIMARÃES, Dayana Alves (coord.). **Segurança jurídica e controle da Administração:** panorama geral e comentários sobre a Lei n. 13.655/2018 (LINDB). Belo Horizonte: Del Rey, 2022. p. 133-154. ISBN 978-65-00-38426-0.

2ª PARTE

SEGURANÇA JURÍDICA E NORMAS DE DIREITO PÚBLICO

COMENTÁRIOS
À LEI N. 13.655/2018

CAPÍTULO 1

INTRODUÇÃO À SEGUNDA PARTE

ARTHUR ELIAS DE MOURA VALLE
BRUNA DE PAULA FERREIRA COSTA
MAURÍCIO VIANA DA SILVA REIS ROSA
RENATA FARIA SILVA LIMA

"Não importa o quanto você vá devagar, desde que não pare."
Confúcio

"A fragilidade e a brevidade da vida levam os seres humanos a, quase que instintivamente, garimpar por alguma solidez em rios de incerteza e acaso", sendo certo que o Direito surge para afirmação da "segurança" (QUINTELA, 2013, p. 25), servindo como instrumento para configurar a realidade de determinada sociedade e dar-lhe a almejada segurança jurídica.

Foi precisamente com o objetivo de fortalecer o Direito como sistema abrangente de ordenação e equilíbrio das relações no bojo da sociedade brasileira e no contexto de severas incertezas e de tensões, especialmente nas interfaces com a Administração Pública, que, no dia 30 de dezembro de 2010, a Lei n. 12.376, de apenas três artigos, alterou a ementa do

Decreto-lei n. 4.657/1942 (BRASIL, 1942), que deixou de ser denominado Lei de Introdução ao Código Civil e passou a se chamar Lei de Introdução às Normas do Direito Brasileiro (LINDB).

De acordo com a exposição de motivos do Projeto de Lei (PL) n. 6.303/2005 (BRASIL, 2005), que deu origem à lei citada, é amplamente reconhecido pela doutrina e jurisprudência pátrias que essa norma possui um espectro de aplicação mais amplo do que anteriormente se previa, afinal ela é considerada uma *lex legum*, ou seja, uma norma de sobredireito, que disciplina as próprias normas jurídicas. Assim, o Decreto-lei n. 4.657/1942, após as alterações nele feitas pela Lei n. 12.376/2010 (BRASIL, 2010), passou a incidir – agora sem qualquer sombra de dúvida – em todo o ordenamento jurídico brasileiro, inclusive no âmbito do Direito Administrativo.

A partir dessa mudança, e buscando tratar do importante tema da interpretação e aplicação do direito público brasileiro à luz da segurança jurídica, foram incluídos, pela Lei n. 13.655, de 25 de abril de 2018 (BRASIL, 2018), dez artigos no Decreto-lei n. 4.657/1942.

Segundo o Parecer da Comissão de Constituição e Justiça e de Cidadania da Câmara dos Deputados (BRASIL, 2017), proferido durante o trâmite legislativo do PL n. 349/2015 (BRASIL, 2015), o que se busca é aprimorar a qualidade das decisões dos órgãos administrativos, judiciais e de controle, ao garantir que essas autoridades não mais tomarão decisões com base em cláusulas gerais e conceitos jurídicos abstratos, ao tornar expressas algumas regras e princípios de interpretação e decisão e ao dar concretude ao princípio da motivação. Ademais, objetiva-se, também, trazer mais segurança jurídica ao gestor público, por meio da imposição ao controlador da obrigação de avaliar na motivação as consequências práticas de sua decisão e da previsão de sua não responsabilização quando a respectiva decisão for amparada por jurisprudência ou doutrina ainda não pacificadas, mesmo que a tese contrária venha a prevalecer posteriormente nos tribunais ou órgãos de controle judiciais. Ainda, privilegia-se o cidadão como participante da gestão pública, garantindo a ele o direito a normas de transição proporcionais e adequadas, a um regime para que as negociações entre autoridades públicas e particulares ocorram de forma transparente e eficiente e, por fim, a realização de consulta pública prévia para manifestação dos interessados, em caso de edição de normas de caráter geral por autoridade administrativa.

A necessidade dessa alteração legislativa funda-se nas transformações do papel do Estado no decorrer dos anos. Ele, embora tenha surgido em um formato Liberal, experimentou diversas modificações, e, em um contexto de Constitucionalização do Direito, adquiriu o papel de Estado Social (ou do Bem-Estar), ampliando-se significativamente o rol de direitos fundamentais dos indivíduos, que deveriam ser por ele garantidos. Na sequência, com o objetivo de corrigir algumas impropriedades do Estado Social (que ainda feria algumas garantias individuais e prescindia da efetiva participação popular), surgiu o Estado Democrático de Direito, assentado nos pilares dos direitos fundamentais e também da democracia.

Por conta disso, tonaram-se imprescindíveis novas soluções para efetividade dos direitos fundamentais constitucionais, que deveriam ser garantidos por meio da atuação positiva da Administração Pública. Essa busca, todavia, não foi fácil, dado que constantemente esbarrava em dificuldades relacionadas com a extensão da discricionariedade na atuação administrativa e com os desafios da implementação de conceitos jurídicos indeterminados, que, tomados, em grande medida, no campo discricional, estavam sujeitos a interpretações nem sempre acatadas pelos órgãos controladores.

Vivia-se o impasse: de um lado, o Estado aplicava a lei por seus vieses interpretativos com foco na materialização de direitos, e, de outro, a atuação estatal era extremamente limitada pelo Princípio da Legalidade e pelas injunções do controle. Verificava-se, então, expressamente, a existência de uma colisão entre a necessidade da universalização de direitos e da consequente ampliação da atuação estatal e as formas tradicionais de operacionalização de controle existentes.

Passou-se, então, a reconhecer que o controle não poderia ser um fim em si mesmo, devendo atuar com atenção voltada para a concretização da finalidade do Estado, sem deixar de lado as verificações da regularidade da atuação administrativa. Não caberia, assim, à Administração Pública exercer sua função de forma a simplesmente cumprir os formalismos a ela impostos, mas propugnar pela eficácia e eficiência de sua atuação. E foi nesse contexto que, mais tarde, dez novos artigos foram inseridos no Decreto-lei n. 4.657/1942.

Diante disso, a segunda parte da presente obra se propõe a analisar essas importantes alterações feitas pela Lei n. 13.655/2018 no Decreto-lei n. 4.657/1942, a partir das considerações iniciais e da compreensão de elementos da chamada crise de segurança jurídica da Administração Pública na interface com o controle, considerando as polêmicas já instaladas em torno das suas disposições.

Para o alcance desse objetivo, buscar-se-á, inicialmente, uma leitura contextualizada dessa crise por que passa o setor público, com foco no processo comunicativo. Atualmente, verifica-se um movimento do Estado no sentido da superação de sua postura meramente imperativa e unilateral na gestão da coisa pública, por meio da aplicação dos princípios democráticos e de mecanismos de participação voltados para a formação da vontade coletiva. Esse processo, contudo, está sujeito a tensões, considerando, de um lado, a existência de uma pressão para que a atuação da administração ocorra com eficiência, e, de outro, o imperativo de que o controle seja realizado pelos órgãos competentes, com vistas a garantir o respeito ao ordenamento jurídico.

Ainda, intentar-se-á enquadrar os estudos acerca da construção e da interpretação dos dispositivos da LINDB nos Discursos de Justificação e de Aplicação de Klaus Günther, apontando-se, notadamente, as peculiaridades do ponto de vista da Legística, mas, também, suplementos da hermenêutica. Isso porque, nos termos do princípio da universalização "U" e da teoria de justificação de Klaus Günther, apesar de toda norma válida ter que preencher a condição de ser aceita por todos os interessados, sem a utilização de mecanismos de coação, é impossível prever, quando da sua elaboração, todas as situações fáticas passíveis de serem concretizadas. Disso decorre que o discurso de justificação é relevante para a ampliação da base de legitimação das soluções sinalizadas pela norma, mas não é suficiente para sua adequada aplicação.

A Legística pode, pois, arrimar a confiança dos cidadãos no processo de construção normativa por meio de instrumentos próprios, dado que o processo legislativo, quando realizado a partir da utilização de diversas fontes de diálogo, com a participação dos inúmeros atores sociais, tende a projetar o reconhecimento dos destinatários das soluções no tracejamento das balizas prescritivas de caráter genérico, fazendo renascer a crença da população na lei e na democracia.

Ademais e, em síntese, será trazida à baila a conceituação de norma jurídica, sob o prisma de insignes juristas e filósofos que contribuem para a conformação e o aperfeiçoamento do Direito, enquanto ciência aplicada, de modo a viabilizar a ulterior interpretação da expressão “normas expletivas”.

Ainda, investigar-se-ão, em especial, a natureza e o alcance da segurança jurídica e da eficiência oriundos das previsões trazidas pela Lei n. 13.655/2018, os quais serão aliados aos princípios da transparência e da confiança legítima para justificar o delineamento da atuação dos órgãos de controle da Administração, a fim de evitar surpresas e excessos no seu exercício, promovendo a sua modernização.

Noutro vértice, o presente estudo contemplará o antagonismo estabelecido por uma parcela da doutrina que atua sob a ótica da defesa das atribuições dos órgãos de controle, apresentando críticas a essa recente inovação legislativa, o que, notadamente, representa, em algum nível, risco à eficácia pretendida pelo legislador na concepção da sobredita norma.

Serão feitos comentários gerais sobre as disposições do marco legal, com o propósito de demonstrar que a intenção da norma é obter melhorias da qualidade da atividade decisória, servindo como um vetor de transformação na medida em que propulsa os intérpretes a desenvolverem esforços hermenêuticos para observância de parâmetros nela estabelecidos.

Realçar-se-ão, ainda, os conceitos jurídicos indeterminados em contraste com o consequencialismo jurídico e os obstáculos ou dificuldades reais enfrentados pela autoridade responsável por decidir, sob o pálio axiológico, da motivação e de outros contornos ligados à autotutela, observados, no que couber, outros critérios, tais como a razoabilidade e a proporcionalidade, conforme previsões dos artigos 20, 21 e 22 da LINDB.

A mencionada motivação já integra o regime jurídico administrativo, mas, agora, deixa-se clara a necessidade, segundo Carvalho (2018), de explicitar a situação fática e o fundamento específico (técnico) e jurídico dos atos administrativos, devendo-se, para tanto, considerar os efeitos que se pretende produzir, exigindo-se, portanto, da autoridade uma visão prospectiva, em atendimento à adequada alocação de recursos finitos. Afinal, o dever de motivar as tomadas de decisões na seara pública resguarda o condão republicano corolário do Estado Democrático de Direito e representa a possibilidade de remodelação da prática administrativa, sendo essencial à segurança jurídica almejada.

Em privilégio à segurança jurídica, o presente trabalho também passará pela interpretação do Direito no tempo, conteúdo cujo enfoque foi dado pelo *novel* artigo 23 da LINDB, que trata especialmente da hermenêutica envolvendo textos normativos com conceitos indeterminados.

Nesse processo interpretativo, conforme leciona Humberto Ávila (2019, p. 50), a reconstrução dos sentidos acaba por gerar novas normas que, se fossem de imediato aplicadas, poderiam causar grave insegurança jurídica, notadamente nos casos em que imponham novo dever ou novo condicionamento de direito.

Em casos tais, a Lei n. 13.655/2018, sem qualquer pretensão de impedir a evolução interpretativa, positivou um ônus à autoridade decisória, qual seja, o de prever, em sua decisão, um regime de transição para aquela nova interpretação, tal qual a *vacatio legis* das leis *stricto sensu* e a já mencionada modulação dos efeitos das decisões prevista no artigo 27 da Lei n. 9.868/1999 (BRASIL, 1999).

Esse regime de transição, que será objeto de análise mais profunda ao longo do estudo, deverá seguir os preceitos do artigo 7° do Decreto n. 9.830/2019 (BRASIL, 2019), destacando-se a necessidade de previsão dos seus destinatários, das medidas administrativas a serem adotadas e dos prazos para aplicação.

Igualmente, visando à melhor aplicação do Direito no tempo, a LINDB foi acrescida do artigo 24, que, como se demonstrará, conjuga o princípio da juridicidade, entendido como o desenvolvimento da legalidade, e o tão invocado princípio da segurança jurídica, tanto em seu aspecto objetivo quanto no subjetivo.

A nova disposição interpretativa, aplicável às decisões que intentem a revisão de atos administrativos *lato sensu* cujos efeitos já tenham sido produzidos, determina que sejam observadas, para fins de controle da legalidade, as orientações gerais da época em que editados, vedando, ainda, o uso de nova interpretação para a invalidação de situações já constituídas.

E, a fim de não renunciar à juridicidade, a referida legislação também cuidou de abordar o que se entende por "orientações gerais", alçando ao nível de proteção apenas aquelas contidas em atos públicos de caráter geral, aquelas decorrentes de jurisprudência majoritária e aquelas adotadas reiterada e publicamente pela Administração.

Noutro giro, esta coletânea de artigos também contemplará a valorização da consensualidade, especificamente em relação à Administração Pública, reconhecida e positivada pela Lei n. 13.655/2018, notadamente com o acréscimo do artigo 26 à LINDB, prestigiando um crescente movimento administrativista pela concertação administrativa.

Com essa nova disposição, o Estado passa a contar com autorização legal, ampla e genérica para a adoção de meios consensuais de resolução de conflitos, também para sanar irregularidades ou incertezas jurídicas na aplicação das normas de direito público, mesmo que digam respeito ao exercício de poder de polícia.

De outro lado, como forma de coibir eventual desvio na atuação dos órgãos e agentes de controle, tema que também será estudado nesta obra, destaca-se o artigo 27 da LINDB, estatuindo o cabimento da reparação de danos a favor da parte anormal ou injustamente prejudicada, interpretação que se coaduna com a do ilustre administrativista Carlos Ari Sundfeld (SUNDFELD; VORONOFF, 2018).

Tal disposição, reforçando uma vez mais o consensualismo na Administração Pública, vem acompanhada da possibilidade de, constatado o direito à compensação, ser celebrado compromisso específico para tal fim.

Ainda, dentre os dispositivos incluídos pela Lei n. 13.655/2018 para promover a segurança jurídica e incorporar os avanços jurisprudenciais havidos desde a publicação do Decreto-lei n. 4.657/1942, será estudado o 28, que trata da responsabilização dos agentes públicos por suas decisões ou opiniões técnicas, apenas em caso de dolo ou erro grosseiro.

O artigo 28 tem como objetivo evitar "a responsabilização injusta de autoridade em caso de revisão de suas decisões" (SUNDFELD; MARQUES NETO, 2015), diante da crescente desproporcionalidade do controle e das sanções aplicadas aos gestores públicos, indicada como um dos fatores para a inércia da Administração Pública, referenciada como o "apagão das canetas".

Com efeito, ao limitar a responsabilização do agente público, por dolo ou erro grosseiro, busca-se enfrentar o problema da insegurança jurídica, que provoca a paralisação ou a lentidão na tomada de decisões importantes para a sociedade, lembrando que a atuação deles ultrapassou a concepção inicial de aplicação direta e estrita da lei e restando ampliado o escopo de sua discricionariedade, com o aprofundamento da democracia, a elevação dos princípios como normas jurídicas e a deslegalização, ou seja, a edição de leis menos voltadas a pormenores e especificidades, diante da complexidade, cada vez maior, da sociedade e de seus problemas.

Nesse contexto, também será analisado o tema da responsabilidade dos advogados públicos pela opinião técnica que emitem para embasar decisões da Administração Pública, quando considerada ilegal a decisão pelos órgãos de controle.

Ainda será tema deste estudo o artigo 29, que, de forma inovadora, prevê o alargamento do uso da consulta pública para embasar a edição dos atos normativos por autoridade administrativa de qualquer órgão ou Poder (decorrentes do poder regulamentar previsto no artigo 84, inciso IV, da Constituição Federal - BRASIL, 1988), mostrando-se, pois, um instrumento democratizante e um avanço na processualidade para a edição desses atos normativos.

Nessa linha, juristas defendiam que a edição de atos normativos pertinentes à esfera de direitos dos administrados deveria necessariamente ser precedida de consulta pública (Marques Neto; Freitas, 2018).

Além disso, será analisado o artigo 30, que dispõe sobre o dever de incremento da segurança jurídica, principalmente pela observância dos precedentes na aplicação de normas e princípios de Direito Público para a tomada de decisões. O legislador considerou os fenômenos da indeterminação na atividade decisória estatal, a constante incerteza e a imprevisibilidade nas soluções delineadas pelo Poder Público, em que não se aplicam os critérios de hermenêutica, de racionalidade e de proporcionalidade.

Por fim, será abordado o artigo 19 do Decreto n. 9.830/2019, que prevê a atuação das autoridades públicas, com vistas a aumentar a segurança jurídica, por meio de normas complementares, orientações normativas, súmulas, enunciados e repostas a consultas, que terão caráter vinculante em relação ao órgão ou à entidade da administração pública a que se destinarem, até ulterior revisão. Com essa vinculação dos órgãos e entidades administrativas a regulamentos, súmulas e respostas a consultas, busca-se a coerência entre as decisões e a estabilidade em função delas, impossibilitando que casos semelhantes tenham decisões divergentes.

Para atingir o que se propõe, optou-se por realizar uma pesquisa descritiva, utilizando-se da investigação documental e da análise bibliográfica.

Assim, tem-se que a segunda parte da obra encontra-se estruturada em 10 capítulos, incluindo esta introdução. No capítulo 2, trata-se da crise da Administração pública expressa no processo comunicativo: pressão das demandas por eficiência X controles. No capítulo 3, discorre-se acerca do Projeto de Lei n. 349/2015, o Discurso de Justificação e a processualidade: peculiaridades do ponto de vista da Legística. No capítulo 4, disserta-se sobre a opção político-jurídica por um núcleo de "disposições sobre segurança jurídica e eficiência na criação e na aplicação ao direito público" – natureza e alcance das normas. No capítulo 5, são apresentados comentários gerais sobre as disposições do marco legal. No capítulo 6, trata-se dos valores jurídicos abstratos X consequências práticas e dificuldades reais, sob o pálio da motivação e de outras balizas de autotutela (artigos 20, 21 e 22). No capítulo 7, analisam-se as cautelas relacionadas com a nova interpretação, sinalizando-se com a irretroatividade e um regime de transição (artigos 23 e 24). No capítulo 8, aborda-se a consensualização: compromisso de regularização e compromisso processual para compensação (artigos 26 e 27). No capítulo 9, apontam-se os avanços na processualidade de edição de atos normativos e instrumentos diversos de segurança jurídica (artigos 29 e 30). Por último, serão desenvolvidas as considerações finais, que buscarão assinalar as importantes alterações feitas pela Lei n. 13.655/2018, no Decreto-lei n. 4.657/1942, na tentativa de solução da chamada crise de segurança jurídica da Administração Pública na interface com o controle.

1.1 Referências

ÁVILA, Humberto. **Teoria dos princípios**: da definição à aplicação dos princípios jurídicos. 19. ed. rev. e atual. São Paulo: Malheiros, 2019.

BRASIL. Câmara dos Deputados. Comissão de Constituição e Justiça e de Cidadania. **Parecer da Comissão**, de 24 out. 2017. Dispõe sobre o Projeto de Lei n. 7 448, de 2017. Brasília: Câmara dos Deputados, 2017. Disponível em: https://www.camara.leg.br/proposicoesWeb/prop_mostrarintegra?codteor=1614971&filename=Avulso+-PL+7448/2017. Acesso em: 23 abr. 2021.

BRASIL. Câmara dos Deputados. **Projeto de Lei (PL) n. 6.303/2005**. Altera a ementa do Decreto-Lei n. 4.657, de 4 de setembro de 1942. Brasília: Câmara dos Deputados, 2005. Disponível em: https://www.camara.leg.br/proposicoesWeb/prop_mostrarintegra;jsessionid=node01jrrydu16766mo0wyqajkv2xw15147613.node0?codteor=360783&filename=PL+6303/2005. Acesso em: 23 abr. 2021.

BRASIL. **Constituição da República Federativa do Brasil**. Brasília, DF: Presidência da República, [1988]. Disponível em: http://www.planalto.gov.br/ccivil_03/constituicao/constituicao.htm. Acesso em: 23 abr. 2021.

BRASIL. **Decreto-lei n. 4.657, de 4 de setembro de 1942**. Lei de Introdução às Normas do Direito Brasileiro. Brasília, DF: Presidência da República, [1942]. Disponível em: http://www.planalto.gov.br/ccivil_03/decreto-lei/del4657compilado.htm. Acesso em: 23 abr. 2021.

BRASIL. **Decreto n. 9.830, de 10 de junho de 2019**. Regulamenta o disposto nos art. 20 ao art. 30 do Decreto-Lei n. 4.657, de 4 de setembro de 1942, que institui a Lei de Introdução às normas do Direito brasileiro. Brasília, DF: Presidência da República, [2019]. Disponível em: http://www.planalto.gov.br/ccivil_03/_ato2019-2022/2019/decreto/D9830. Acesso em: 23 abr. 2021.

BRASIL. **Lei n. 9.868, de 10 de dezembro de 1999**. Dispõe sobre o processo e julgamento da ação direta de inconstitucionalidade e da ação declaratória de constitucionalidade perante o Supremo Tribunal Federal. Brasília, DF: Presidência da República, [1999]. Disponível em: http://www.planalto.gov.br/ccivil_03/leis/l9868.htm. Acesso em: 23 abr. 2021.

BRASIL. **Lei n. 12.376, de 30 de dezembro de 2010.** Altera a ementa do Decreto-Lei n. 4.657, de 4 de setembro de 1942. Brasília, DF: Presidência da República, [2010]. Disponível em: http://www.planalto.gov.br/ccivil_03/_Ato2007-2010/2010/Lei/L12376.htm#art2. Acesso em: 23 abr. 2021.

BRASIL. **Lei n. 13.655, de 25 de abril de 2018.** Inclui no Decreto-Lei n. 4.657, de 4 de setembro de 1942 (Lei de Introdução às Normas do Direito Brasileiro), disposições sobre segurança jurídica e eficiência na criação e na aplicação do direito público. Brasília, DF: Presidência da República, [2018]. Disponível em: https://www.planalto.gov.br/ccivil_03/_ato2015-2018/2018/lei/l13655.htm. Acesso em: 23 abr. 2021.

BRASIL. Senado Federal. **Projeto de Lei n. 349, de 2015.** Inclui, na Lei de Introdução às Normas do Direito Brasileiro (Decreto-lei n. 4.657, de 1942), disposições sobre segurança jurídica e eficiência na criação e aplicação do direito público. Brasília: Senado Federal, 2015. Disponível em: https://www25.senado.leg.br/web/atividade/materias/-/materia/121664. Acesso em: 23 abr. 2021.

CARVALHO, Raquel. A lei 13.655/2018 e o dever de motivação pela administração pública na LINDB. **Blog Pessoal**. 12 ago. 2018. Disponível em: http://raquelcarvalho.com.br/2018/08/12/a-lei-13-655-2018-e-o-dever-de-motivacao-pela-administracao-publica-na-lindb/. Acesso em: 22 abr. 2021.

MARQUES NETO, Floriano de Azevedo; FREITAS, Rafael Véras de. A função normativa da Administração Pública e a Lei 13.655/2018. **Conjur**. 14 jun. 2018. Disponível em htpp://www.conjur.com.br/2018-jun-14/opiniao-funcao-normativa-administracao-publica-lindb. Acesso em: 19 abr. 2021.

QUINTELA, Guilherme Camargos. **Segurança jurídica e proteção da confiança**: a justiça prospectiva na estabilização das expectativas no direito tributário brasileiro. Belo Horizonte: Fórum, 2013.

SUNDFELD, Carlos Ari; MARQUES NETO, Floriano de Azevedo. Segurança jurídica e eficiência na Lei de Introdução ao Direito Brasileiro. *In*: PEREIRA, Flávio Henrique Unes (coord.). **Segurança jurídica e qualidade das decisões públicas**: desafios de uma sociedade democrática. Senado Federal: Brasília, 2015.

SUNDFELD, Carlos Ari; VORONOFF, Alice. Art. 27 da LINDB: quem paga pelos riscos dos processos? **Revista de Direito Administrativo**, Rio de Janeiro, Edição Especial: Direito Público na Lei de Introdução às Normas de Direito Brasileiro – LINDB (Lei n. 13.655/2018), nov. 2018.

Informação bibliográfica deste texto, conforme NBR 6023:2002 da Associação Brasileira de Normas Técnicas (ABNT)::

VALLE, Arthur Elias de Moura; COSTA, Bruna de Paula Ferreira; ROSA, Maurício Viana da Silva Reis; LIMA, Renata Faria Silva. Capítulo 1 – Introdução à Segunda Parte. *In*: PIRES, Maria Coeli Simões; BITENCOURT NETO, Eurico; GUIMARÃES, Dayana Alves (coord.). **Segurança jurídica e controle da Administração:** panorama geral e comentários sobre a Lei n. 13.655/2018 (LINDB). Belo Horizonte: Del Rey, 2022. p. 157-170. ISBN 978-65-00-38426-0.

CAPÍTULO 2

CRISE DA ADMINISTRAÇÃO PÚBLICA EXPRESSA NO PROCESSO COMUNICATIVO

pressão das demandas por eficiência x controles

ANDRÉ PINHO SIMÕES
BIANCA ROCHA BARBOSA
GUILHERME LACERDA DE OLIVEIRA
RODRIGO DA SILVA SOARES

2.1 Introdução

O paradigma do Estado Democrático de Direito e a evolução do Direito Administrativo, sobretudo diante da sua constitucionalização[1], colocam em conflito a efetiva garan-

---

[1] Para José Manuel Sérvulo Correia, que se dedicou a definir os grandes traços marcantes do Direito Administrativo no século XXI, o primeiro deles, um traço central e irradiante, é o da constitucionalização do direito administrativo. Segundo o autor, o panorama de não interação entre o Direito Administrativo e o Direito Constitucional, que perdurou por longo período até o século XX, começou a se alterar a partir do pós-Segunda Guerra Mundial, com a ascensão do constitucionalismo e a consequente imposição da força normativa das Constituições. Tal mudança de

tia de direitos sociais – inclusive a participação dos cidadãos nos processos decisórios – e os mecanismos de controle da Administração Pública.

Se, por um lado, à Administração Pública é atribuído o poder-dever de apresentar soluções criativas que deem efetividade aos direitos constitucionalmente previstos, por outro, essa atuação criativa está rigorosamente limitada pelos meios de controle, que, muitas vezes, não acompanham a tempo e modo a evolução das demandas socialmente postas (MODESTO, 2016).

Ainda, diante da complexificação das relações sociais, políticas e econômicas – característica do Estado Democrático de Direito que se firmou no século XXI –, bem como do novo paradigma constitucional trazido pela Carta Magna de 1988, faz-se mister a garantia da participação dos diversos atores sociais nos processos decisórios e públicos relativos à efetivação desses direitos. Nesse cenário, impõe-se, cada vez mais, sobre a Administração Pública uma necessidade premente de que sua atuação se dê de forma dialógica e concertada tanto quanto possível (BITENCOURT NETO, 2017).

O presente capítulo desta obra coletiva busca contribuir com a contextualização político-social – especialmente daquilo que se pretende denominar crise da Administração Pública expressa no processo comunicativo – necessária à posterior análise que se fará acerca da inclusão de dispositivos que versam sobre a segurança jurídica e a eficiência na criação e na aplicação do direito público na Lei de Introdução às Normas do Direito Brasileiro (LINDB), levadas a cabo pela Lei Federal n. 13.655, de 25 de abril de 2018 (BRASIL, 2018).

---

paradigma se deu graças ao impacto de constituições de forte conotação axiológica e orientadora surgidas ao longo da segunda metade do século XX, a citar como exemplo os textos constitucionais italiano, alemão, português, grego, espanhol, brasileiro, entre outros (CORREIA, 2016).

Compreender os conflitos existentes entre a exigência constitucional de se garantir a efetiva aplicação dos direitos sociais assegurados aos cidadãos, por um lado, e os mecanismos elaborados para a garantia dessa efetividade, por outro, é essencial para que se possa analisar os impactos oriundos da mencionada alteração legislativa no ordenamento jurídico.

2.2 O dilema entre o paradigma de gestão e o modelo de controle

É de inegável validade a máxima que prevê que, à medida que a sociedade evolui, o Direito também deve mudar (CANOTILHO, 2001). Igualmente, é evidente que as mudanças políticas e sociais suportadas pela sociedade ao longo do tempo implicaram, necessariamente, transformações no arranjo estrutural da gestão pública e na forma de atuação da Administração Pública.

Por consequência, o Direito Administrativo evoluiu ao longo dos anos, em busca de se conformar aos avanços dos paradigmas de Estado[2] e de se amoldar às novas realidades e necessidades da máquina estatal. Essa evolução, mais das vezes, exige o abandono custoso, embora necessário, de dogmas e conceituações ultrapassadas, que não mais são suficientes para subsidiar a atuação administrativa.

Assim, em que pese tenha nascido como instrumento de concretização do Estado de Direito, o Direito Administrativo,

---

[2] Por paradigma de Estado, entende-se, conforme conceituação dada por Maria Coeli Simões Pires, "o Direito, notadamente pela vertente da legitimidade revelada na criação da normatividade, guarda sintonia com a concepção política que o informa e, por isso mesmo, com determinado paradigma, qual seja, a matriz de pré-compreensão ou a grade seletiva que, traduzindo certo consenso, recorta a visão de dado objeto e orienta o tráfego de demandas para a esfera política de edição do direito ou a leitura das normas e da própria realidade subjacente" (PIRES, 2005, p. 25).

em seus primórdios, transferiu para o Estado prerrogativas em certa medida análogas às do monarca dos antigos regimes absolutistas (ALMEIDA, 2012). Só mais tarde, no contexto do Estado Moderno, é que se transformou em um sistema de prerrogativas e sujeições, rearranjando-se para assumir atividades antes exclusivas da iniciativa privada e para ampliar suas funções perante os cidadãos, tanto do ponto de vista material quanto do orgânico.

A necessidade de "constante releitura dos ditames normativos de acordo com o foco paradigmático, em sintonia com os princípios que os flexibilizam e os reconstroem na dialética entre permanência e mutação" (PIRES, 2006, p. 173), não poderia afetar de forma diferente os mecanismos de controle da atividade administrativa.

No Estado Democrático de Direito do século XXI, a complexidade social, que culmina na coexistência de múltiplos interesses públicos, a complementariedade das esferas público e privadas e a busca por formas mais dialógicas e concertadas de atuação administrativa, convivem como características marcantes desse novo paradigma de Estado (BITENCOURT NETO, 2017). Como consequência, do modelo de controle é exigida especial atenção a mecanismos que sejam pautados na consensualidade, na processualidade administrativa e na garantia de participação popular na tomada de decisões administrativas.

2.3 O dilema entre a universalização de direitos conjugado com a transversalidade de soluções e as formas tradicionais de controle em superposição

A crise do Estado Liberal e a gênese do Estado Democrático de Direito, aliados às transformações político-sociais dos tempos modernos, promoveram severa dinamização na gestão e no controle da Administração Pública.

Se, por um lado, notou-se, especialmente a partir da segunda metade do século XX, uma multiplicação e universalização de direitos, graças à face prestacional do Estado, por outro, foram desenvolvidas soluções jurídicas cada vez mais descentralizadas e integrativas para a satisfação desse complexo de direitos.

Essa dupla face que caracteriza os Estados contemporâneos pode ser visualizada, no contexto brasileiro, no próprio texto constitucional. Em seu artigo 5º, a Constituição Federal (BRASIL, 1988) estabelece rol extenso de direitos fundamentais, ao passo que o artigo 37, § 8º, traz exemplo de inovação no instrumental administrativo para a satisfação desses direitos.

Apesar de ancorada em uma filosofia política de universalização dos direitos, é de notar que o constituinte originário se preocupou com o desenvolvimento da ideia de controle da atividade administrativa, ao prever uma pletora de instrumentos para essa finalidade. O objetivo do controle, nesse sentido, é o de garantir a satisfação dos interesses públicos e a obediência à finalidade administrativa, evitando a deturpação do programa constitucional.

Para tanto, o texto constitucional dá margem à concepção de um complexo mecanismo de controle, que vai desde a institucionalização de competências de órgãos e agentes, em sua face interna - intra-administrativa - e externa - na relação entre Administração Pública e cidadãos -, até a consolidação e estruturação de formas de controle social da atividade administrativa, fomentado em diversos dispositivos da Carta Política.

A doutrina administrativista brasileira, analisando o panorama do controle estruturado pela Constituição, acaba por referir-se a uma superposição de controles, ou, nas palavras de Paulo Modesto, a um descontrole do controle:

> É preciso evitar o descontrole do controle, a superposição de controles, o retardamento inútil de medidas saneadoras, a falta de motivação de medidas restritivas, a ausência de indicação de alternativas válidas de gestão. Numa palavra, é importante parametrizar o controle e oferecer segurança jurídica ao Estado e aos particulares tanto na atividade de controle quanto na atividade de gestão. O controle não é uma atividade com fim em si mesma; é meio para a realização de fins materiais prezados pela comunidade e meio para garantir a dignidade humana. (MODESTO, 2016, p. 3)

Em uma análise sistemática dos temas propostos, verifica-se que a moderna configuração do Estado Democrático de Direito passou a exigir dos gestores públicos o alcance de objetivos e metas cada vez mais complexos para atender aos múltiplos interesses públicos. Essa exigência culmina na necessidade de adoção de técnicas de atuação administrativa igualmente complexas e criativas – por vezes até heterodoxas –, para que se possa ofertar solução a contento para as demandas sociais.

Ocorre que, ao lado da exigência de adoção de posturas criativas por parte dos gestores, caminha um intenso e estruturado plexo de mecanismos de controle, até então por vezes desconectado com a complexidade e com o dinamismo dos tempos modernos. Por isso, pode-se afirmar, nesse particular, a existência de um verdadeiro dilema entre a universalização de direitos e a transversalidade de soluções, de um lado, e as formas tradicionais de controle de superposição, de outro.

Há muito, Odete Medauar advertia no sentido de que "a avaliação dos diversos controles institucionalizados do Brasil revela insuficiências e inefetividades" (MEDAUAR, 2018, p. 375). É que não se coaduna com a dinamicidade e a complexidade das relações sociais, políticas e econômicas, a tentativa cada vez mais falha dos controles institucionalizados voltados para reprimir e sancionar gestores públicos que, muitas vezes, exercem suas competências de modo regular, arrostando dificuldades recorrentes na seara administrativa, sujeita a impacto de variadas ordens.

Assim como se estruturou e desenvolveu o Estado Democrático de Direito, com a consequente universalização de direitos, deve também ser repensado o modo como o constituinte e o legislador vêm delineando o controle no âmbito da Administração Pública brasileira, sob pena de se dar mais importância à repressão e à sanção do que ao estímulo da tomada de decisões acertadas e criativas, desde que voltadas para os interesses da sociedade. O controle é um instrumento imprescindível para a gestão pública, mas não pode ter seu fim reduzido a si mesmo.

2.4 Como a tensão perpassa o processo comunicativo?

Sabe-se que, com o movimento neoconstitucionalista da segunda metade do século XX, o modo de compreender, interpretar e aplicar as constituições e o direito constitucional foi modificado. Como decorrência direta desse movimento, o texto constitucional passou a figurar como centro do ordenamento jurídico, ganhando força normativa e fixando como finalidade a concretização de direitos fundamentais (FERNANDES, 2014).

Observou-se, também, nesse ínterim, a reaproximação do direito com a ética, a moral e a filosofia. A chamada humanização do direito implicou novas teorias das normas, das fontes e da interpretação. Reconheceu-se a força normativa dos princípios, o Judiciário passou a participar de forma mais ativa da criação do direito e os métodos clássicos de intepretação foram relativizados, surgindo novos, entre os quais o da proporcionalidade e o da ponderação (FERNANDES, 2014).

O direito ganhou, portanto, em meio a essa série de transformações, novos contornos, transpondo a dicotomia entre jusnaturalismo e positivismo. A validade do ordenamento jurídico não se resume à existência de princípios morais e de justiça universalmente válidos, bem como não retira seu fundamento apenas do ato de uma autoridade competente em uma estrutura hierarquizada de normas.

Entre as diversas teorias que desenvolveram concepções sobre o ordenamento jurídico, menciona-se a de Dworkin, segundo a qual o direito pode ser compreendido como prática social, histórica, interpretativa e argumentativa, em processo de constante construção e transformação, composto não apenas por regras, mas, sobretudo, por princípios, padrões implícitos que garantem integridade ao ordenamento (DWORKIN, 2014).

O que merece destaque no citado conceito para o estudo ora proposto é o contínuo devir que perpassa o ordenamento jurídico. Característica essa, como visto, decorrente da própria complexidade social, que tem como traço a coexistência de múltiplos interesses. Uma sociedade pluralista, portanto, é marcada por uma competição pela imposição de projetos de vida diferenciados (GALUPPO, 2002).

Essa competição, além de compor e dar forma ao ordenamento, é garantida por ele. Não se impõe apenas um modelo de vida, mas se possibilita a reflexão e a definição da vida em comum, "a realização de um projeto cooperativo de fixação de condições de vida recorrentemente mais justas" (CATTONI DE OLIVEIRA, 2012, p. 49).

No ordenamento pátrio, a Constituição Federal, dogmática e eclética, estabelece as bases plurais da comunidade política de forma sistematizada, tornando possível a confluência de vários projetos de vida digna. Esse cenário de permanente tensão entre diferentes vontades é também particularidade dessa realidade complexa e dinâmica.

A coexistência desse pluralismo, aliás, é condição para a obtenção de avanços sociais, por meio de uma elaboração socialmente cooperada. Isso porque o atual paradigma de Estado Democrático de Direito tem como base o conceito contemporâneo de cidadania, o qual exige, para além da mera garantia de direitos, a institucionalização de procedimentos que permitam a participação discursiva dos cidadãos nos processos de tomada de decisões (CATTONI DE OLIVEIRA, 2012).

Em verdade, tal qual entende Habermas, a legitimidade do direito, que é concomitantemente coercitivo e garantidor de liberdade, é extraída do agir comunicativo possibilitado pela democracia (HABERMAS, 2002). Portanto, a mencionada tensão, além de ser essência, é propulsora do processo comunicativo.

Nas palavras de Marcelo Andrade Cattoni de Oliveira:

> É precisamente esse fluxo comunicativo que conformará e informará o processo legislativo de justificação e o processo jurisdicional de aplicação imparcial do Direito democraticamente fundado, bem como uma Administração Pública descentralizada e participativa. (CATTONI DE OLIVEIRA, 2012, p. 48)

Essa formação democrática da vontade coletiva em uma sociedade plural, permeada por conflitos de interesses, exige, consoante ressaltado ao longo do presente capítulo, a superação de posturas puramente impositivas no exercício da função administrativa pela institucionalização jurídica de canais dialógicos e consensuais que permitam a participação popular. As bases autoritárias, que formaram o alicerce do Direito Administrativo e serviram de instrumento para o agir estatal em outro contexto, devem ceder, ainda que gradualmente, espaço a esse novo cenário.

É importante lembrar, por fim, que a institucionalização da participação popular na atuação da Administração Pública, como decorrência do regime democrático, não abrange apenas a garantia de instrumentos para a realização de direitos individuais, mas, também, para a proteção da coletividade. Proteção essa que passa pela já mencionada necessidade de consolidação de mecanismos de controle mais eficientes e consentâneos com a realidade atual da atividade administrativa.

A participação dos cidadãos nas formas de controle da Administração Pública, para além daquelas de âmbito interno a cargo dos próprios Poderes, está entre as alterações promovidas na Lei de Introdução às Normas do Direito Brasileiro, conforme se demonstrará no decorrer desta obra. "É esse, provavelmente, o mais eficaz meio de controle da Administração Pública: o controle popular" (DI PIETRO, 2016, p. 881).

2.5 Conclusão

O paradigma de gestão atual, cada vez mais exigente em relação à eficiência dos administradores públicos na universalização dos direitos, é colocado sob grande pressão diante da superposição dos mecanismos de controle, descompassados com a realidade da atividade administrativa e que, por vezes, acabam tendo finalidade em si mesmos.

O processo comunicativo, com participação plural nos processos decisórios da Administração Pública, por outro lado, é essencial à efetiva universalização dos direitos sociais.

Nesse contexto, a inclusão na Lei de Introdução às Normas do Direito Brasileiro de disposições acerca da segurança jurídica e da eficiência na criação e na aplicação do direito público é, sem dúvida, essencial para se garantir a efetividade na atuação administrativa, com a utilização de mecanismos de controle também eficientes, fundados no intento de promover o bom funcionamento da máquina pública, bem como em garantir a promoção e a efetividade dos processos comunicativos entre a Administração Pública e os cidadãos.

2.6 Referências

ALMEIDA, Fernando Dias Menezes de. Mecanismos de consenso no direito administrativo. *In*: ARAGÃO, Alexandre Santos de; MARQUES NETO, Floriano de Azevedo (coord.). **Direito administrativo e seus novos paradigmas**. Belo Horizonte: Fórum, 2012. p. 335-349.

BITENCOURT NETO, Eurico. Transformações do Estado e a Administração Pública no século XXI. **Revista de Investigações Constitucionais**, Curitiba, v. 4, n. 1, p. 207-225, jan./abr. 2017.

BRASIL. **Constituição da República Federativa do Brasil**. Brasília, DF: Presidência da República, [1988]. Disponível em: http://www.planalto.gov.br/ccivil_03/constituicao/constituicao.htm. Acesso em: 20 abr. 2021.

BRASIL. **Lei n. 13.655, de 25 de abril de 2018**. Inclui no Decreto-Lei n. 4.657, de 4 de setembro de 1942 (Lei de Introdução às Normas do Direito Brasileiro), disposições sobre segurança jurídica e eficiência na criação e na aplicação do direito público. Brasília, DF: Presidência da República, [2018]. Disponível em: https://www.planalto.gov.br/ccivil_03/_ato2015-2018/2018/lei/l13655.htm. Acesso em: 20 abr. 2021.

CANOTILHO, Jose Joaquim Gomes. O direito constitucional passa; o direito administrativo passa também. **Boletim da Faculdade de Direito da Universidade de Coimbra – Estudos em homenagem ao Prof. Doutor Rogério Soares**, Coimbra, v. 7, n. 11, p. 705-721, 2001.

CATTONI DE OLIVEIRA, Marcelo Andrade. **Teoria da Constituição**. Belo Horizonte: Initia Via, 2012.

CORREIA, José Manuel Sérvulo. Os grandes traços do direito administrativo no século XXI. **A&C – Revista de Direito Administrativo & Constitucional**, Belo Horizonte, v. 16, n. 63, p. 45-66, jan./mar. 2016.

DI PIETRO, Maria Sylvia Zanella. **Direito administrativo**. 29. ed. Rio de Janeiro: Forense, 2016.

DWORKIN, Ronald. **O Império do Direito**. São Paulo: Martins Fontes, 2014.

FERNANDES, Bernardo Gonçalves. **Curso de direito constitucional**. 6. ed. Salvador: Juspodivm, 2014.

GALUPPO, Marcelo Campos. **Igualdade e diferença:** Estado Democrático de Direito a partir do pensamento de Habermas. Belo Horizonte: Mandamentos, 2002. v. 1.

HABERMAS, Jürgen. **A inclusão do outro**: estudos de teoria política. Tradução George Sperber e Paulo Astor Soethe. São Paulo: Loyola, 2002.

MODESTO, Paulo. O controle público e o fetiche da culpa. **Direito do Estado**, ano 2016, n. 114, 21 mar. 2016. Disponível em: http://www.direitodoestado.com.br/colunistas/paulo-modesto/o-controle-publico--e-o-fetiche-da-culpa. Acesso em: 20 abr. 2021.

MEDAUAR, Odete. **Direito administrativo moderno**. Belo Horizonte: Fórum, 2018.

PIRES, Maria Coeli Simões. A revisão paradigmática do Estado e do direito: um exercício em prol da democratização do sistema administrativo. *In:* LIMA, Sérgio Mourão Corrêa (coord.). **Temas de direito administrativo**: estudos em homenagem ao Professor Paulo Neves de Carvalho. Rio de Janeiro: Forense, 2006. p. 127-200.

PIRES, Maria Coeli Simões. **Direito adquirido e ordem pública**: segurança jurídica e transformação democrática. Belo Horizonte: Del Rey, 2005.

Informação bibliográfica deste texto, conforme NBR 6023:2002 da Associação Brasileira de Normas Técnicas (ABNT):

SIMÕES, André Pinho; BARBOSA, Bianca Rocha; OLIVEIRA, Guilherme Lacerda de; SOARES; Rodrigo da Silva. Capítulo 2 – Crise da administração pública expressa no processo comunicativo: pressão das demandas por eficiência x controles. *In*: PIRES, Maria Coeli Simões; BITENCOURT NETO, Eurico; GUIMARÃES, Dayana Alves (coord.). **Segurança jurídica e controle da Administração:** panorama geral e comentários sobre a Lei n. 13.655/2018 (LINDB). Belo Horizonte: Del Rey, 2022. p. 171-182. ISBN 978-65-00-38426-0.

CAPÍTULO 3

O PROJETO DE LEI N. 349/2015, O DISCURSO DE JUSTIFICAÇÃO E A PROCESSUALIDADE

peculiaridades do ponto de vista da Legística

GUILHERME TEMPONI DIAS GODINHO
JOELMIR DE OLIVEIRA DANIEL
LOURENÇO HAMDAN RESENDE MORAIS
VIRGÍNIA LONDE DE MELLO

3.1 Introdução

A Lei n. 13.655, de 25 de abril de 2018, acrescentou à Lei de Introdução às Normas do Direito Brasileiro (LINDB) disposições sobre Direito Público e, em especial, sobre segurança jurídica, com o intuito de conferir maior densidade à aplicação das normas dessa seara, com redução da incerteza quanto ao resultado para os envolvidos.

A presente pesquisa objetiva identificar na tramitação do Projeto de Lei (PL) n. 349/2015, posteriormente acolhido sob o número 7.448/2017, que resultou na promulgação da Lei n. 13.655/2018 (BRASIL, 2018), possível enquadramento dos principais conceitos da "Teoria da argumentação no direito e na moral: justificação e aplicação", de Klaus Günther (2011).

Para obtenção do resultado da pesquisa, procura-se, primeiramente, explicitar os principais conceitos da teoria elaborada pelo autor alemão, naquilo que diz respeito aos discursos de justificação e de aplicação. Então, passa-se ao exame da tramitação do PL n. 349/2015 no âmbito do Congresso Nacional, a fim de compreender as discussões ao longo do processo legislativo sob a perspectiva da Teoria.

Ao fim, pretende-se qualificar, na alteração efetivada na Lei de Introdução do Direito Brasileiro, as referências normativas destinadas a proporcionar maior segurança jurídica na aplicação do Direito Público.

3.2 Klaus Günther e os discursos de justificação e de aplicação

A partir da obra de Klaus Günther, jurista alemão contemporâneo, pode-se compreender aspectos relevantes daquilo que o PL n. 349/2015 pretendeu incorporar ao ordenamento jurídico brasileiro. Klaus Günther tem formação em Direito e Filosofia pela Universidade Johann-Wolfgang Goethe e foi colaborador de Jürgen Habermas. Recentemente, obteve reconhecimento em razão de sua tese de doutoramento contida na obra **Teoria da argumentação no direito e na moral**: justificação e aplicação.

Primeiramente, é imprescindível conceituar o princípio de universalização "U", a partir da introdução da lavra de Luiz Moreira à edição brasileira de **Teoria da argumentação no direito e na moral**: justificação e aplicação:

> Toda norma válida tem que preencher a condição de que as consequências e efeitos colaterais que previsivelmente resultem de sua observância universal, para a satisfação dos interesses de todo indivíduo, possam ser aceitas sem coação por todos os interessados. (HABERMAS *apud* MOREIRA, 2011, p. 3)

O conceito do princípio moral "U" é fundamental para a compreensão da distinção entre os discursos de justificação e de aplicação, tal como proposta por Klaus Günther.

"U" faz-se presente para o discurso de justificação, que é próprio da análise da validade das normas, daí a preocupação com a possibilidade de estas serem generalizadas e universalizadas. O autor reconhece, porém, as limitações impostas pelo tempo e pelo conhecimento disponível no momento da fundamentação da norma, que inevitavelmente condicionam a sua produção. Ou seja, é impossível ao discurso de justificação, quando da elaboração de certa norma, antever toda a infinidade de fatos suscetíveis de ocorrer no mundo, no momento posterior em que se fará presente o discurso de aplicação para subsunção da norma ao caso concreto.

"Assim, o primeiro movimento de Günther é afirmar e fundamentar um discurso de aplicação para complementar o discurso de justificação" (BRESOLIN, 2016, p. 340). Ainda, "mesmo que dispuséssemos de conhecimento ilimitado quanto aos possíveis efeitos colaterais" ele não seria útil para a feitura de uma norma geral e abstrata de caráter universal" (MARTINS; OLIVEIRA, 2006, p. 244).

Definindo seu objeto de investigação, Günther afirma:

> Dedicar-me-ei inicialmente à seguinte questão: se, dada uma hipótese, é possível aplicar "U" a uma norma sem referir-se a situações de aplicação da referida norma. Ou, em outra formulação: será que é possível fundamentar a validade de uma norma independentemente das situações de sua aplicação? (GÜNTHER, 2011, p. 10)

Então, elabora uma concepção de "U", naquilo que denomina o "versão mais fraca" do princípio, que está presente na justificação da norma, conceituando-a da seguinte maneira:

> Uma norma é válida e, em qualquer hipótese, adequada, se em cada situação especial as consequências e os efeitos colaterais de sua observância puderem ser aceitos por todos, sob as mesmas circunstâncias, conforme os interesses de cada um, individualmente. (GÜNTHER, 2011, p. 29)

Na versão mais fraca de "U", desiste-se, por antecipação, da intenção de precisar cada situação em que a norma será aplicada, deixando "para um momento posterior a tarefa de determinar exatamente cada uma das situações em que as normas jurídicas válidas devem ser aplicadas, de acordo com o contexto temporal e cognitivo da aplicação dessas normas" (BUSTAMANTE, 2006, p. 86).

Assim, o princípio de universalização adotado por Günther conduz à diferenciação desses dois momentos, da justificação e da aplicação. Conclui-se, pois, que é o discurso de aplicação que terá o condão de conferir à norma, diante das singularidades do caso concreto, o respaldo que permita cotejá-la com os efeitos colaterais desconsiderados ou não contemplados quando do seu discurso de justificação (MARTINS; OLIVEIRA, 2006).

Portanto, no plano da justificação, Günther explana:

> Para a fundamentação é relevante exclusivamente a própria norma, independentemente de sua aplicação em cada uma das situações. Importa se é do interesse de todos que cada um observe a regra, visto que uma norma representa interesse comum de todos e não depende de sua aplicação, mas dos motivos que conseguimos apresentar para que ela tenha de ser observada. (GÜNTHER, 2011, p. 32)

Günther, a fim de ilustrar seu ponto, retoma um dilema proposto por Kant. Esse filósofo narra situação na qual um sujeito sabidamente inocente foge da polícia e, sem que seus perseguidores saibam, pede asilo a Kant, o que obrigará este a mentir ao ser questionado pelos policiais que a ele se dirigirão. Nessa situação, a norma moral que proíbe a mentira é válida tanto quanto também é relevante a preservação da vida de um inocente perseguido injustamente. No discurso de justificação da norma, não foi considerada uma ocorrência dessa natureza, com uma exceção à incidência da norma, mas isso não é capaz de afastar sua validade. Então, duas seriam as razões para a falta da previsão na norma: tal situação poderia não ter sido antecipada quando da justificação ou, se antecipada, na ocasião pode ter sido considerada irrelevante para a abrangência pretendida para a norma (MARTINS; OLIVEIRA, 2006).

Para solucionar dilemas dessa natureza, Günther reserva ao discurso de aplicação a capacidade para tanto, e, por se dar no campo do discurso, o autor estabelece pressuposições da argumentação imprescindíveis, retomando Jürgen Habermas. Segundo ele, são pressuposições a ausência de contradição, a consistência semântica na aplicação de um predicado e a identidade de significado na aplicação de um termo entre falantes (GÜNTHER, 2011). Portanto, critérios de ordem lógica e semântica.

Günther, assim, propõe que, diante do conflito de normas, algumas regras possam ser aptas à obtenção da solução, porquanto decorrentes de um discurso de justificação válido, mas, divergindo de Robert Alexy, afirma não se tratar de um tudo ou nada em que uma regra necessariamente invalide outra. Conforme esclarece Bresolin:

> Toda norma fundamentada em “U” possui validade. No entanto, ela não é uma norma definitiva, absoluta para todos os casos em que ela poderia ser aplicada. Somente depois de serem consideradas todas as características da situação e contemplado o arranjo

> de normas possíveis para a aplicação contextual será possível verificar a norma adequada, que será dita, então, norma adequada na referida situação. Assim, o conflito entre normas é resolvido de maneira diferente da teoria de Alexy. (BRESOLIN, 2016, p. 352)

Trata-se, pois, para Günther, de fazer constar no discurso de aplicação a consistência necessária capaz de solucionar determinada situação para a qual há várias regras que sejam aparentemente conflitantes, sem que necessariamente haja a declaração de invalidade de uma perante a outra.

3.3 O discurso de justificação na tramitação do Projeto de Lei n. 349/2015

Sendo a LINDB uma lei sobre a aplicação de normas, é inevitável que se constate que o seu texto, produto final de um discurso de justificação – ou de vários, visto que aqui se trata justamente de uma reforma da Lei –, apresenta constante preocupação com os discursos admissíveis por ocasião da aplicação do Direito Brasileiro.

A proposta de alteração da LINDB que se perfez na Lei n. 13.655/2018 está fundamentada em debates desenvolvidos ao longo do processo legislativo no Congresso Nacional, com a contribuição de diversos especialistas. Tais debates não apenas contemplaram a ampliação do objeto da lei para abranger o Direito Público, mas também refletem, necessariamente, uma compreensão específica sobre o que cabe ao legislador, ao produzir determinada norma, e o que cabe ao aplicador, quando se vê em uma situação concreta de incidência normativa.

Gustavo Binenbojm (2014) já asseverou que a lei, tal como concebida no período liberal, está em crise. Ora, é mais que notório que o legislador é incapaz de pautar todas as ocorrências do mundo dos fatos a partir dos enunciados normativos.

E, nesse sentido, Klaus Günther adiciona o entendimento segundo o qual é impossível antecipar a completa descrição de uma situação de aplicação, já que a situação descrita na norma está atrelada às contingências de tempo e conhecimento (BRESOLIN, 2016). Assim, hoje, a legística, segundo Maria Coeli Simões Pires (2009), entre outras associações, passa a estar também associada à capacidade de restaurar junto à população a crença na lei e no aperfeiçoamento da democracia.

A lei como critério único da atuação da Administração, segundo Binenbojm (2014), deixou de ocupar essa posição de destaque muito em razão do chamado constitucionalismo, mas não só. Também são razões a inflação legislativa, a lei como veículo de injustiça, a existência de atos infralegais norteadores do agir administrativo e a amplitude das prerrogativas conferidas ao Poder Executivo, que lhe proporcionam certo protagonismo no processo legislativo (BINENBOJM, 2014).

A Lei n. 13.655/2018 é produto de um processo legislativo, em que se fazem presentes elementos típicos do discurso de justificação, tal como compreendido por Günther.

Na justificativa do PL n. 349/2015, seu autor, o Senador Antonio Anastasia, ressalta que a proposição resulta de trabalho prévio, ou anteprojeto, de autoria dos professores Carlos Ari Sundfeld e Floriano de Azevedo Marques Neto, e tem por inspiração "justamente a percepção de que os desafios da ação do Poder Público demandam que a atividade de regulamentação e aplicação das leis seja submetida a novas balizas interpretativas, processuais e de controle" (BRASIL, 2015, p. 4).

Em linhas gerais, o projeto já trazia pressuposta a noção de que, na produção de uma norma válida, não se consegue determinar todas as situações em que o comando deve ser aplicado, tampouco quando deve ser excepcionado; assim, é tarefa do aplicador do Direito Público tanto reconhecer a validade da norma a ser aplicada quanto, em seu discurso, considerar o escopo limitado da atividade prévia do legislador.

Nesse sentido, observa-se que o Senador acolhe a proposta dos professores com o objetivo declarado de "neutralizar importantes fatores de distorção da atividade jurídico-decisória pública", entre os quais incluiu o alto grau de indeterminação de grande parte das normas públicas e, também, a relativa incerteza, inerente ao Direito, quanto ao verdadeiro conteúdo de cada norma (BRASIL, 2015, p. 5).

Com isso, afirma-se o propósito de reduzir a insegurança que circunda a atuação da Administração Pública mediante o acréscimo de dispositivos na LINDB que, abrindo mão da pretensão de descrever previamente situações fáticas em que deva ser adotada esta ou aquela solução, preferem estabelecer parâmetros para aplicação da lei ao caso concreto.

É possível perceber a mesma orientação na publicação proveniente do Senado Federal, "Segurança Jurídica e qualidade das decisões públicas: desafios de uma sociedade democrática" (PEREIRA, 2015), em que se reúnem textos da autoria de vários juristas, direcionados à defesa do então PL n. 349/2015.

Na obra, reconhece-se que a lei *per se* não contém a solução para as situações. Assim, foram inseridos artigos que têm por intento conferir segurança tanto aos destinatários das escolhas da Administração como para os agentes que atuam em nome dela.

Na publicação do Senado Federal em questão é mencionado o contexto de edição do Decreto-lei n. 4.657/1942 (BRASIL, 1942), em cuja ementa original constava ser aquela a Lei de Introdução ao Código Civil, em que era característica do Direito a pretensão de, por meio dos códigos, prescrever as normas aplicáveis a cada realidade.

Assim, é sintomático que as mudanças iniciadas no PL n. 349/2015, que vieram a reconhecer um Direito de feições menos rígidas, fizeram-se inserir nesse decreto-lei, até por se tratar de uma norma introdutória ao direito brasileiro, portanto, de caráter bastante geral. Nesse sentido, afirma Daniel Carnacchioni:

> O decreto Lei 4.657/42 teve sua ementa alterada pela lei federal 12.376/10, a fim de aumentar o seu âmbito de aplicação. [...] Com a finalidade de adequar a aplicação prática e a abrangência real da lei de introdução no seu aspecto formal (nome da ementa), a Lei 12.376/10 passou a mencionar que o decreto é, de fato, lei de introdução às normas do Direito brasileiro – e não apenas às normas de caráter civil. (CARNACCHIONI, 2018, p. 49)

O Decreto-lei n. 4.657/1942, nas palavras de Moreira e Marques Neto (2015), é produto de um sistema monolítico, que tem na lei a fonte principal, e, portanto, é o legislador o principal protagonista. De fato, ainda hoje, conforme Pires (2009), o Legislativo é aquele que detém maior discricionariedade entre os Poderes, ainda que sua atividade esteja condicionada pelas balizas insertas na Constituição, a exemplo do artigo 5°, incisos XXXV, XXXVI, XL, e LX (BRASIL, 1988).

Nada obstante, como se viu, o PL n. 349/2015 procura fundamentar sua validade em uma concepção bastante distinta da originalmente encontrada no Decreto-lei n. 4.657/1942, pois admite que, não sendo a lei capaz de assimilar todas as vicissitudes da realidade, parte da tarefa caberá ao aplicador.

Feitas tais considerações, passa-se a analisar a forma como se propôs guiar a citada tarefa do aplicador, tendo por base a redação aprovada Lei n. 13.655/2018. Embora o projeto original tenha passado por mudanças, fenômeno inerente ao processo legislativo, as concepções de que se tratou até aqui permanecem presentes na versão final do texto.

3.4 Os parâmetros interpretativos estabelecidos na Lei n. 13.655/2018

A Lei n. 13.655/2018, ao alterar a LINDB, trouxe importantes parâmetros para a aplicação do Direito Público, sendo notável a inserção de tais orientações no âmbito do que Günther identifica como discurso de aplicação.

A reforma legislativa cuida, especialmente, de um tipo de conflito que surge não no campo da validade das normas, mas sim de sua incidência em casos concretos, em que se reclama a consideração do contexto – circunstâncias de tempo e do estágio do conhecimento – para concluir por determinada solução, mesmo que ela não tenha sido cogitada a princípio pelo legislador, quer como regra, quer como exceção.

Por outro lado, pode-se dizer ainda que as alterações da LINDB dão relevo especial àquilo que, nas palavras de Correia (2016), é identificado como centralidade da perspectiva procedimental, ou seja, a processualidade, entendida como um dos grandes traços característicos do direito administrativo contemporâneo.

A processualidade é o franqueamento à sociedade do acesso aos procedimentos. Estes que, sob o aspecto da processualidade, podem ser entendidos como

> Campo do jogo dialético dos interesses envolvidos pela ponderação administrativa. Ele é por excelência o lugar de uma concretização dos fins e construção das soluções jurídicas concretas no desempenho da função administrativa (CORREIA *apud* BITENCOURT NETO, 2017, p. 291).

Nesse sentido, quando o artigo 20 prevê que não se deve decidir com base em valores jurídicos abstratos sem considerar as consequências práticas da decisão, refere-se, naturalmente, a circunstâncias concretas que possam ser reconhecidas no curso de processos administrativos (incluídos aqui aqueles perante os Tribunais de Contas, que são citados de forma destacada na lei) e judiciais.

Ademais, o parágrafo único do artigo 20 delineia com clareza a importância do discurso de aplicação ao mencionar que a necessidade e a adequação da medida de esfera administrativa, controladora e judicial deverão ser demonstradas, em cotejo com outras medidas possíveis de serem aplicadas. Afinal, frise-se, ao legislador é impossível antecipar as particularidades do caso concreto, em razão de sua inteligência e tempo finitos (PEREIRA, 2015).

O artigo 21 estabelece que a interpretação das normas sobre gestão pública é condicionada pelas dificuldades práticas que porventura possam apresentar-se perante o gestor e, mais, segundo o parágrafo único, essas dificuldades devem ser observadas como balizas para o controle *a posteriori* dos atos da administração aplicados ao caso concreto.

Ora, é no discurso de aplicação que será possível dimensionar as dificuldades práticas presentes ao tempo do ato da administração e, assim, averiguar quão acertadas foram as medidas adotadas. Mencione-se que o artigo 25 dá completude a essa noção de segurança ao prever que eventual futura revisão de entendimento acerca de determinada matéria não pode modificar situações afins àquela, mas que já restem plenamente constituídas.

Em complemento, o artigo 23 determina o estabelecimento de regime de transição quando houver alteração de interpretação ou orientação sobre norma de conteúdo indeterminado, com a evidente intenção de não penalizar determinado discurso de aplicação que, embora aceitável ao tempo de sua produção, veio a ser superado por circunstâncias supervenientes.

A esse respeito, Marques Neto (2018) frisa que o dispositivo contempla ideia já assentada no ordenamento jurídico brasileiro, que não deveria causar nenhuma perplexidade, na medida em que a legislação já admite, há bastante tempo, a modulação dos efeitos da declaração de inconstitucionalidade, vício mais grave possível em um ordenamento positivo.

Por fim, pode-se citar o artigo 26, que impõe que sejam externadas as consequências de determinada decisão administrativa, controladora ou judicial, que invalide ato, contrato, ajuste, processo ou norma administrativa.

Nesses termos, é fixado ônus argumentativo para a tomada de decisões desta natureza, cuja desincumbência se procederá na exposição dos motivos da decisão. "O artigo 26 é norma objetivamente geral, que subordina a aplicação de todas as demais normas jurídicas do sistema. Ela parametriza e estabelece como devem ser os atos que pretendam decretar invalidações" (MOREIRA, 2015, p. 33).

Trata-se, assim, de norma que bem exemplifica a importância de que decisões dessa espécie sigam o procedimento e sejam acompanhadas da externalização de suas razões determinantes, notadamente no que concerne à necessidade e adequação da medida escolhida em face de outras possíveis.

3.5 Conclusão

Conforme proposto, o trabalho ocupou-se de, a partir do prisma da obra de Klaus Günther, identificar na elaboração e tramitação do Projeto de Lei n. 349/2015, bem como no texto sancionado na forma da Lei n. 13.655/2018, que alterou o Decreto-lei n. 4.657/1942 (LINDB), distinções entre entre o discurso da justificação e o da aplicação, conceitos centrais na obra do autor.

Para tanto, delimitaram-se tais momentos: o primeiro como aquele em que a norma se propõe universal e genérica, o segundo como a operação discursiva que busca a adequação da norma às peculiaridades dos casos específicos, de forma a garantir sua concreção. A justificação se encontra impregnada no processo legislativo, quando diversas fontes de diálogo, em instâncias preestabelecidas e amparadas pela legística, buscam amadurecer a proposta que se dedica à universalidade, ou seja, tentam estabelecer genericamente balizas para garantir, no caso, a segurança jurídica.

Seu texto final, por sua vez, ampara-se no discurso da aplicação ao expressamente abarcar a avaliação das consequências práticas, a análise das contingências do caso concreto e a processualidade decisória como pressupostos inafastáveis da atividade administrativa e, do mesmo modo, como parâmetros interpretativos para órgãos de controle e judiciais.

3.6 Referências

BINENBOJM, Gustavo. **Uma teoria do direito administrativo**. 3. ed. Rio de Janeiro: Renovar, 2014.

BITTENCOURT NETO, Eurico. **Concertação administrativa interorgânica**: direito administrativo e organização no século XX. São Paulo: Almedina, 2017.

BRASIL. **Constituição da República Federativa do Brasil**. Brasília, DF: Presidência da República, [1988]. Disponível em: http://www.planalto.gov.br/ccivil_03/constituicao/constituicao.htm. Acesso em: 15 abr. 2021.

BRASIL. **Decreto-lei n. 4.657, de 4 de setembro de 1942**. Lei de Introdução às Normas do Direito Brasileiro. Brasília, DF: Presidência da República, [1942]. Disponível em: http://www.planalto.gov.br/ccivil_03/decreto-lei/del4657compilado.htm. Acesso em: 15 abr. 2021.

BRASIL. **Lei n. 13.655, de 25 de abril de 2018**. Inclui no Decreto-Lei n. 4.657, de 4 de setembro de 1942 (Lei de Introdução às Normas do Direito Brasileiro), disposições sobre segurança jurídica e eficiência na criação e na aplicação do direito público. Brasília, DF: Presidência da República, [2018]. Disponível em: http://www.planalto.gov.br/ccivil_03/_Ato2015-2018/2018/Lei/L13655.htm#art1. Acesso em: 15 abr. 2021.

BRASIL. Senado Federal. **Projeto de Lei n. 349, de 2015**. Inclui, na Lei de Introdução às Normas do Direito Brasileiro (Decreto-lei n. 4.657, de 1942), disposições sobre segurança jurídica e eficiência na criação e aplicação do direito público. Brasília: Senado Federal, 2015. Disponível em: https://www25.senado.leg.br/web/atividade/materias/-/materia/121664. Acesso em: 15 abr. 2021.

BUSTAMANTE, Thomas da Rosa de. Sobre a justificação e a aplicação de normas jurídicas: análise das críticas de Klaus Günther e Jürgen Habermas à teoria dos princípios de Robert Alexy. **Revista de Informação Legislativa**, v. 43, n. 171, p. 81-90, jul./set. 2006. Disponível em: http://www2.senado.leg.br/bdsf/handle/id/92841. Acesso em: 15 abr. 2021.

BRESOLIN, Keberson. Klaus Günther e a nova perspectiva sobre a teoria da argumentação: justificação e aplicação. **Conjectura: Filos. Educ.**, Caxias do Sul, v. 21, n. 2, p. 338-361, maio/ago. 2016. Disponível em: http://www.ucs.br/etc/revistas/index.php/conjectura/article/view/4100. Acesso em: 15 abr. 2021.

CARNACCHIONI, Daniel. **Manual de direito civil**: volume único. 2. ed. Salvador: Juspodivm, 2018.

CORREIA, José Manuel Sérvulo. Os grandes traços do direito administrativo no século XXI. **A&C – Revista de Direito Administrativo & Constitucional**, ano 16, n. 63, p. 45-66, jan./mar. 2016.

GÜNTHER, Klaus. **Teoria da argumentação no direito e na moral**: justificação e aplicação. 2. ed. Rio de Janeiro: Forense, 2011.

MARQUES NETO, Floriano de Azevedo. O equilíbrio entre mudança e previsibilidade na hermenêutica jurídica. **RDA – Revista de Direito Administrativo**, Rio de Janeiro, Edição Especial: Direito Público na Lei de Introdução às Normas de Direito Brasileiro – LINDB (Lei n. 13.655/2018), p. 93-112, nov. 2018. Disponível em: http://bibliotecadigital.fgv.br/ojs/index.php/rda/article/view/77651/74314. Acesso em: 15 abr. 2021.

MARQUES NETO, Floriano Azevedo; MOREIRA, Egon Bockmann. Uma lei para o Estado de Direito contemporâneo. *In*: PEREIRA, Flávio Henrique Unes (coord.). **Segurança jurídica e qualidade das decisões públicas**: desafios de uma sociedade democrática. Brasília: Senado Federal, 2015. p. 9-12.

MARTINS, Argemiro Cardoso Moreira; OLIVEIRA, Cláudio Ladeira de. A contribuição de Klaus Günther ao debate acerca da distinção entre regras e princípios. **Revista Direito GV**, v. 2, n. 1, p. 241-254, jan./jun. 2006. Disponível em: http://bibliotecadigital.fgv.br/ojs/index.php/revdireitogv/article/view/35224/34024. Acesso em: 15 abr. 2021.

MOREIRA, Egon Bockmann. Artigo 26. *In*: PEREIRA, Flávio Henrique Unes (coord.). **Segurança jurídica e qualidade das decisões públicas**: desafios de uma sociedade democrática. Brasília: Senado Federal, 2015. p. 33-35.

MOREIRA, Luiz. Introdução à edição brasileira. Prefácio. *In*: GÜNTHER, Klaus. **Teoria da argumentação no direito e na moral**: justificação e aplicação. 2. ed. Rio de Janeiro: Forense, 2011.

PEREIRA, Flávio Henrique Unes. Artigo 20. *In*: PEREIRA, Flávio Henrique Unes (coord.). **Segurança jurídica e qualidade das decisões públicas**: desafios de uma sociedade democrática. Brasília: Senado Federal, 2015. p. 17-19.

PIRES, Maria Coeli Simões. Diálogos e conflitos no processo de elaboração das Leis. *In:* **Congresso Internacional de Legística**: qualidade da lei e desenvolvimento. Belo Horizonte: Assembleia Legislativa do Estado de Minas Gerais, 2009. Disponível em: https://dspace.almg.gov.br/bitstream/11037/392/5/Leg%c3%adstica%20-%20qualidade%20da%20lei%20e%20desenvolvimento.pdf. Acesso em: 15 abr. 2021.

Informação bibliográfica deste texto, conforme a NBR 6023:2002 da Associação Brasileira de Normas Técnicas (ABNT):

GODINHO, Guilherme Temponi Dias; DANIEL, Joelmir de Oliveira; MORAIS, Lourenço Hamdan Resende; MELLO, Virgínia Londe de. Capítulo 3 – O Projeto de Lei n. 349/2015, o discurso de justificação e a processualidade: peculiaridades do ponto de vista da Legística. *In*: PIRES, Maria Coeli Simões; BITENCOURT NETO, Eurico; GUIMARÃES, Dayana Alves (coord.). **Segurança jurídica e controle da Administração**: panorama geral e comentários sobre a Lei n. 13.655/2018 (LINDB). Belo Horizonte: Del Rey, 2022. p. 183-197. ISBN 978-65-00-38426-0.

CAPÍTULO 4

A OPÇÃO POLÍTICO-JURÍDICA POR UM NÚCLEO DE "DISPOSIÇÕES SOBRE SEGURANÇA JURÍDICA E EFICIÊNCIA NA CRIAÇÃO E NA APLICAÇÃO AO DIREITO PÚBLICO"

natureza e alcance das normas

CAROLINA GOMES ROSADO
DAYANA ALVES GUIMARÃES
GIULIA PARREIRA XAVIER DO VALE
LORENA CRISTINA SILVA RIBEIRO

4.1 Introdução

Vigora no ordenamento jurídico brasileiro o Decreto-lei n. 4.657, de 4 de setembro de 1942 (BRASIL, 1942), alterado pela Lei n. 12.376, de 30 de dezembro de 2010 (BRASIL, 2010), que traz a Lei de Introdução às Normas do Direito Brasileiro (LINDB). Denominada "norma de sobredireito" ou "norma de sobre o direito", possui natureza *lex legum* (lei das leis) e representa um conjunto de normas que se relaciona com as demais normas, determinando como devem ser aplicadas, sua vigência e eficácia, dimensões e resolução de situações conflituosas que possam ocorrer no contexto jurídico (DINIZ, 2018b).

Em 2015, com o objetivo promover a modernização e a racionalização do ordenamento jurídico brasileiro, bem como de incluir disposições sobre segurança jurídica e eficiência na criação e na aplicação do direito, foi proposto, no Senado Federal, o Projeto de Lei (PL) n. 349/2015, de autoria do Senador Antonio Anastasia, contando com a colaboração dos juristas Carlos Ari Sundfeld e Floriano Azevedo Marques Neto. Acolhido na Câmara dos Deputados como PL n. 7.448/2017 e após sua regular tramitação no Congresso Nacional, resultou na publicação da Lei n. 13.655, de 25 de abril de 2018 (BRASIL, 2018a), que promoveu alterações no direito brasileiro ao inserir os artigos 20 a 30 na LINDB (CARVALHO, 2019).

A publicação, entretanto, encontrou resistência por parte de importantes instituições brasileiras. Em 10 de abril de 2018, um conjunto de associações nacionais, lideradas pela Associação Nacional dos Magistrados da Justiça do Trabalho (Anamatra), solicitou ao Presidente da República o veto integral do PL, apontando como problema principal o subjetivismo, aberto a partir da inserção de valores jurídicos abstratos, e o conflito com a Lei de Improbidade Administrativa (ANAMATRA, 2018). A Procuradora-Geral da República, Raquel Dodge, e o Tribunal de Contas da União (TCU) juntaram-se àqueles que pediram o veto integral ao PL (CARVALHO, 2019).

Ocorre que o cenário anterior à Lei n. 13.655/2018 foi marcado por diversas queixas em relação à interface atividade administrativa com o controle: decisões judiciais marcadas por concepções políticas e opiniões pessoais; abuso dos limites da competência pelos órgãos de controle; surgimento do chamado "Direito Administrativo do medo"; novos regulamentos do Fisco sem discussão ou previsão de um regime de transição; direitos aviltados pelas prerrogativas do Poder Público; e punições de entidades do terceiro setor por aspectos formais de prestação de contas (CARVALHO, 2019).

A reunião dessas e de outras circunstâncias apontava para a necessidade de aumentar a segurança jurídica e a eficiência na aplicação das normas de direito público, razão pela qual foi promulgada a lei que se estudará adiante com o intuito de verificar se as disposições acrescidas à LINDB oferecem condições para o alcance do objetivo proposto.

4.2 Conceito de norma jurídica

A vida em sociedade requer a existência de uma ordem jurídica configurada segundo a ciência do Direito, que oferece um sistema de normas coativas que disciplinam as relações sociais e condicionam o comportamento das pessoas no contexto social. Sob a égide do Direito, tal sistema de normas organiza uma ordem prescritiva que "quer significar que algo deve ser ou acontecer, especialmente que um homem se deve conduzir de determinada maneira" (KELSEN, 1996, p. 5) em determinada situação.

A preocupação do jurista é que, ao decidir algum conflito social, haja a mínima perturbação possível da ordem. Por isso o direito é conhecido pelo aplicador de forma preponderantemente dogmática, de modo a criar condições razoáveis para que a decisão a ser tomada decorra de argumentos justificáveis. Assim, "o jurista [...] capta o direito num procedimento de [...] imputação de normas a situações sociais atuais ou potencialmente conflitivas" (FERRAZ JR., 2001, p. 92). O direito aplicável é estabelecido, portanto, pelas normas, pelos procedimentos e pela situação fática a envolver conflito, os quais devem ser identificados pelo jurista no âmbito da dogmática jurídica.

Nesse processo de aplicação do direito, Ferraz Jr. (2001) defende que o jurista tem como ponto de partida o princípio da legalidade, devendo a norma dispor sobre critérios gerais de sua aplicação. A tarefa de aplicação do direito envolve não apenas a simples subsunção lógica da lei ao caso concreto, mas, também, a utilização de critérios axiológicos e valorativos nos quais as preferências do jurista pela escolha da lei aplicável são justificadas por julgamentos de valor do aplicador a necessitar de um critério racional que o guiará (COSTA, 2007).

Para Ferraz Jr. (2001, p. 97), portanto, "a ciência dogmática contemporânea encontrou no conceito de norma um instrumento operacional importante para sua tarefa analítica de identificar o direito". Ferraz Jr. (2001, p. 97) recorre à formulação de Kelsen, e interpretando sua teoria, afirma: " As normas, como esquemas doadores de significado, podem manifestar uma objetividade relativa: o que é norma para um ou para um grupo pode não ser norma para outro. O significado objetivo geral é obtido por normas jurídicas. São elas o objetivo e o princípio delimitador das ocupações teóricas do jurista." Análise semelhante é feita por Costa (2007, p. 257). Transparece, assim, sua importância para o fenômeno de positivação do direito.

Partindo desse pressuposto, Bobbio (1997) ressalta que a unidade do ordenamento jurídico pressupõe a existência de uma norma fundamental que autoriza a produção de normas jurídicas, relacionando-se com todas as normas produzidas direta ou indiretamente e oferecendo condições de serem consideradas válidas e legítimas perante o referido ordenamento. Desta feita, à norma jurídica é concedida uma função integradora que determina o objeto da ciência do direito.

Diniz (2003, p. 550) afirma que normas jurídicas são "normas de conduta social, uma vez que disciplinam as atividades e relações humanas no convívio social, e são imperativas porque impõem determinado comportamento", e complementa que a norma posta pode ser vista como um ato de vontade que fixa o seu sentido, determinando o modo como deve ser a conduta:

> O ato de vontade, como ato do "ser", tem o sentido de um "dever ser", que é a norma. Uma norma posta na

> realidade do "ser" por um realizante ato de vontade é uma norma positiva. O sentido do ato de vontade ou de um ato de comando dirigido à conduta de outrem só pode ser descrito com o termo "dever ser", pois essa conduta pode "ser", mas pode também "não ser", isto é, o outro pode obedecer ou desobedecer à ordem. Logo, essa conduta não entra na ordem no modo do "ser", e sim no modo "dever ser". (DINIZ, 2009, p. 44-45)

A partir dessa análise, Ferraz Jr. (2009) conclui que, tendo em vista a eficácia da norma jurídica, ela prevê sanções aplicáveis a cada caso específico, para a hipótese de não observância do "dever-ser". O referido autor analisa a validade da norma dividindo-a em três partes: fática, no sentido de que, quando o comportamento configura uma hipótese de incidência, há uma consequência jurídica previsível (sanção); constitucional, que diz respeito à compatibilidade das prescrições legais com o conteúdo da norma fundamental em que se sustentam; ou ideal, quando se impõe na solução de um conflito baseado em um argumento doutrinário.

Importante trazer à discussão a posição de Pontes de Miranda (1970) segundo a qual as normas jurídicas podem ser consideradas em si ou como integrantes de outras normas, modificando-as, reduzindo-as ou, até mesmo, ampliando seu conteúdo. Nas palavras do autor:

> A regra jurídica pode ser considerada em si, ou como parte de regra jurídica, que contenha a completa regulação do fato, grupo de fatos ou conjunto de fatos. Nem sempre a proposição, que se toma como regra jurídica, exaure o esquema de direção; nem sempre o enunciado corresponde a uma só regra jurídica. [...] Tais regras jurídicas, formalmente separadas, são partes integrantes de todas as outras regras jurídicas em que se precise da definição, ou a que se refira a redução, ampliação ou modificação. (MIRANDA, 1970, p. 119- 120)

Tal apontamento reforça a importância da análise sistemática do arcabouço jurídico sob a perspectiva da integração das normas que o compõem, haja vista que "somente a norma jurídica, tomada em sua integridade constitutiva, terá o condão de expressar o sentido cabal dos mandamentos da autoridade que legisla" (CARVALHO, 2004, p. 21).

4.3 A natureza e o alcance da segurança jurídica e da eficiência na criação e na aplicação do direito advindo dos dispositivos da Lei n. 13.655/2018

A publicação da Lei n. 13.655/2018 efetivou a inclusão na LINDB de dispositivos de aplicação à seara do Direito Público trazendo expressamente a intenção de reafirmar seu objetivo, qual seja, trazer segurança jurídica na aplicação do direito. Santi, Santin, Alho Neto e Cypriano (2018) afirmam que tal lei ficou conhecida como "Lei da Segurança Jurídica", visto esse princípio estar expresso em seu preâmbulo e em seus artigos, ao passo que, até então, a segurança jurídica era extraída implicitamente do ordenamento jurídico como norma estruturante do Estado de Direito. Outros também foram os princípios basilares do sistema jurídico brasileiro que a referida lei buscou reforçar, tais como legalidade, isonomia, irretroatividade e transparência, corroborando com seu objetivo de racionalização e de eficiência na aplicação do direito.

Como já aventado, a Lei n. 13.655/2018 tornou-se necessária para fazer frente às dificuldades que a Administração Pública enfrentava e à consequente paralisação na sua esfera de atuação causada por algumas normas de Direito Administrativo e por entendimentos exarados pelos órgãos de controle[1], haja vista a ênfase dada à punição de ilícitos em detrimento da imple-

1 Floriano de Azevedo Marques Neto denomina tal paralisação pela expressão "apagão das canetas" (MARQUES NETO; FREITAS, 2018).

mentação de ações corretivas e preventivas e do aprimoramento das atividades administrativas (PEREIRA, 2018). Ademais, relativamente ao controle, deve ser ressaltado o aumento no número de atos administrativos invalidados pelas instâncias posteriores com alto impacto negativo na eficiência administrativa (SUNDFELD; MARQUES NETO, 2013).

Segundo Santi, Santin, Alho Neto e Cypriano (2018), os dez novos dispositivos incluídos na LINDB se direcionam à atuação pública ao regulamentar as condutas dos agentes públicos, membros dos órgãos de controle e do Poder Judiciário quando da aplicação de normas de caráter administrativo. Tal fato, entretanto, não exclui a sua aplicação a outros ramos do Direito, notadamente de Direito Público, como o Direito Tributário.

Os novos dispositivos voltam-se para a proteção da confiança na aplicação de normas de direito público de forma a evitar surpresas tanto no âmbito do Estado quanto para as pessoas privadas, tendo em vista que "o foco central é a garantia da segurança nas relações jurídicas que envolvam os poderes públicos" (MOREIRA; PEREIRA, 2019, p. 74) de forma a propiciar maior transparência, estabilidade e aprimoramento da fundamentação das decisões, levando em conta, particularmente, suas consequências.

Assim como o texto original do Decreto-lei n. 4.657/1942, a Lei n. 13.655/2018 caracteriza-se como uma "norma de sobre o direito" ou "norma sobre normas", tendo em vista trazer em seu bojo orientações para o aplicador do direito na sua tarefa de interpretar os dispositivos normativos no caso concreto. Assim:

> Uma Lei de Introdução é uma *lex legum*, ou seja, um conjunto de normas sobre normas, isto porque disciplina as próprias normas jurídicas, indicando-lhes a maneira de interpretação e aplicação, predeterminando as fontes de direito e estabelecendo regras de vigência e de solução de conflitos de normas no

> espaço e no tempo. Além disso, fornece critérios de hermenêutica, estabelecendo mecanismos de integração quando há lacunas e omissões, e visa dar certeza, segurança e estabilidade ao ordenamento. Significa dizer que a lei de introdução contém normas de sobre direito que dão apoio à atuação da ordem jurídica. (CARVALHO, 2019, p. 312)

Desta feita, a LINDB representa uma das leis mais importantes do sistema normativo brasileiro, conferindo identidade normativa e trazendo diretrizes de caráter geral que norteiam a elaboração de outras normas, bem como as decisões nas esferas administrativa, judicial e controladora. Nesse sentido, nota-se que é a primeira norma do ordenamento jurídico brasileiro que trata a esfera controladora como instância autônoma (CARVALHO, 2019).

Nesse sentido, Carvalho (2019) defende que a opção político-legislativa de alterar o conteúdo da LINDB, por meio da edição da Lei n. 13.655/2018, em detrimento da opção por uma nova norma jurídica, foi acertada, tendo em vista que o conteúdo da referida legislação se alinha à função da LINDB ao suprir a lacuna existente," traçando linhas principiológicas para orientar a criação e a interpretação das normas de direito público, em vez de se editar uma norma autônoma" (CARVALHO, 2019, p. 313). Segundo o autor, não há "nada mais apropriado do que reunir na LINDB diretrizes hermenêuticas de criação e aplicação do direito público e do direito privado" (CARVALHO, 2019, p. 312).

Segundo Diniz (2018a), a introdução dos novos dispositivos na LINDB na busca pela segurança jurídica tem como principais objetivos o aprimoramento das decisões tomadas nos vários âmbitos e instâncias, a possibilidade de participação dos cidadãos na edição de normas, a previsão de um regime de transição para novas intepretações e a responsabilização dos agentes no caso de erro grosseiro. Nas palavras da autora:

> [...] a) aprimorar a qualidade decisória dos órgãos administrativos, de controle ou judicial no nível federal, estadual ou municipal, ao concretizar a motivação decisória e ao definir balizas à interpretação e a aplicação de normas sobre gestão pública; b) estabelecer um regime para que as negociações entre autoridades públicas e particulares contenham transparência, e eficiência, por permitir o diálogo. Deveras, há participação do cidadão na decisão da Administração Pública, pois: a edição de atos normativos com exceção dos de mera organização interna, poderá ser precedida de consulta pública para manifestação dos interessados; a celebração de compromisso processual é admitida legalmente para afastar irregularidades e solucionar divergência; a previsão de regime jurídico de transição será indispensável em caso de nova interpretação ou orientação sobre norma de conteúdo indeterminado e c) admitir a responsabilidade subjetiva do agente público que atuar dolosamente ou cometer erro grosseiro. (DINIZ, 2018a, p. 306)

Nesse sentido, apesar de possuir conteúdos abertos, a lei visa trazer racionalidade, segurança jurídica e eficiência às decisões ao proteger a sociedade contra riscos, incertezas e custos excessivos, promovendo a participação coletiva para obtenção de vantagens mútuas e impondo ao responsável pela decisão, seja ela administrativa, controladora ou judicial, um esforço cognitivo adicional, tendo em vista a necessidade de motivação de suas decisões e de análise dos efeitos práticos desta, bem como de apontamento de possíveis alternativas que podem ser aviadas no caso concreto. Assim, "os agentes públicos terão um ônus argumentativo adicional: demonstração da análise das peculiaridades, das dificuldades do caso e do diálogo com o gestor público" (DINIZ, 2018a, p. 307).

No contexto das discussões sobre a LINDB, o Núcleo de Estudos Fiscais (NEF) da Fundação Getulio Vargas (FGV) da Escola de Direito de São Paulo, no âmbito do Projeto Macrovisão do Crédito Tributário, realizou um colóquio[2] denominado "Nova Lei de Introdução às Normas do Direito Brasileiro (LINDB): objetivando os princípios estruturantes do direito", com o intuito de debater possíveis impactos da nova lei no direito tributário. Na oportunidade, Ferraz Jr. afirmou que a motivação para a alteração da LINDB surgiu no contexto de desrespeito mútuo entre as instituições responsáveis por decisões que afetam os cidadãos. Além disso, trata de analisar a natureza da mencionada lei, afirmando ser considerada, além de "normas das normas", possuindo certo grau de interpretação, como "normas expletivas", ou seja, normas que fornecem maior expressão ao que já deveria ser aplicado, trazendo mais responsabilidade ao aplicador (SANTI; ALHO NETO; CYPRIANO, 2018).

Na oportunidade, Ferraz Jr. citou suplementos da teoria da argumentação de Niklas Luhmann que "deslocam de um olhar para o passado tendo em vista o futuro para um olhar do futuro tendo em vista o presente" (SANTI; ALHO NETO; CYPRIANO, 2018), o que se traduz na opção legislativa consubstanciada na LINDB no sentido de responsabilizar o gestor, o controlador e o magistrado, bem como forçar a análise das consequências práticas de suas decisões. Nesse sentido, defende-se que "o apelo à generalidade e indeterminação – algo evidente no plano constitucional dos direitos fundamentais – é a melhor forma de lidar com a nova realidade decisória" (SANTI; ALHO NETO; CYPRIANO, 2018), mesmo reconhecendo que tal generalidade e indeterminação podem resultar em imponderabilidades de difícil tratativa.

[2] Colóquio realizado no Auditório, no dia 29 de agosto de 2018, sob a coordenação do Professor Eurico Marcos Diniz de Santi, e que contou com a participação de Tercio Sampaio Ferraz Jr. (PUC e USP) e Carlos Ari Sundfeld (FGV Direito SP).

4.4 Riscos à eficácia normativa da Lei n. 13.655/2018

Não são raras as opiniões contrárias à inclusão dos artigos 20 a 30 na LINDB sob o argumento de que, apesar de poderem aumentar a eficiência na criação e na aplicação do direito, exigindo avaliações de impacto das decisões, "conduzirão à extrapolação de competência da atividade decisória" (DINIZ, 2018a, p. 315). Os novos dispositivos acrescentados com o objetivo de garantir segurança jurídica trazem conceitos jurídicos indeterminados que podem dar "azo à discricionariedade judicial ou discricionariedade na apreciação (julgamento) ou à discricionariedade administrativa (atuação do gestor público), podendo conduzir a uma significação *sui generis* ou até mesmo à arbitrariedade" (DINIZ, 2018a, p. 316).

Outrossim, definições mais específicas, claras e objetivas poderiam cumprir mais satisfatoriamente o objetivo de garantir segurança jurídica, uma vez que conduziriam a atuação do gestor, administrador, controlador e magistrado, trazendo estabilidade e previsibilidade ao exercício de suas funções. Diniz (2018a) argumenta que, pela importância de tais dispositivos e pelo impacto que eles trazem ao ordenamento jurídico, essas normas deveriam constar de diploma normativo autônomo ou ser incluídas no Código de Processo Civil ou no Estatuto da Magistratura. A autora ainda ressalta a necessidade da utilização de

> [...] termos claros e critérios valorativos objetivos que apontassem, minudentemente, a atuação do gestor, do administrador, do controlador e do juiz, para que haja uma real política de Estado, voltada à segurança jurídica, à eficiência da aplicação do direito público e à transparência da gestão pública. (DINIZ, 2018a, p. 316)

Diniz (2018a) completa observando que a questão da segurança jurídica e da ineficiência deve ser resolvida pelos gestores públicos e não pelos controladores; e, também, não se resolve com a fixação de balizas interpretativas normativas veiculadas por conceitos vagos e ambíguos que contribuem para a valoração subjetiva do aplicador. Além disso, não se deve olvidar que a insegurança jurídica é "uma realidade fática, valorada de forma subjetiva, logo norma alguma poderá eliminá-la, apesar de poder, em certa medida, minimizar suas consequências nefastas" (DINIZ, 2018a, p. 316-317).

Especificamente em relação ao viés consequencialista traçado pela lei, em seu artigo 20, pode-se considerar que, tal como posto, o comando legal deixa transparecer uma falsa impressão de que os argumentos consequencialistas pragmáticos seriam mais importantes do que "os argumentos de substrato valorativo" (NOHARA, 2019). De forma distinta, entretanto, Scaff (2018) entende não haver no texto nada que obrigue o administrador a pautar dessa forma a sua decisão, havendo apenas um dever de motivação atrelado às consequências práticas da decisão a ser tomada. Assim, dado o contexto de responsabilização dos agentes públicos de forma excessiva, há a preocupação com o consequencialismo oriundo da análise dos comandos dos artigos 20, 21 e 22 da LINDB por parte da doutrina pátria[3].

O artigo 22 orienta que sejam considerados os obstáculos e as dificuldades reais do gestor e as exigências das políticas públicas no momento da interpretação das normas sobre gestão pública. Diniz (2018a, p. 25) entende ser o dispositivo inócuo para conferir maior segurança jurídica à aplicação das normas de direito público, uma vez que requer juízo valorativo sobre a conduta do gestor público, e o destinatário do comando normativo deveria ser o próprio gestor e não o tomador de decisão, tendo em vista que "administrar é interpretar normas de gestão pública para aplicá-las a casos concretos".

---

3 Por exemplo: Scaff (2018), Marques Neto; Freitas (2018), Ferraz (2018), Nohara (2019).

Por parte dos órgãos de controle, bem como de alguns setores do Judiciário brasileiro (BRASIL, 2018b; ANAMATRA, 2018), o referido dispositivo recebe ainda duras críticas, sob o fundamento de que a determinação de que tais nuances sejam consideradas acaba por flexibilizar o instituto da responsabilidade objetiva do Estado.

Da mesma forma, o enunciado do artigo 24 é alvo de críticas ao determinar que a revisão do ato leve em conta as orientações vigentes à época de sua edição, o que possibilitaria a utilização de "justificativas abertas para a convalidação de ato ou contratos inexistentes ou nulos" (ANAMATRA, 2018). Para Nohara (2016), a determinação contida no mencionado enunciado normativo "não é novidade, pois isso já existe tanto na lei de processo administrativo, que, em âmbito federal, não admite retroatividade de novas orientações, como na própria jurisprudência, que reconhece o princípio da segurança jurídica".

A possibilidade de celebração de compromisso com os interessados, prevista no artigo 26 da LINDB, também é alvo de críticas por parte do Ministério Público Federal, pois entende-se que o referido dispositivo restringe e dificulta a atuação dos órgãos de controle, possibilitando a celebração de compromisso com os interessados ou prevendo a obtenção de autorização judicial para tanto, o que "permite concluir que a responsabilidade pessoal do agente público somente não poderia vir a ser excluída por enriquecimento ilícito ou crime" (BRASIL, 2018b, p. 10). De forma oposta, Scaff (2018) considera profícua tal redação.

Talvez a mais polêmica alteração normativa promovida pela Lei n. 13.655/2018 seja a inclusão do artigo 28, o qual prevê a responsabilização pessoal do agente público por suas decisões ou opiniões técnicas apenas em caso de dolo ou erro grosseiro. Parte das entidades representativas do

Poder Judiciário brasileiro assinala que a referida previsão normativa constituiria verdadeira "lei de impunidade", uma vez que "a mudança significa verdadeiro contorno à Lei de Improbidade, com artifícios para isentar de responsabilidade o agente" (ANAMATRA, 2018).

Por outro lado, parcela expressiva da doutrina administrativista aponta a alteração normativa como positiva, a exemplo de Ferraz (2018), ao afirmar que a inserção tem reflexos diretos na regra do artigo 10 da Lei de Improbidade Administrativa, já que "transforma em pressuposto da responsabilização do agente público (que decide ou emite opinião técnica) exclusivamente o dolo e o erro grosseiro, afastando, pois, a ideia de responsabilização por culpa *stricto sensu*". Ao assim fazer, a LINDB reforça parte da jurisprudência do Superior Tribunal de Justiça (STJ), em que pese ainda sejam invocados entendimentos no sentido da suficiência da comprovação da culpa simples para a configuração de improbidade administrativa, especialmente pela 2ª Turma da referida Corte Especial.

4.5 Conclusão

A compreensão de que a norma, conforme definição de Kelsen, é o centro da ciência do Direito e que, portanto, é ela que delimita a atuação dos aplicadores do direito a partir da avaliação do caso concreto, envolve, necessariamente, a aplicação de critérios para a escolha e a justificativa da lei a ser aplicada. Nesse contexto, resta evidente a importância de uma análise sistemática do arcabouço jurídico, em sua completude, buscando a perspectiva integradora da norma jurídica para compreensão de seu sentido pleno, devendo ser tomada em sua integridade constitutiva, em conjunto com as demais.

Nesse sentido, a LINDB exerce importante papel, eis que possui natureza de *lex legum*, ao representar um conjunto de normas que se relacionam com as demais, estabelecendo critérios hermenêuticos e de integração, regulamentando a aplicação das normas no ordenamento jurídico, tratando-se de uma verdadeira "norma de sobre o direito". Compreende-se, portanto, a escolha político-jurídica pela inclusão dos preceitos trazidos pela Lei n. 13.655/2018 na LINDB, haja vista a dificuldade de modificar toda a legislação pertinente, notoriamente pulverizada. Desse modo, a inserção em uma norma geral que regulamenta a aplicação de outras normas garante o enquadramento de todo o ordenamento jurídico e a imediata submissão de todos os aplicadores do direito a seus dispositivos.

Embora não haja consenso doutrinário sobre a real efetividade das previsões inseridas, é notória a intenção do legislador de incluir um núcleo de disposições que trouxessem maior segurança jurídica e eficiência na criação e na aplicação das normas, visto que tais preceitos são fundamentais para uma Administração Pública moderna, apta a responder às complexas demandas sociais, superando, assim, a lógica excessivamente burocrática e ineficiente.

Da mesma forma, concorda-se que o "apagão das canetas" é fenômeno com potencial extremamente danoso à gestão pública, podendo culminar em uma paralisação de importantes decisões e políticas públicas se a interpretação posterior dos órgãos de controle não considerar o contexto em que tais decisões e posicionamentos foram adotados.

Entretanto, em que pese a nova realidade social demandar maior generalidade e indeterminação dos comandos normativos, há de ser objeto de reflexão a significativa abertura interpretativa advinda dos novos dispositivos incluídos pela Lei n. 13.655/2018 na LINDB, o que pode levar à extrapolação de competências dos agentes públicos envoltos no processo decisório, dada a existência, em diversos comandos normativos, dos mencionados conceitos jurídicos indeterminados. Tais dispositivos, outrossim, caracterizam-se como “normas expletivas” capazes de fornecer maior expressão ao que já deveria ser aplicado e que deveriam traduzir-se, consequentemente, em maiores responsabilidades ao aplicador do direito, o que não pode ser deduzido da interpretação do texto normativo em estudo.

Ademais, é importante destacar a necessidade de terem sido estabelecidas definições legislativas mais objetivas, claras e específicas que possibilitassem a condução da atuação dos gestores, controladores, administrativos e magistrados, tendo em vista que a fixação de balizas normativas interpretativas que apresentam conceitos vagos e ambíguos, ditos indeterminados, contribui, ao contrário, para uma valoração subjetiva do aplicador, indo de encontro ao objetivo do legislador ao incluir tais dispositivos.

Por fim, relativamente à análise da aplicabilidade das normas vigentes, desde a publicação da Lei n. 13.655/2018, ressalta-se a importância de serem desenvolvidos estudos doutrinários e consolidadas jurisprudências que orientem a densificação dos conceitos jurídicos indeterminados presentes nos dispositivos incluídos na LINDB, de forma a minimizar os riscos à validade e à eficácia da norma, proporcionando maior coerência interpretativa. Desse modo, tais dispositivos podem contribuir efetivamente para o alcance da segurança jurídica e da eficiência na sua aplicação ao direito público.

4.6 Referências

ANAMATRA. **Associações pedem veto integral ao projeto de lei que altera a Lei de Introdução às Normas no Direito Brasileiro**. 11 abr. 2018. Disponível em: https://www.anamatra.org.br/imprensa/noticias/26354-associacoes-pedem-veto-integral-ao-projeto-de-lei-que-altera-a-lei-de-introducao-as-normas-no-direito-brasileiro. Acesso em: 16 dez. 2020.

BRASIL. **Decreto-lei n. 4.657, de 4 de setembro de 1942**. Lei de Introdução às normas do Direito Brasileiro. Brasília, DF: Presidência da República, [1942]. Disponível em: http://www.planalto.gov.br/ccivil_03/decreto-lei/del4657.htm. Acesso em: 19 dez. 2020.

BRASIL. **Lei n. 12.376, de 30 de dezembro de 2010.** Altera a ementa do Decreto-Lei n. 4.657, de 4 de setembro de 1942. Brasília, DF: Presidência da República, [2010]. Disponível em: http://www.planalto.gov.br/ccivil_03/_Ato2007-2010/2010/Lei/L12376.htm#art2. Acesso em: 19 dez. 2020.

BRASIL. **Lei n. 13.655, de 25 de abril de 2018.** Inclui no Decreto-Lei n. 4.657, de 4 de setembro de 1942 (Lei de Introdução às Normas do Direito Brasileiro), disposições sobre segurança jurídica e eficiência na criação e na aplicação do direito público. Brasília, DF: Presidência da República, [2018a]. Disponível em: http://www.planalto.gov.br/ccivil_03/_ato2015-2018/2018/lei/L13655.htm. Acesso em: 19 dez. 2020.

BRASIL. Ministério Público Federal. **Nota Técnica Conjunta n. 1/2018.** Brasília, 11 abr. 2018b. Disponível em: http://www.mpf.mp.br/atuacao-tematica/ccr5/notas-tecnicas/docs/Nota%20Tecnica%201_2018.pdf. Acesso em: 28 dez. 2020.

BOBBIO, Norberto. **Teoria do ordenamento jurídico**. 10. ed. Brasília: Ed. UnB, 1997.

CARVALHO, Morgana Bellazzi de Oliveira. A Lei n. 13.655/2018 e seus efeitos para o controle da Administração Pública. **Rev. Controle**, Fortaleza, v. 17, n. 2, p. 305-333, jul./dez. 2019.

CARVALHO, Paulo de Barros. **Direito tributário**: fundamentos jurídicos da incidência. 3. ed. rev. e atual. São Paulo: Saraiva, 2004.

COSTA, Regenaldo Rodrigues da. A concepção de norma-comunicação e a necessidade de um critério racional para sua validação racional. **Revista Nomos**, Edição Comemorativa dos 30 anos do Mestrado em Direito / UFC, p. 255-266, 2007/1.

DINIZ, Maria Helena. **A ciência jurídica**. 7. ed. São Paulo: Saraiva, 2009.

DINIZ, Maria Helena. Artigos 20 a 30 da LINDB como novos paradigmas hermenêuticos do direito público, voltados à segurança jurídica e à eficiência administrativa. **Revista Argumentum**, Marília, v. 19, n. 2, p. 305-318, maio/ago. 2018a.

DINIZ, Maria Helena. **Conceito de norma jurídica como problema de essência**. 4. ed. São Paulo: Saraiva, 2003.

DINIZ, Maria Helena. **Curso de direito civil brasileiro**: teoria geral do direito civil. 35. ed. São Paulo: Saraiva, 2018b. v. 1.

FERRAZ JR., Tércio Sampaio. **A ciência do direito**. 2. ed. São Paulo: Atlas, 2009.

FERRAZ, Luciano. Alteração da LINDB revoga parcialmente Lei de Improbidade Administrativa. **Consultor Jurídico.** 10 maio 2018. Disponível em: https://www.conjur.com.br/2018-mai-10/interesse-publico-alteracao-lindb- revoga-parcialmente-lei-improbidade#author. Acesso em: 28 dez. 2020.

FERRAZ JR., Tércio Sampaio. **Introdução ao estudo do direito**: técnica, decisão, dominação. São Paulo: Atlas, 2001.

KELSEN, Hans. **Teoria pura do direito**. 5. ed. São Paulo: Martins Fontes, 1996.

MARQUES NETO, Floriano de Azevedo; FREITAS, Rafael Véras de. O artigo 28 da nova LINDB: um regime jurídico para o administrador honesto. **Consultor Jurídico**. 25 maio 2018. Disponível em: https://www.conjur.com.br/2018-mai-25/opiniao-lindb-regime-juridico- administrador-honesto#:~:text=Bem%2Dvindo%2C%20pois%2C%20o,de%20dolo%20ou%20 erro%20grosseiro%E2%80%9. Acesso em: 13 dez. 2020.

MOREIRA, Egon Bockmann; PEREIRA, Ana Lucia Pretto. A segurança jurídica na Administração Pública (breves notas sobre a Lei n. 13.655, de 20 de abril de 2018). *In*: **Infraestrutura fluminense**: um panorama dos atuais desafios jurídicos. OAB/RJ, 2019. p. 74-97.

NOHARA, Irene Patrícia. Proposta de alteração da LINDB (Projeto 349/2015). **Direito Administrativo**. 2016. Disponível em: https://direitoadm.com.br/tag/alteracao-da-lindb/. Acesso em: 28 dez. 2020.

NOHARA, Irene Patrícia. "Solublemas" da LINDB ao direito público. **Direito Administrativo.** 23 maio 2019. Disponível em: https://direitoadm.com.br/solublemas-da-lindb-ao-direito-publico/. Acesso em: 28 dez. 2020.

PEREIRA, Anna Carolina Migueis. Trinta anos de controle da Administração Pública: à espera de um giro de eficiência. *In*: HACHEM, Daniel Wunder; LEAL, Fernando Angelo Ribeiro; MENDONÇA, José Vicente Santos de.**Transformações do direito administrativo:** o Estado administrativo 30 anos depois da Constituição de 1988. Rio de Janeiro: FGV Direito Rio, 2018.

PONTES DE MIRANDA, Francisco Cavalcanti. **Comentários à Constituição de 1967**. 2. ed. rev. São Paulo: RT, 1970. t. 1.

SANTI, Eurico Marcos Diniz de; SANTIN, Lina; ALHO NETO, João; CYPRIANO, Gabriel Franchito. LINDB: objetivando os princípios estruturantes do Direito. **Consultor Jurídico**. 28 set. 2018. Disponível em: https://www.conjur.com.br/2018-set-28/neffgv-lindb-objetivando-principios- estruturantes-direito?imprimir=1. Acesso em: 13 dez. 2020.

SANTI, Eurico Marcos Diniz de; ALHO NETO, João; CYPRIANO, Gabriel Franchito. **Relatório de pesquisa.** Colóquio Nova Lei de Introdução às Normas do Direito Brasileiro (LINDB): objetivando os princípios estruturantes do direito. FGV, 29 ago. 2018. Disponível em: https://www.conjur.com.br/dl/relatorio- pesquisa-nef-fgv.pdf. Acesso em 13 dez. 2020.

SCAFF, Fernando Facury. Quem controla o controlador? Considerações sobre as alterações na LINDB. **Consultor Jurídico.** 17 abr. 2018. Disponível em: https://www.conjur.com.br/2018-abr-17/quem-controla--controlador-notas- alteracoes-lindb. Acesso em: 28 dez. 2020.

SUNDFELD, Carlos Ari; MARQUES NETO, Floriano de Azevedo. **Contratações públicas e seu controle.** São Paulo: Malheiros, 2013.

Informação bibliográfica deste texto, conforme a NBR 6023:2002 da Associação Brasileira de Normas Técnicas (ABNT):

ROSADO, Carolina Gomes; GUIMARÃES, Dayana Alves; VALE, Giulia Parreira Xavier do; RIBEIRO, Lorena Cristina Silva. Capítulo 4 – A opção político-jurídica por um núcleo de "disposições sobre segurança jurídica e eficiência na criação e na aplicação ao direito público" – natureza e alcance das normas. *In*: PIRES, Maria Coeli Simões; BITENCOURT NETO, Eurico; GUIMARÃES, Dayana Alves (coord.). **Segurança jurídica e controle da Administração:** panorama geral e comentários sobre a Lei n. 13.655/2018 (LINDB). Belo Horizonte: Del Rey, 2022. p. 199-217. ISBN 978-65-00-38426-0.

CAPÍTULO 5

COMENTÁRIOS GERAIS SOBRE AS DISPOSIÇÕES DA LEI N. 13.655, DE 25 DE ABRIL DE 2018

CARULINA DE FREITAS CHAGAS
CLEISSON JÚNIOR DOS SANTOS
LUCAS ANTUNES LEÃO
TATIANA ROSMANINHO ANDRADE

5.1 Introdução

Neste capítulo serão desenvolvidos comentários gerais sobre a Lei n. 13.655, de 25 de abril de 2018, a partir de uma análise crítica de suas disposições e do contexto de sua edição, com o propósito de elucidar o alcance das alterações inseridas na Lei de Introdução às Normas do Direito Brasileiro – LINDB e alguns aspectos controvertidos, haja vista a irrefutável importância da aplicação do novel marco legal no atual cenário de múltiplos paradoxos da Administração Pública.

Será evidenciado que a intenção da norma é obter melhorias na qualidade da atividade decisória pública, servindo como um vetor de transformação. Nesse sentido, demonstrar-se-á que a Lei n. 13.655/2018 impingiu aos intérpretes deveres de desenvolver esforços hermenêuticos e observar os parâmetros nela insculpidos.

Considerando tais elementos e propósitos, adotou-se uma pesquisa qualitativa a partir de uma bibliografia ampla e sistemática, para suporte ao método de abordagem dialético, que recorre à comparação de ideias e argumentos lógicos, levantados mediante esforço exploratório de coleta de dados, seleção de documentação indireta e apropriação ou registro de noções perquiridas no decorrer do Curso de Especialização em Direito Administrativo, em especial na disciplina "Controle da Administração Pública: Controle e Segurança Jurídica". Fez-se, também, breve incursão filosófica pertinente aos temas versados, na tentativa de colacionar fragmentos do pensamento de alguns colaboradores.

5.2 Breves notas sobre as disposições do marco legal

A Lei n. 13.655/2018 (BRASIL, 2018) promoveu diversos aprimoramentos na redação do Decreto-Lei n. 4.657/1942 (BRASIL, 1942) – Lei de Introdução às Normas do Direito Brasileiro (LINDB) –, além de ter incluído dispositivos que, em seu conjunto, deixam explícito, como um de seus principais objetivos, a busca por mais segurança jurídica e eficiência tanto na criação, quanto na aplicação do Direito Público, notadamente do Direito Administrativo.

Em um contexto geral, esse novo marco legal refletiu em alterações importantes na seara do direito, de modo que as novações buscam preencher lacunas como a ausência de orientações claras, de limites e de critérios objetivos acerca do agir e da discricionariedade administrativa, sempre circundada por preceitos abstratos e genéricos e por expressões abertas.

As alterações destacaram que os agentes públicos devem visar à concretização dos valores jurídicos que orientam as decisões tomadas e os atos praticados, de modo a sobrelevar a segurança jurídica, conciliar a teoria e a prática, jungindo valor à ponderação como vetor hermenêutico.

Objetivou-se aproximar tanto o gestor e os agentes públicos quanto o controlador, em observância às circunstâncias fáticas e reais de cada caso que lhes é posto sob análise. A busca é, *mutatis mutandis*, por uma decisão que se afaste da invocação exclusiva de regras e expressões normativas genéricas, abstratas, e que se aproxime mais da realidade que demanda um agir administrativo mais eficiente.

Isso não significa que conceitos jurídicos e preceitos normativos abstratos não mais serão considerados, mas sim que não podem e não devem ser isoladamente considerados como único fator orientador da atuação e da decisão administrativa. Eles devem ser sopesados com os efeitos práticos que deles poderão advir.

O novo marco legal, nesse contexto, destacou a necessidade de que as decisões sejam tomadas levando em consideração os seus aspectos práticos, neles compreendidos os obstáculos e as dificuldades reais do gestor, bem assim as cautelas de indicação expressa das suas consequências jurídicas e administrativas, conforme exegese dos artigos 20 e 22 da Lei n. 13.655/2018.

5.3 Enunciados do Instituto Brasileiro de Direito Administrativo-IBDA, outros parâmetros interpretativos e avanços

Importante destacar que o Instituto Brasileiro de Direito Administrativo (IBDA), com o propósito de adensar a discussão acerca das repercussões da alteração legislativa em comento no campo da Administração Pública, realizou em Tiradentes/MG, no dia 14 de junho de 2019, seminário docente intitulado "Impactos da Lei n. 13.655/18 no Direito Administrativo", tendo, na oportunidade, estabelecido um conjunto de enunciados ou asserções de relevância para a discursividade em torno das normas comentadas, com destaque para verbetes polêmicos. Assim é que o IBDA, no Enunciado n. 11, dá as bases de sedimentação da expressão "dificuldades reais", constante do artigo 22 da LINDB, ao assinalar que na expressão estão compreendidas carências materiais, deficiências estruturais, físicas, orçamentárias, temporais, de recursos humanos (incluída a qualificação dos agentes) e as circunstâncias jurídicas complexas, a exemplo da atecnia da legislação, as quais não podem paralisar o gestor (IBDA, 2019).

Na sequência, o Enunciado n. 12 leciona que, no exercício da atividade de controle, a análise dos obstáculos e das dificuldades reais do gestor, nos termos do artigo 22 da LINDB, deve ser efetuada mediante a utilização de critérios jurídicos, evitando-se interpretações pautadas em mera subjetividade (IBDA, 2019).

Por sua vez, o Enunciado n. 13 explicita que "a competência para dizer qual é a melhor decisão administrativa é do gestor, não do controlador" (IBDA, 2019). Dessa forma, sustenta-se a transferência do ônus argumentativo da ação controladora ao que argui a irregularidade ou ilegalidade, estabelecendo-se maior dialética e motivação.

Outro ponto importante, constante do Enunciado n. 16, é que, "diante da indeterminação ou amplitude dos conceitos empregados pela lei, se, no caso concreto, a decisão do administrador mostrar-se razoável e conforme o direito, o controlador e o juiz devem respeitá-la", mesmo que suas concepções sejam distintas. Dessa forma, sobreleva o princípio da razoabilidade, em conjunto com a conformidade com o Direito (IBDA, 2019).

Sobre o tema cumpre, ainda, acrescentar que o Decreto federal n. 9.830/2019 reproduz nuances de interpretação das normas sobre gestão pública, na linha do que estipulou a Lei n. 13.655/2018, sendo necessário enfatizar o que prescreve o artigo 13 do referido Decreto. Veja-se:

> Art. 13. A análise da regularidade da decisão ***não poderá substituir*** a atribuição *do agente público, dos órgãos ou das entidades da administração pública no exercício de suas atribuições e competências, inclusive quanto à definição de políticas públicas.*
>
> *§ 1° A atuação de órgãos de controle* ***privilegiará ações de prevenção*** *antes de processos sancionadores.*
>
> § 2° A eventual estimativa de prejuízo causado ao erário não poderá ser considerada isolada e exclusivamente como motivação para se concluir pela irregularidade de atos, contratos, ajustes, processos ou normas administrativos. (BRASIL, 2019) (grifamos)

Não obstante, o artigo 16 do Decreto *susum* aludido condiciona que a decisão que impuser sanção ao agente público deve considerar fatores como a natureza e a gravidade da infração cometida; os danos que dela provierem para a Administração Pública; as circunstâncias agravantes ou atenuantes; os antecedentes do agente; o nexo de causalidade; e, por fim, a culpabilidade do agente. É implícita, portanto, a ideia de que o legislador pretende adequar a conduta do administrador para que este aja conforme predispõe o universo jurídico vigente.

A norma visa alcançar a realidade dos entes federativos recônditos que possuem realidades díspares, a exemplo dos pequenos municípios, efetivando a aplicação do princípio da isonomia, compreendido como a noção de tratar igualmente os iguais, e tratar de forma diferente os diferentes.

Daí a importância de a lei exigir, para sua aplicação ponderada e razoável, a consideração das dificuldades e dos obstáculos reais do gestor, em cada caso que estiver sendo objeto de análise, dedicando, assim, um olhar mais cauteloso e atento ao viés prático da atuação administrativa.

Outra importante característica das alterações promovidas na LINDB é que ela trouxe, nos dispositivos alterados/incluídos, novas hipóteses e alternativas de controle de validade dos atos administrativos, além das já ensinadas pela doutrina administrativista tradicional. Algumas dessas novas possibilidades passaram a expressamente prever entendimentos que já vinham sendo adotados pela jurisprudência do Tribunal de Contas da União. A título exemplificativo, Marçal Justen Filho elucida:

> Em diversos casos, o TCU reconhecia a existência de nulidade, mas não pronunciava a invalidade do ato em vista de um juízo de proporcionalidade relativamente aos efeitos práticos. Em muitos casos, o desfazimento do ato administrativo poderia gerar efeitos muito mais nocivos do que a sua preservação. Isso não impedia a punição aos envolvidos nos atos defeituosos. Esse enfoque recebeu tutela legislativa expressa por meio da Lei n. 13.655/2018. (JUSTEN FILHO, 2018, p. 33)

Nesse sentido, merecem destaque o parágrafo único do rtigo 20 e o artigo 21 da LINDB. O primeiro dispositivo exige que a decisão que decretar a invalidade de ato, contrato, ajuste, processo ou norma administrativa demonstre que a invalidação foi necessária e adequada ao caso concreto analisado, além de ponderar as alternativas de atuação existentes e as consequências práticas da medida imposta.

O artigo 24, por seu turno, determina que a revisão quanto à validade de atos, contratos, ajustes, processos ou normas deve respeitar os direitos adquiridos, bem como os atos jurídicos perfeitos, ainda que tenha havido mudança posterior de orientação geral. Na sequência, o parágrafo único define o que vem a ser "orientação geral", demonstrando a preocupação da LINDB em evitar o uso de expressões abertas e indeterminadas, as quais levam a decisões e atuações imprecisas por parte da Administração Pública, de forma prejudicial à eficiência da gestão pública e à própria atividade de controle.

Outro significativo avanço promovido pela LINDB foi a admissão de hipóteses de atuação consensual com terceiros, públicos ou privados. O artigo 26, por exemplo, admite expressamente essa hipótese, desde que atendidos os requisitos e condições nele elencados, para fins de evitar "irregularidade, incerteza jurídica ou situação contenciosa na aplicação do direito público". Essa previsão normativa reflete uma característica típica do Direito Administrativo contemporâneo, marcado por profundas transformações e peculiaridades neste século XXI, dentre as quais se destacam a consensualidade e a concertação administrativa.

Soma-se ao mencionado artigo 26, como sinalizador da admissão de um agir consensual da Administração Pública, o § 2º do artigo 27, que dispõe sobre a celebração de compromisso processual entre envolvidos destinado a regular a compensação de prejuízos anormais ou injustos ou por benefícios indevidos.

Além das já mencionadas, outra alteração de grande destaque e relevância promovida na LINDB pela Lei n. 13.655/2018 foi a previsão, no artigo 28, da fórmula geral da responsabilização de agentes públicos na esfera administrativa ou fórmula geral do erro administrativo: "O agente público responderá pessoalmente por suas decisões ou opiniões técnicas em caso de dolo ou erro grosseiro".

Nesse ínterim, vale trazer à baila a exegese de Karl Engisch (2014, p. 65), segundo a qual, ao se interpretar o Direito, intenta-se uma análise histórica (acerca das fontes jurídicas) e dogmática (acerca do conteúdo). No entanto, não interessa uma interpretação que despreze os problemas do presente para retroceder a um contexto social já inexistente, consubstanciado na vontade do legislador antigo. Em suma, deve haver uma interpretação visando analisar o presente e as consequências futuras, nunca fadada ao retrocesso.

5.4 Algumas contribuições filosóficas e jurídicas sobre realização da justiça e do Direito

Ao longo do tempo, contribuições filosóficas e jurídicas assentam balizas acerca da realização da justiça e do Direito, tendo em conta as relações do Estado.

Erigindo apertada síntese dos ensinamentos de Platão (1994, p. 156), pode-se afirmar que a justiça, na relação do Estado com o particular, consiste no resultado do comportamento do Estado, que, dentro de sua organização, mantém em cada classe os limites dos próprios deveres. Ou seja, cada função estatal deve ser estritamente delimitada e respeitada, sob pena de injustiça em eventuais abusos e de comportamentos que extrapolem os deveres.

Jean-Jacques Rousseau (1989) posiciona-se contrariamente a qualquer sobreposição do desejo de alguém, ou do Estado, à lei, impondo-se que a legitimidade desta seja reconhecida. Isso porque, se houver um único indivíduo que não esteja submisso à lei, todos estarão à mercê deste.

Por sua vez, na perspectiva de Ihering (2019, p. 42), a resistência contra a lesão ao direito constitui um dever consigo e com a sociedade, além de ser um imperativo de autodefesa moral, pois só em consequência da resistência o Direito é realizado. Em síntese, considera esse autor que a concretização do Direito incumbe ao Estado, sendo o Direito Público um reflexo do Direito Privado. Quando o Estado falha em seu mister de defender o direito dos particulares, o senso de justiça se torna débil, porque uma nação é a soma dos indivíduos que a integram, refletindo os pensamentos, os sentimentos e as ações dos seus integrantes.

5.5 Moralidade como baliza da conduta do agente público

É dever, portanto, do agente público agir conforme o direito, de forma razoável e moral. Dirley da Cunha Júnior (2016, p. 40) ensina que o princípio da moralidade tem origem na Roma antiga, oriundo da premissa de que tudo o que é lícito é honesto (*non omne quando licet honestum est*). A doutrina francesa retomou tal princípio como um conjunto de regras balizadoras de conduta que visam à boa e útil disciplina dos procedimentos internos da Administração.

O princípio da moralidade, entendido como o conjunto de valores éticos que determinam um *standard* imperioso de condutas de uma administração proba, leal, honesta e íntegra, exige, em termos pragmáticos, que os administradores se arrimem em valores como caráter, decência, lealdade, decoro e boa-fé.

Com supedâneo nos ensinos de José dos Santos Carvalho Filho (2019, p. 22)[1], pode-se afirmar que o princípio da moralidade determina que o administrador público

[1] Ao revés, quanto à imoralidade, que "consiste em atos de improbidade, que, como regra, causam prejuízos ao erário, o diploma regulador é a Lei n. 8.429, de 2 de junho de 1992" (CARVALHO FILHO, 2019).

atue conforme preceitos éticos necessariamente presentes em sua conduta. Deve o agente averiguar os critérios de conveniência, oportunidade e justiça em suas ações, além de distinguir o que é honesto e o que não é.

Para Odete Medauar (2018, p. 116-117), o princípio da moralidade administrativa busca a defesa da lisura ou a exação nas práticas administrativas, juntando-se o honesto ao conveniente.

5.6 Controle e cautelas

Em outro prisma, o filósofo Aristóteles (1995, p. 211) já sinalizava que o manejo do dinheiro público por autoridades direcionava à necessidade de recebimento e verificação das contas por outra autoridade, externa ao manejo. A Declaração dos Direitos do Homem e do Cidadão (SÃO PAULO, 2015), aprovada em 26 de agosto de 1789 e ratificada em 2 de outubro do mesmo ano pela Assembleia Nacional Constituinte da França, prescreve, em seu artigo 15, que a sociedade tem o direito de pedir contas de todo agente público, relativas à administração.

O termo "controle", na concepção de Evandro Martins Guerra (2012, p. 107), foi dinamizado e, a partir do ano de 1611, aproximou-se da acepção de domínio, governo, fiscalização, verificação. Na esteira de Helio Saul Mileski (2011, p. 169), o controle abrange a verificação do atendimento dos princípios e normas e da finalidade do interesse público, protegendo os administrados e a própria Administração. Controlar, portanto, é o ato ou o efeito de fiscalizar e emitir um juízo acerca da regularidade ou adequação da atuação. O controle exercido pelo Estado caracteriza o exercício do poder uno estatal por meio de uma função, um poder-dever (possui natureza cogente), advindo do mister constitucional, sob pena de responsabilização, por omissão do agente que assim não o exercer.

Durante muito tempo cultuou-se que o bom agente público *é* aquele que se limita a aplicar a lei. Todavia, com as transformações da sociedade e o surgimento de novas demandas, a impossibilidade de a lei prever todas as situações que demandam a intervenção e a atuação da Administração Pública tornou-se cada vez mais evidente. Foi-se exigindo uma postura mais proativa não só da Administração Pública, mas também dos agentes públicos.

Nesse contexto, o artigo 28 da LINDB surge como uma esperança para o gestor que deseja ser mais proativo, mas tinha receio do sistema de controle. Como bem destacam Gustavo Binenbojm e André Cyrino, em artigo sobre esse novo dispositivo:

> Era preciso cuidar do gestor que quer fazer uma boa administração a partir de abordagens inovadoras, mas tem medo de agir. O legislador precisava lidar com o receio de qualquer espécie de criatividade administrativa, de não se querer assumir o risco do erro. Com efeito, o rigoroso sistema de controles administrativos que nem sempre *é* suficiente para inibir casos graves de má gestão e corrupção, acaba por dissuadir a ação daqueles que poderiam sugerir mudanças. [...] Do mau administrador continuam tratando os inúmeros estatutos de controle da moralidade administrativo (Lei de Improbidade Administrativa, Lei Geral de Licitações etc). (BINENBOJM; CYRINO, 2018, p. 206)

Não obstante seu inegável mérito, ao abrir espaço para uma atuação mais livre do agente público, mas nem por isso em desacordo com os preceitos normativos que devem reger a atividade pública, o artigo 28 inserido na LINDB pela Lei n. 13.655/2018 tem sido, também, alvo de críticas.

A mais frequente dessas críticas tem sido a difícil tarefa de conceituar o que seja considerado erro grosseiro, uma vez que a lei não trouxe essa definição e tampouco mencionou critérios legais e/ou normativos que permitam fazê-lo de forma segura e objetiva. O fato é que, na ausência de definição legal, somente com o tempo será possível ter um conceito consolidado a partir não só de estudos acadêmicos, mas também, e sobretudo, por meio da observação e da análise da jurisprudência e da prática administrativas.

Por remate final, imperioso colacionar as lições de Gustavo Binenbojm e André Cyrino sobre o artigo 28, que muito bem resumem o intuito do dispositivo legal:

> O art. 28 da LINDB constitui espécie de cláusula geral do erro administrativo. Seu escopo, como tal, é oferecer segurança jurídica ao agente público com boas motivações, mas falível como qualquer pessoa. Assim, criam-se os incentivos institucionais necessários à promoção da inovação e à atração de gestores capacitados. De um lado, a responsabilização do agente público nos casos de dolo e erro grosseiro tem o efeito de reprimir e desestimular os casos de corrupção, fraude e culpa grave. De outro lado, admitir o erro, salvo quando grosseiro, faz sentido num regime jurídico que pretenda viabilizar soluções inovadoras e impedir que as carreiras públicas se tornem armadilhas para pessoas honestas, capazes e bem-intencionadas. (BINENBOJM; CYRINO, 2018, p. 221)

5.7 Conclusão

A situação em que se encontra atualmente a Administração Pública deve ser enfrentada sobretudo pelo ordenamento público, e isso ocorre mediante o aprimoramento das bases normativas e da criação de novos modelos de relação controle-gestão.

Nesse sentido, a Lei n. 13.655/2018 representa uma resposta do direito a essa situação, com a incorporação de dispositivos pertinentes ao ordenamento jurídico vigente, visando conferir segurança jurídica não apenas à atuação do Administrador Público, que poderá voltar a agir com certa autonomia decisória, mas também aos administrados, que, conforme já discutido, são cotidianamente afetados pela inconstância administrativa decorrente do impasse entre gestão e controle.

A mudança na LINDB ocorrida a partir da inclusão dos artigos 20 a 30 trouxe uma nova perspectiva sob a ótica da fiscalização e do controle e, sobretudo, a necessidade de uma nova visão acerca dos parâmetros de avaliação dos atos administrativos e que serão de suma importância para análise da conduta dos agentes públicos no novo cenário político-administrativo.

De forma resumida, a ideia principal trazida pelos novos artigos é, sem dúvida, a observância dos princípios da ponderação/proporcionalidade nas decisões, avaliando os efeitos práticos em detrimento do formalismo exacerbado que, em alguns casos, torna as decisões altamente lesivas ao interesse público, desvirtuando-se da finalidade a que se destinam. Nessa senda, os órgãos de controle devem balancear se existe a necessidade de adequação da jurisprudência em relação aos eventuais excessos sancionatórios que, supostamente, "amedrontam" a atuação de agentes públicos, gerando uma "crise da ineficiência pelo controle".

Porém, é notório que tais dispositivos não vieram no intuito de coibir a atuação dos órgãos de jurisdição e controle, e sim com a intenção de propor uma nova diretriz que balizará a atuação desses órgãos ao fazerem um juízo de valor sobre as suas consequências práticas antes de prolatar suas decisões.

A responsabilização por meio da análise acerca do dolo e do erro grosseiro, nos termos do artigo 28, é um terreno tormentoso e obscuro, na medida em que a prova não fica claramente evidenciada no momento em que se avalia a conduta do agente sob esses parâmetros.

Vale ressaltar, também, os princípios da motivação e da menor onerosidade, evidenciados nas modificações trazidas pela Lei n. 13.655/2018, sobretudo no artigo 21. A novel *lex* é louvável e apresenta a possibilidade de superação de desafios enfrentados pelos órgãos de controle e seus jurisdicionados, assim compreendidos os agentes públicos. A necessidade de avaliar os reflexos das decisões prolatadas é vetusta, sobretudo no que se refere à previsibilidade dos prejuízos que delas podem advir.

5.8 Referências

ARISTÓTELES. **A política**. Tradução Silveira Chaves. São Paulo: Edipro, 1995.

BINENBOJM, Gustavo; CYRINO, André. Art. 28 da LINDB. **Revista de Direito Administrativo**, Rio de Janeiro, Edição Especial: Direito Público na Lei de Introdução às Normas de Direito Brasileiro – LINDB (Lei n. 13.655/2018), p. 203-224, nov. 2018.

BRASIL. **Decreto-lei n. 4.657, de 4 de setembro de 1942**. Lei de Introdução às normas do Direito Brasileiro. Brasília, DF: Presidência da República, [1942]. Disponível em: http://www.planalto.gov.br/ccivil_03/Decreto-Lei/Del4657compilado.htm. Acesso em: 13 abr. 2021.

BRASIL. **Decreto n. 9.830, de 10 de junho de 2019**. Regulamenta o disposto nos art. 20 ao art. 30 do Decreto-Lei n. 4.657, de 4 de setembro de 1942, que institui a Lei de Introdução às normas do Direito brasileiro. Brasília, DF: Presidência da República, [2019]. Disponível em: http://www.planalto.gov.br/ccivil_03/_ato2019-2022/2019/decreto/D9830. Acesso em: 13 abr. 2021.

BRASIL. **Lei n. 13.655, de 25 de abril de 2018.** Inclui no Decreto-Lei n. 4.657, de 4 de setembro de 1942 (Lei de Introdução às Normas do Direito Brasileiro), disposições sobre segurança jurídica e eficiência na criação e na aplicação do direito público. Brasília, DF: Presidência da República, [2018]. Disponível em: http://www.planalto.gov.br/ccivil_03/_ato2015-2018/2018/Lei/L13655.htm. Acesso em: 13 abr. 2021.

CARVALHO FILHO, José dos Santos. **Manual de direito administrativo**. 33. ed. São Paulo: Atlas, 2019.

CUNHA JÚNIOR, Dirley da. **Curso de direito administrativo**. 15. ed. Salvador: Juspodivm, 2016.

ENGISCH, Karl. **Introdução ao pensamento jurídico (1983)**. Lisboa: Fundação Calouste Gulbenkian, 2014.

GUERRA, Evandro Martins. **Direito financeiro e controle da atividade financeira estatal**. 3. ed. Belo Horizonte: Fórum, 2012.

IHERING, Rudolf von. **A luta pelo direito**. São Paulo: Edijur, 2019.

INSTITUTO BRASILEIRO DE DIREITO ADMINISTRATIVO (IBDA). **Seminário promovido pelo IBDA aprova enunciados sobre a LINDB.** IBDA, 2019. Disponível em: https://ibda.com.br/noticia/seminario-promovido-pelo-ibda-aprova-enunciados-sobre-a-lindb. Acesso em: 16 abr. 2021.

JUSTEN FILHO, Marçal. Art. 20 da LINDB. **Revista de Direito Administrativo**, Rio de Janeiro, Edição Especial: Direito Público na Lei de Introdução às Normas de Direito Brasileiro – LINDB (Lei n. 13.655/2018), p. 13-41, nov. 2018.

MEDAUAR, Odete. **Direito administrativo moderno**. 21. ed. Belo Horizonte: Fórum, 2018.

MILESKI, Helio Saul. **O controle da gestão pública**. 2. ed. rev. atual. e aum. Belo Horizonte: Fórum, 2011.

PLATÃO. **A República**. São Paulo: Edipro, 1994.

ROUSSEAU, Jean-Jacques. **Discurso sobre a origem e os fundamentos da desigualdade entre os homens**. Apresentação e comentários de Jean-François Braunstein. Tradução Iracema Gomes Soares e Maria Cristina Roberi Nagle. Brasília: Ed. UnB; São Paulo: Ática, 1989.

SÃO PAULO. **Declaração dos Direitos do Homem e do Cidadão**, 1789. Universidade de São Paulo: Biblioteca Virtual de Direitos Humanos, 2015. Disponível em: http://www.direitoshumanos.usp.br/index.php/

Documentos-anteriores-%C3%A0-cria%C3%A7%C3%A3o-da-Sociedade-das-Na%C3%A7%C3%B5es-at%C3%A9-1919/declaracao-de-direitos-do-homem-e-do-cidadao-1789.html. Acesso em: 13 abr. 2021.

Informação bibliográfica deste texto, conforme a NBR 6023:2002 da Associação Brasileira de Normas Técnicas (ABNT):

CHAGAS, Carulina de Freitas; SANTOS, Cleisson Júnior dos; LEÃO, Lucas Antunes; ANDRADE, Tatiana Rosmaninho. Capítulo 5 – Comentários gerais sobre as disposições da Lei n. 13.655, de 25 de abril de 2018. *In*: PIRES, Maria Coeli Simões; BITENCOURT NETO, Eurico; GUIMARÃES, Dayana Alves (coord.). **Segurança jurídica e controle da Administração**: panorama geral e comentários sobre a Lei n. 13.655/2018 (LINDB). Belo Horizonte: Del Rey, 2022. p. 219-234. ISBN 978-65-00-38426-0.

CAPÍTULO 6

VALORES JURÍDICOS ABSTRATOS *VERSUS* CONSEQUÊNCIAS PRÁTICAS E DIFICULDADES REAIS, SOB O PÁLIO DA MOTIVAÇÃO E DE OUTRAS BALIZAS DE AUTOTUTELA
(artigos 20, 21 e 22 da LINDB)

DANIEL MARÇONI SANTOS SILVA
RAFAEL LARA CAMARGOS DINIZ
RAFAEL MENEZES BRITO
RAPHAELLA MIRANDA CRUZ

6.1 Introdução

Considerando o objetivo geral deste estudo, qual seja, promover uma análise da Lei n. 13.655, de 25 de abril de 2018 (BRASIL, 2018), que introduziu no Decreto-lei n. 4.657, de 4 de setembro de 1942 – Lei de Introdução às Normas do Direito Brasileiro (LINDB) (BRASIL, 1942), disposições sobre segurança jurídica e eficiência na criação e na aplicação do direito público, propõe-se aqui um enfoque específico no princípio da segurança jurídica e no controle da Administração Pública.

Assim, esta pesquisa buscou demonstrar a existência do dever legal de motivação das decisões tomadas nas esferas administrativa, controladora e judicial, evitando a materialização de decisões fundamentadas em valores jurídicos abstratos, que afastam a segurança jurídica por propiciarem diferentes conclusões, bem como a prolação de decisões que não levem em consideração os potenciais efeitos a cada caso concreto.

O caminho metodológico percorrido permitiu a análise preliminar da Constituição da República de 1988 (BRASIL, 1988), da Lei federal n. 13.655/2018, bem assim a exploração de conteúdos doutrinários pertinentes. A partir da definição do traço estrutural do capítulo, realizou-se interpretação detida dos artigos 20, 21 e 22 da LINDB, haja vista sua pertinência temática, sendo identificados os aludidos dispositivos legais e seus comandos normativos, os efeitos de suas inovações no ordenamento jurídico brasileiro, suas potencialidades transformadoras e, mesmo que brevemente, as controvérsias e os debates existentes sobre cada um deles e os efeitos verificados até então.

6.2 Os valores jurídicos abstratos *versus* consequências práticas e dificuldades reais: da motivação e de outras balizas de autotutela

A Lei n. 13.655/2018 incluiu os artigos 20[1], 21[2] e 22[3] no Decreto-lei n. 4.657/1942 (Lei de Introdução às Normas

---

[1] "Art. 20. Nas esferas administrativa, controladora e judicial, não se decidirá com base em valores jurídicos abstratos sem que sejam consideradas as consequências práticas da decisão.

Parágrafo único. A motivação demonstrará a necessidade e a adequação da medida imposta ou da invalidade e ato, contrato, ajuste, processo ou norma administrativa, inclusive em face das possíveis alternativas."

[2] "Art. 21. A decisão que, nas esferas administrativa, controladora ou judicial, decretar a invalidação de ato, contrato, ajuste, processo ou norma administrativa deverá indicar de modo expresso suas consequências jurídicas e administrativas.

Parágrafo único. A decisão a que se refere o *caput* deste artigo deverá, quando for o caso, indicar as condições para que a regularização ocorra do Direito Brasileiro – LINDB), que contêm disposições sobre segurança jurídica e eficiência na criação e na aplicação de normas de direito público, isto é, normas que envolvam a Administração Pública.

Com os novos dispositivos, passou a constar da LINDB a obrigatoriedade de as decisões nas esferas administrativa, controladora ou judicial indicarem, de modo expresso, suas consequências jurídicas e administrativas, bem como de não se fundamentarem, indiscriminadamente, em valores jurídicos abstratos, ao decretar a invalidade de ato administrativo, contrato, ajuste, processo ou norma administrativa.

Concretizou-se, portanto, a imposição legal de consideração dos obstáculos e das dificuldades reais do gestor público quando da tomada de decisão e das exigências das políticas públicas impostas ao seu cargo, bem assim da interpretação das normas sobre gestão pública pacificadas no momento da tomada da decisão.

O compromisso do legislador nacional com a qualificação das decisões públicas, ao prestigiar a segurança jurídica

---

de modo proporcional e equânime e sem prejuízo aos interesses gerais, não se podendo impor aos sujeitos atingidos ônus ou perdas que, em função das peculiaridades do caso, sejam anormais ou excessivos."

3 "Art. 22. Na interpretação de normas sobre gestão pública, serão considerados os obstáculos e as dificuldades reais do gestor e as exigências das políticas públicas a seu cargo, sem prejuízo dos direitos dos administrados.

§ 1º Em decisão sobre regularidade de conduta ou validade de ato, contrato, ajuste, processo ou norma administrativa, serão consideradas as circunstâncias práticas que houverem imposto, limitado ou condicionado a ação do agente.

§ 2º Na aplicação de sanções, serão consideradas a natureza e a gravidade da infração cometida, os danos que dela provierem para a administração pública, as circunstâncias agravantes ou atenuantes e os antecedentes do agente.

§ 3º As sanções aplicadas ao agente serão levadas em conta na dosimetria das demais sanções de mesma natureza e relativas ao mesmo fato."

e a eficiência na criação e na aplicação do direito público pelas esferas administrativa, controladora e judicial, reflete anseio dos gestores, operadores do direito público e cidadãos. Esse anseio foi registrado especialmente pelos Professores Floriano Azevedo Marques Neto e Egon Bockmann Moreira (2015), no texto intitulado *Uma Lei para o Estado de Direito Contemporâneo,* que compõe a coletânea de divulgação do Projeto de Lei n. 349/15, de autoria do Senador mineiro Antonio Anastasia, intitulada *Segurança Jurídica e Qualidade das Decisões Públicas: desafios de uma sociedade democrática.*

Alertam os juristas que, "de há muito tempo, o direito público deixou de ser mera subsunção de fato à lei [...] processo positivo e irreversível. Seria impensável, hoje, um Estado submetido a um Direito liberal oitocentista" (MARQUES NETO; MOREIRA, 2015, p. 9). Comemora-se a introdução à LINDB de regras de Direito Público, que atualizam o escopo de todo o ordenamento jurídico quando interpretada a racionalidade da gestão pública.

Racionalidade de Direito Público que determina, já nos primeiros três artigos incluídos pela Lei n. 13.655/2018, a redução da indeterminação das decisões estatais, tomadas nas esferas administrativa, controladora e judicial, asseverando que não se decidirá com base em valores jurídicos abstratos sem que se considerem as situações da realidade (JUSTEN FILHO, 2018).

Tal disposição tem por finalidade reforçar a ideia de responsabilidade decisória, evitando que valores jurídicos abstratos, os quais admitem diversas aplicações e hipóteses interpretativas, sejam utilizados para justificar toda e qualquer decisão, de forma meramente retórica e falsamente motivada.

Pode-se entender por valores jurídicos abstratos as materializações normativas que implicam diversas aplicações e hipóteses interpretativas, dificultando a determinação da solução efetiva a ser adotada no caso concreto. Dificuldade que decorre da pluralidade de soluções possibilitadas pelas normas gerais aplicadas (ÁVILA, 2010).

Florivaldo Dutra de Araújo (2006, p. 107-112), em cuidadoso estudo, apresenta uma explicação para a expressão "conceitos jurídicos indeterminados". Inicialmente, o autor ressalta serem distintos dos conceitos teoréticos, os quais pertencem ao "mundo da natureza", "da causalidade". Os conceitos jurídicos indeterminados, de acordo com Araújo, utilizando-se da obra de Afonso Rodrigues Queiró, caracterizam-se por:

> Pertencer [...] ao mundo da sensibilidade, ao mundo da razão prática, onde domina a incerteza, o parecer de cada um, onde não existe uma lógica de valor universal, mas concepções individuais, acientíficas, subjetivas (*individuelle Antworte*), e então o juízo da subsunção não mantém já o mesmo caráter de necessidade lógica, de categoricidade. (QUEIRÓ, *apud* ARAÚJO, 2006, p. 102)

Além disso, para esse autor a indeterminação não reside propriamente nos conceitos (como defende Celso Antônio Bandeira de Mello), tampouco nos termos (palavras) utilizados para designar esses conceitos (como defende Eros Roberto Grau). Florivaldo Dutra de Araújo entende, acompanhando a literatura alemã sobre o tema (Creifelds, Bachof, Erichsen e Martens), que imprecisa é a subsunção dos fatos aos conceitos, considerando as diferentes visões de mundo trazidas pelos sujeitos comunicantes. Assim, a seu ver, a expressão "conceito jurídico indeterminado" deve ser entendida como a forma sintética ("imagem de síntese") de uma ideia mais completa, que é a "indeterminação (imprecisão) na subsunção do fato ao conceito previsto na lei".

Ainda sobre a noção de conceito jurídico indeterminado, pertinentes os ensinamentos da Professora Maria Coeli Simões Pires, que, a respeito do tema, afirma:

> É dizer: existem certos conceitos jurídicos que demandam tão desafiante processo interpretativo, que sua identificação, antes, assemelha-se ao resultado de uma escolha entre várias outras possíveis. São os chamados conceitos jurídicos indeterminados, durante muito tempo acolhidos em confusão como matrizes abertas submetidas ao juízo do poder discricionário da Administração Pública. (PIRES, 2006, p. 159)

A autora destaca, ainda, que a imprecisão pode ser intencional ou não: "Essa linguagem, permeada pelos vieses das ciências sociais, no entanto, comporta relativa imprecisão, intencional ou não, colocando-se nesse ínterim a problemática da indeterminação conceitual do Direito" (PIRES, 2006, p. 159).

Carlos Ari Sundfeld (2014) explica que a indeterminação dos textos normativos é um recurso empregado deliberadamente pelos legisladores, diante da "falta de consenso e de apoio político para textos mais exatos". Adota-se uma redação capaz de acomodar interesses antagônicos, adiando pragmaticamente o enfrentamento daquela questão espinhosa para um momento mais oportuno.

Nesse contexto, do conceito jurídico indeterminado como artifício do legislador, tem-se que sua aplicação pode configurar uma pretensa discricionariedade administrativa. De qualquer forma:

> [...] discricionária ou não, a aplicação do conceito deverá ser sempre orientada pela finalidade pública; prova

> disso é que "o ato que, encobrindo fins de interesse público, deixa à mostra finalidades pessoais, poderá cair na apreciação do Poder Judiciário, não obstante originário de competência livre. (PIRES, 2006, p. 160)

Nesse sentido, "a análise da estrutura do conceito jurídico indeterminado é de suma importância para que seja tomada, no caso concreto, a solução adequada que deverá ser acolhida pelo ordenamento jurídico" (PIRES, 2006, p. 160).

Dessa forma, não há mais que se falar em total isenção de controle dos atos e decisões da Administração Pública, mas, conforme García de Enterría e Fernandez (1991), com o aprofundamento na técnica dos conceitos jurídicos indeterminados, passa-se apenas para uma relativa dificuldade de controle na apreciação de aspectos e valores diversos utilizados como fundamento. Assim, desde que devidamente apresentada a perspectiva utilizada pelo administrador, bem como as circunstâncias e provas, tem-se uma redução significativa da chamada "zona de imprecisão", permitindo avaliar o uso dos conceitos indeterminados.

Portanto, justamente para a tomada de decisões quando se está diante de conceitos jurídicos indeterminados é que a fundamentação das decisões se torna ainda mais importante, fazendo com que os novos dispositivos legais trazidos à LINDB sejam tão relevantes. Tanto para realizar a subsunção dos conceitos jurídicos indeterminados ao fato concreto, dando-lhes aplicação, quanto para aquelas hipóteses em que tais conceitos jurídicos indeterminados são utilizados na motivação das decisões tomadas pelo administrador.

O problema da fundamentação das decisões com base em valores jurídicos abstratos cresce de importância uma vez que os princípios – portadores de "extrema indeterminação" –, atualmente, passaram a ser invocados como panaceia do Direito e, assim, muitas vezes são usados como pretexto para a tomada de toda e qualquer decisão. Destaca-se que o problema da fundamentação das decisões com base em princípios não está nos próprios princípios ou em sua força normativa. É inegável que os princípios têm fundamental importância no ordenamento jurídico e que efetivamente detêm força normativa, a qual deve ser observada. O problema está, no entanto, na sua utilização enviesada e absolutamente inadequada.

A respeito dos princípios, portanto, importante destacar os ensinamentos de Humberto Ávila (2010), que, em importante obra (**Teoria dos princípios**), buscou abordá-los, defini-los e tratar da forma como devem ser aplicados. Nesse sentido, o autor define os princípios do seguinte modo:

> Os princípios são normas imediatamente finalísticas, primariamente prospectivas e com pretensão de complementariedade e de parcialidade, para cuja aplicação se demanda uma avaliação da correlação entre o estado de coisa a ser promovida e os efeitos decorrentes da conduta havida como necessária à sua promoção. (ÁVILA, 2010, p. 78)

Já sobre a força normativa dos princípios, Humberto Ávila aponta que:

> As normas atuam sobre as outras normas do mesmo sistema jurídico, especialmente definindo-lhes o seu sentido e o seu valor. Os princípios, por serem normas imediatamente finalísticas, estabelecem um estado ideal de coisas a ser buscado, que diz respeito a outras normas do mesmo sistema, notadamente das regras. Sendo assim, os princípios são normas importantes para a compreensão do sentido das regras. (ÁVILA, 2010, p. 97)

Seguindo esse raciocínio, o autor destaca que um sistema não pode ser composto somente de princípios ou só de regras, mas que as espécies normativas, em verdade, são igualmente importantes e se complementam e equilibram. Para Ávila (2010, p. 120), "Um sistema só de princípios seria demasiado flexível, pela ausência de guias claros de comportamento, ocasionando problemas de coordenação, conhecimento, custos e controle de poder". Por outro lado, um sistema só de regras também acarretaria inconveniências que inviabilizariam sua existência, como um formalismo demasiadamente rígido, inflexível, que não permitiria a existência de "válvulas de abertura para o amoldamento das soluções às particularidades dos casos concretos" (ÁVILA, 2010, p. 121).

Diante dessas considerações, Humberto Ávila conclui que os princípios não são mais importantes do que as regras, nem as regras são mais necessárias que os princípios, desempenhando funções diferentes e complementares, sendo indispensáveis uns aos outros e ao sistema. Nesse modelo, pois, propõe o autor, respeitando a força normativa dos princípios e buscando afastar sua utilização indiscriminada e inadequada, que devem ser aplicados da seguinte forma:

> No caso dos princípios, propugna-se por um modelo criterioso de aplicação, no qual os princípios têm funções específicas que não afastam pura e simplesmente as regras eventualmente aplicáveis. O essencial é que, mesmo havendo ponderação, ela deverá indicar os princípios objeto de ponderação (pré-ponderação), efetuar a ponderação (ponderação) e fundamentar a ponderação feita. (ÁVILA, 2010, p. 121)

Feitos esses esclarecimentos sobre a distinção entre regras e princípios, reconhecida a importância dos princípios no ordenamento jurídico e também sua força normativa, passa-se então à crítica relacionada a sua utilização inadequada e indiscriminada, fazendo com que sejam usados como suposta fundamentação de toda e qualquer decisão.

A fim de garantir maior segurança jurídica aos gestores públicos e aos cidadãos, evidencia-se, assim, que o cerne da proposta de alteração da LINDB está no dever de fundamentação das decisões administrativa, controladora e judicial quando da utilização de princípios ou conceitos jurídicos indeterminados nas decisões da Administração Pública.

Conforme ensina o Professor Marcelo Cattoni de Oliveira (2001), à exceção apenas de alguns enunciados específicos com maior nível de particularidades e condições de aplicação em situações tipificadas, na verdade, todas as normas válidas são indeterminadas em sua referência e, por isso, necessitam de conexões relacionais adicionais no caso concreto individual.

Isso ocorre porque, em uma sociedade plural e sem possibilidade de fundamentos absolutos, a certeza que se tem é a de que os melhores argumentos sejam levados corretamente em consideração no momento da decisão.

Dessa forma, segundo o autor, o que garante a legitimidade da decisão é o processo de construção que considera a necessidade racional de fundamentação:

> Assim, como se trata de um processo argumentativo, a construção da decisão judicial, que importa na determinação da norma adequada a um dado caso, assegurada num nível institucional, depende do entrelaçamento de argumentos e de perspectivas de interpretação acerca do caso concreto que não pode, por um lado, deixar de considerar os pontos de vista dos diretamente implicados, nem, por outro, se deixar reduzir à sua mera consideração. O que se coloca em

> questão, neste momento, é a própria garantia de integridade do Direito, a fim de se garantir tanto a coerência normativa da decisão ao sistema jurídico, quanto a sua adequabilidade ao caso concreto. (CATTONI DE OLIVEIRA, 2001, p. 194)

A motivação das decisões é, portanto, indispensável nesse contexto,

> [...] já que somente com a exposição dos fundamentos de fato e de direito, entre os quais se impõe o exame dos elementos relevantes apresentados no devido processo, será possível avaliar se a adequabilidade normativa foi, de fato, manejada pelo operador do Direito (PEREIRA, 2015, p. 17).

Note-se que não se trata de motivação meramente formal, mas, antes, de uma motivação que possibilite a identificação da necessidade e da adequação das medidas tomadas, bem como a indicação dos obstáculos e das dificuldades reais enfrentadas no momento da edição do ato. Da mesma forma, é por meio dela que, se ou quando necessário, poderão ser avaliadas as balizas e as premissas utilizadas na tomada da decisão, possibilitando o exercício do controle e a avaliação de regularidade de conduta ou validade de ato, contrato, ajuste, processo ou norma administrativa, por exemplo.

Completando o entendimento, Carlos Ari Sundfeld e Guilherme Jardim Jurksaitis (2016) explicam:

> Não basta dizer qual é o direito, qual é o princípio a ser aplicado; é preciso motivar adequadamente, considerando os efeitos da decisão no caso concreto e até mesmo as possíveis soluções alternativas, cujas razões de serem preteridas devem ser ponderadas e expostas (art. 20 da Lei de Introdução, na redação do Projeto de Lei). É assim, afinal, que decidem os administradores

> públicos e os formuladores de políticas: considerando dado problema, vislumbram possíveis soluções, tentam prever os custos e as consequências de se optar por cada uma delas e submetem o juízo final ao escrutínio público (seja através do debate parlamentar, no caso de uma lei, de consultas públicas, ou mesmo no momento em que a decisão passa a dar resultados para a população, sejam eles positivos ou não) e também ao crivo dos órgãos de controle. (SUNDFELD; JURKSAITIS, 2016, p. 205)

Diante dessas circunstâncias, o dever de motivação das decisões tem significativo potencial transformador, podendo representar importante passo rumo à segurança jurídica almejada.

O Decreto n. 9.830, de 10 de junho de 2019 (BRASIL, 2019), editado pelo Presidente da República para regulamentar o disposto nos artigos 20 a 30 da LINDB, prevê, em seu artigo 2º, o dever de motivação das decisões[4] e, em seu artigo 3º, as condicionantes, caso a decisão se baseie exclusivamente em valores jurídicos abstratos[5]. O § 3º do artigo 3º

---

[4] "Art. 2º A decisão será motivada com a contextualização dos fatos, quando cabível, e com a indicação dos fundamentos de mérito e jurídicos.

§ 1º A motivação da decisão conterá os seus fundamentos e apresentará a congruência entre as normas e os fatos que a embasaram, de forma argumentativa.

§ 2º A motivação indicará as normas, a interpretação jurídica, a jurisprudência ou a doutrina que a embasaram.

§ 3º A motivação poderá ser constituída por declaração de concordância com o conteúdo de notas técnicas, pareceres, informações, decisões ou propostas que precederam a decisão.

[5] Art. 3º A decisão que se basear exclusivamente em valores jurídicos abstratos observará o disposto no art. 2º e as consequências práticas da decisão.

§ 1º Para fins do disposto neste Decreto, consideram-se valores jurídicos abstratos aqueles previstos em normas jurídicas com alto grau de indeterminação e abstração.

estabelece expressamente que a motivação da decisão deve demonstrar a necessidade e a adequação das medidas impostas, evidenciando o dever de observância às consequências práticas e às dificuldades reais do gestor, sob o pálio da motivação e, inclusive, de outras balizas de autotutela, referentes a considerações quanto aos critérios de adequação, proporcionalidade e razoabilidade.

Nesse contexto, as alterações introduzidas pela LINDB no artigo 20 representam avanço significativo, pois "interpretar a lei envolve dois momentos distintos, o da validação e o da aplicação da norma" (PEREIRA, 2015, p. 17). Dessa forma, não pode o gestor público se utilizar dos chamados valores jurídicos abstratos em suas decisões, sob pena de não se identificar a necessidade e a adequação da medida tomada.

Pode-se dizer, ainda, que a "inovação" trazida pela LINDB, em última análise, não consiste exatamente em uma novidade, pois já se encontrava implicitamente no ordenamento jurídico, haja vista que todas as decisões deveriam ser efetivamente motivadas (MARTINS, 2020).

Todavia, a introdução da previsão contida no artigo 20 da LINDB retira a dúvida quanto à aplicação do direito via decisões administrativas, controladoras e judiciais, vinculando os gestores ao dever de motivação das decisões e à análise das consequências práticas das decisões, afastando qualquer confusão a respeito da impossibilidade de utilização de

---

§ 2° Na indicação das consequências práticas da decisão, o decisor apresentará apenas aquelas consequências práticas que, no exercício diligente de sua atuação, consiga vislumbrar diante dos fatos e fundamentos de mérito e jurídicos.

§ 3° A motivação demonstrará a necessidade e a adequação da medida imposta, inclusive consideradas as possíveis alternativas e observados os critérios de adequação, proporcionalidade e de razoabilidade."

valores jurídicos abstratos como "motivação" para a tomada da decisão.

Assim sendo, a obrigação da motivação das decisões visa, por último, garantir que as decisões tomadas nas esferas públicas não se percam em conceitos jurídicos ou valores indeterminados/abstratos, que podem afastar a transparência quanto aos elementos processuais que fundamentaram e formaram a decisão tomada. Isto é, motivam-se as decisões para afastar as práticas reprováveis, consubstanciadas em valores negativos ao interesse público que os entes públicos devem preservar (JUSTEN FILHO, 2018).

O legislador nacional inseriu no artigo 21 da LINDB a exigência de que as decisões que gerem a invalidação dos atos indiquem de modo expresso as consequências jurídicas e administrativas dessa invalidação.

Assim, o que se verifica é que a decisão de invalidação deve considerar as consequências práticas que gerará, apontando as condições para que a regularização ocorra de modo proporcional e equânime, sem prejuízo aos interesses gerais, não sendo autorizada a imposição aos sujeitos envolvidos de ônus ou perdas que, em função das peculiaridades do caso, sejam anormais ou excessivas.

Trata-se de especial atenção dada pelo legislador às decisões que acarretem invalidação de ato, contrato, ajuste, processo ou norma administrativa, o que se justifica diante da alta relevância de tais decisões e das consequências imediatas advindas de decisões de tal natureza. Assim, com o mesmo enfoque dado à importância da motivação das decisões, a intenção do artigo 21 é garantir que o julgador (em todas as esferas), ao decretar a invalidação, aponte expressamente as consequências jurídicas e administrativas decorrentes de sua decisão.

Destaca-se que, na tramitação do processo legislativo e após seu encaminhamento para sanção presidencial, associações de magistrados, auditores e o Ministério Público chegaram a solicitar o veto integral da proposta ao Presidente Michel Temer, pois "consideram preocupantes o subjetivismo a partir da inserção de valores jurídicos abstratos, bem como a criação de modalidades e de justificativas para eventual confirmação de ato ou de contratos inexistentes ou nulos" (POMPEU, 2018).

Contudo, essa não era a intenção do legislador,, que tinha como objetivo "melhorar a qualidade da atividade decisória pública no Brasil, exercida nos vários níveis da Federação (federal, estadual, distrital e municipal) e nos diferentes Poderes (Executivo, Legislativo e Judiciário) e órgãos autônomos de controle" (MARQUES NETO; SUNDFELD, 2015, p. 7), isto é, buscava garantir a responsabilidade no exercício da função pública e que o julgador, desde então, delimitasse as consequências jurídicas da decisão.

Importante registrar que, dentre outras finalidades, no intuito de dar contornos mais concretos a essa situação, o Decreto n. 9.830/2019, que regulamentou a LINDB, dispôs, no artigo 3°, § 2°, que é dever dos gestores públicos, na indicação das consequências práticas da decisão, apresentar apenas aquelas que, no exercício diligente de sua atuação, consigam vislumbrar diante dos fatos e dos fundamentos de mérito e jurídicos.

Nesse sentido, Marcelo Cattoni de Oliveira ressalta que os paradigmas de Ciência e Filosofia do Direito do positivismo jurídico são um entrave para a análise dos elementos específicos dos casos concretos e das pretensões jurídicas articuladas, mas, também, para considerações além das regras jurídicas. Dessa forma, afirma, ainda, que "Só aquele que se coloca na perspectiva dos participantes envolvidos e questões jurídicas é capaz de adotar a postura hermenêutica adequada a compreender tais questões" (CATTONI DE OLIVEIRA, 2012, p. 156).

Complementando o disposto no artigo 21, o legislador nacional introduziu o artigo 22 da LINDB, dispondo que, quando da interpretação de normas sobre gestão pública, serão considerados os obstáculos e as dificuldades reais do gestor e as exigências das políticas públicas a seu cargo, sem prejuízo dos direitos dos administrados.

Tal dispositivo impõe, pois, o dever de considerar que as decisões na gestão pública não sejam tomadas de forma alheia à realidade, em um mundo ideal. Ao contrário disso, o dispositivo determina ser necessário considerar as dificuldades, as peculiaridades e a realidade dos gestores públicos, o que, em um país de dimensão continental e integrado por realidades muito distintas, é fundamental, a fim de dar maior segurança ao tomador das decisões.

Eduardo Jordão (2018), escrevendo sobre o artigo 22 da LINDB, asseverou que o texto legal visa combater o idealismo dominante no direito brasileiro, exigindo do intérprete das normas maior atenção às circunstâncias fáticas e jurídicas que impactam a atuação administrativa e que podem limitá-la.

6.3 Conclusão

Diante do cenário alarmante de utilização indiscriminada dos princípios, os novos dispositivos da LINDB impõem novas diretrizes para decisões baseadas em normas indeterminadas, condicionando a observância das consequências práticas da decisão, sempre que ela tiver por fundamento valores jurídicos abstratos (que admitem várias hipóteses interpretativas), atraindo o direito à transição adequada quando da criação de novas situações jurídicas prejudiciais aos particulares.

Nas decisões de invalidação, o comando também torna necessário que sejam apontadas as consequências jurídicas e administrativas do ato, sem que isso importe em futurologia, como se viu. Há, até mesmo, uma indicação para que sejam evitadas perdas anormais ou excessivas, o que também não deixa de ser uma maneira de forçar o decisor a volver os olhos para a realidade fática.

Uma última "humanização" é ainda promovida no que diz respeito à interpretação das normas sobre gestão pública. Deverão ser considerados os obstáculos e as dificuldades reais do gestor e, ainda, as exigências das políticas públicas a seu cargo. Tudo isso sem desconsiderar os direitos dos administrados.

Percebe-se, portanto, que a inclusão dos artigos 20, 21 e 22 na LINDB vem atender aos anseios pela qualificação na aplicação do direito público, buscando aproximá-lo da realidade da Administração e da sociedade, em um verdadeiro esforço de aterrissagem.

A inserção dos referidos artigos faz densificar a segurança jurídica para os destinatários das mais diversas decisões do Poder Público, sejam os administrados/jurisdicionados, sejam os gestores públicos, estes últimos quanto aos vários controles a que se submetem. A necessidade de motivação das decisões e de consideração das circunstâncias de fato converge, também, para promover a transparência, a eficiência e a responsabilidade decisória, facilitando, ainda, o controle da atuação.

6.4 Referências

ARAÚJO, Florivaldo Dutra de. Discricionariedade e motivação do ato administrativo. *In*: LIMA, Sérgio Mourão Corrêa (coord.). **Temas de direito administrativo**: estudos em homenagem ao Professor Paulo Neves de Carvalho. Rio de Janeiro: Forense, 2006. p. 99-125.

ÁVILA, Humberto. **Teoria geral dos princípios**: da definição à aplicação dos princípios jurídicos. 11. ed. São Paulo: Malheiros, 2010.

BRASIL. Constituição (1988). **Constituição da República Federativa do Brasil**: promulgada em 5 de outubro de 1988. Brasília, DF: Presidência da República, [1988]. Disponível em: http://www.planalto.gov.br/ccivil_03/constituicao/constituicao.htm. Acesso em: 28 dez. 2020.

BRASIL. **Decreto n. 9.830, de 10 de junho de 2019**. Regulamenta o disposto nos art. 20 ao art. 30 do Decreto-Lei n. 4.657, de 4 de setembro de 1942, que institui a Lei de Introdução às normas do Direito brasileiro. Brasília, DF: Presidência da República, [2019]. Disponível em: http://www.planalto.gov.br/ccivil_03/_Ato2019-2022/2019/Decreto/D9830.htm. Acesso em: 28 dez. 2020.

BRASIL. **Decreto-lei n. 4.657, de 4 de setembro de 1942.** Lei de Introdução às Normas do Direito Brasileiro. Brasília, DF: Presidência da República, [1942]. Disponível em: http://www.planalto.gov.br/ccivil_03/decreto-lei/del4657.htm. Acesso em: 28 dez. 2020.

BRASIL. **Lei n. 13.655, de 25 de abril de 2018.** Inclui no Decreto-Lei n. 4.657, de 4 de setembro de 1942 (Lei de Introdução às Normas do Direito Brasileiro), disposições sobre segurança jurídica e eficiência na criação e na aplicação do direito público. Brasília, DF: Presidência da República, [2018]. Disponível em: http://www.planalto.gov.br/ccivil_03/_Ato2015-2018/2018/Lei/L13655.htm. Acesso em: 28 dez. 2020.

CATTONI DE OLIVEIRA, Marcelo Andrade. Uma justificação democrática da jurisdição constitucional brasileira e a inconstitucionalidade da Lei n. 9.686/99. **Revista da Faculdade de Direito da UFPR**, v. 36, 2001. Disponível em: https://webcache.googleusercontent.com/search?q=cache:8NhhTx7VnKsJ:https://revistas.ufpr.br/direito/article/download/1790/1487+&cd=1&hl=pt-BR&ct=clnk&gl=br. Acesso em: 15 abr. 2021.

CATTONI DE OLIVEIRA, Marcelo Andrade. **Teoria da Constituição**. Belo Horizonte: Initia Via, 2012.

GARCÍA DE ENTERRÍA, Eduardo; FERNANDES, Tomás-Ramón. **Curso de direito administrativo**. Tradução Arnaldo Setti. São Paulo: Revista dos Tribunais, 1991.

JORDÃO, Eduardo. Art. 22 da LINDB: acabou o romance. Reforço do pragmatismo no direito público brasileiro. **Revista de Direito Administrativo**, Rio de Janeiro, Edição Especial: Direito Público na Lei de Introdução às Normas de Direito Brasileiro – LINDB (Lei n. 13.655/2018), p. 63-92, nov. 2018.

JUSTEN FILHO, Marçal. Art. 20 da LINDB: dever de transparência, concretude e proporcionalidade nas decisões públicas. **Revista de Direito Administrativo**, Rio de Janeiro, Edição Especial: Direito Público na Lei de Introdução às Normas de Direito Brasileiro – LINDB (Lei n. 13.655/2018), p. 13-41, nov. 2018.

MARQUES NETO, Floriano Azevedo; MOREIRA, Egon Bockmann. *In*: PEREIRA, Flávio Henrique Unes (coord.). **Segurança jurídica e qualidade das decisões públicas**: desafios de uma sociedade democrática. Estudos sobre o Projeto de Lei n. 349/2015, que inclui, na Lei de Introdução às Normas do Direito Brasileiro, disposições para aumentar a segurança jurídica e a eficiência na aplicação do direito público. Brasília: Senado Federal, 2015. p. 9-12.

MARQUES NETO, Floriano Azevedo; SUNDFELD, Carlos Ari. *In*: PEREIRA, Flávio Henrique Unes (coord.). **Segurança jurídica e eficiência na Lei de Introdução ao Direito Brasileiro**: estudos sobre o Projeto de Lei n. 349/2015, que inclui, na Lei de Introdução às Normas do Direito Brasileiro, disposições para aumentar a segurança jurídica e a eficiência na aplicação do direito público. Brasília: Senado Federal, 2015. p. 7-8.

MARTINS, Ricardo Marcondes. As alterações da LINDB e a ponderação dos atos administrativos. **A&C – Revista de Direito Administrativo & Constitucional**, Belo Horizonte, ano 20, n. 79, p. 259-284, jan./mar. 2020. Disponível em: https://dspace.almg.gov.br/bitstream/11037/37660/1/Ricardo%20Marcondes%20Martins.pdf. Acesso em: 28 dez. 2020.

PEREIRA, Flávio Henrique Unes. Artigo 20. *In*: PEREIRA, Flávio Henrique Unes (coord.). **Segurança jurídica e qualidade das decisões públicas**: desafios de uma sociedade democrática. Estudos sobre o Projeto de Lei n. 349/2015, que inclui, na Lei de Introdução às Normas do Direito Brasileiro, disposições para aumentar a segurança jurídica e a eficiência na aplicação do direito público. Brasília: Senado Federal, 2015. p. 17-18.

PIRES, Maria Coeli Simões. A revisão paradigmática do Estado e do direito: um exercício em prol da democratização do sistema administrativo. *In*: LIMA, Sérgio Mourão Corrêa (coord.). **Temas de direito administrativo**: estudos em homenagem ao Professor Paulo Neves de Carvalho. Rio de Janeiro: Forense, 2006. p. 127-200.

POMPEU, Ana. Polêmicas, mudanças na LINDB só aguardam análise presidencial. **Conjur**. 15 abr. 2018. Disponível em: https://www.conjur.com.br/2018-abr-15/polemicas-mudancas-lindb-aguardam-analise-presidencial. Acesso em: 21 abr. 2021.

SUNDFELD, Carlos Ari. **Direito administrativo para céticos**. 2. ed. São Paulo: Malheiros, 2014.

SUNDFELD, Carlos Ari; JURKSAITIS, Guilherme Jardim. Uma lei para dar mais segurança jurídica ao direito público e ao controle. *In*: FERNANDO LEAL, José Vicente Santos de Mendonça (org.). **Transformações do direito administrativo**: consequencialismo e estratégias regulatórias. Rio de Janeiro: Escola de Direito do Rio de Janeiro da Fundação Getulio Vargas, 2016.

Informação bibliográfica deste texto, conforme a NBR 6023:2002 da Associação Brasileira de Normas Técnicas (ABNT):

SILVA, Daniel Marçoni Santos; DINIZ, Rafael Lara Camargos; BRITO, Rafael Menezes; CRUZ, Raphaella Miranda. Capítulo 6 – Valores jurídicos abstratos *versus* consequências práticas e dificuldades reais, sob o pálio da motivação e de outras balizas de autotutela – (artigos 20, 21 e 22 da LINDB). *In*: PIRES, Maria Coeli Simões; BITENCOURT NETO, Eurico; GUIMARÃES, Dayana Alves (coord.). **Segurança jurídica e controle da Administração:** panorama geral e comentários sobre a Lei n. 13.655/2018 (LINDB). Belo Horizonte: Del Rey, 2022. p. 235-254. ISBN 978-65-00-38426-0.

CAPÍTULO 7

ALTERAÇÕES INTERPRETATIVAS DA IRRETROATIVIDADE E DO REGIME DE TRANSIÇÃO

(artigos 23 e 24 da LINDB)

LISANDRO CARVALHO DE ALMEIDA LIMA
MARCEL MARTINS TORRES
SÁLVIA GOMES DE ALMEIDA
STEPHÂNIA COELI SIMÕES BATISTA

7.1 Introdução

Entre as alterações na Lei de Introdução às Normas do Direito Brasileiro (LINDB) – Decreto-lei n. 4.657, de 4 de setembro de 1942 (BRASIL, 1942) – promovidas pela Lei n. 13.655, de 25 de abril de 2018 (BRASIL, 2018), deve-se destacar a inclusão dos artigos 23 e 24, os quais positivaram importantes regras conformadoras da segurança jurídica no ordenamento pátrio, que protegem a confiança e a boa-fé dos administrados e dos agentes públicos[1]. Como bem explicitado

[1] Conforme bem explicita o Senador Antonio Anastasia na Justificativa do Projeto de Lei do Senado n. 349/2015, por ele apresentado: "A ideia é

na justificativa do Projeto de Lei (PL) do Senado n. 349/2015, apresentado pelo Senador Antonio Anastasia (posteriormente acolhido na Câmara dos Deputados como PL n. 7.448/2017, de autoria do mesmo parlamentar), o contexto que ensejou a iniciativa de positivação das novas normas da LINDB é de aumento da complexidade do direito público brasileiro, com o recrudescimento quantitativo das normas publicísticas, em especial das que regulam o controle externo e interno, gerando "aumento da incerteza e da imprevisibilidade e esse efeito deletério pode colocar em risco os ganhos de estabilidade institucional" (BRASIL, 2015, p. 157).

Além da complexidade envolvida na interpretação das diversas normas jurídicas que regem a função administrativa, valendo-se muitas vezes de conceitos jurídicos indeterminados, a alteração da LINDB se insere no contexto de questionamento do controle exercido sobre a Administração Pública. Controle, por vezes, realizado após o transcurso de longo período desde a data da edição do ato controlado, invalidando atos com situações consolidadas ou aplicando novos entendimentos a fatos pretéritos, o que gera a sensação de insegurança jurídica vivenciada pelos agentes públicos e pelos cidadãos.

Nesse cenário de busca por maior segurança jurídica, o artigo 23, introduzido na LINDB, em síntese, trata da hipótese na qual há alteração da interpretação ou da orientação de normas jurídicas que contenham conteúdos indeterminados, e o novo entendimento implique novos deveres ou condicionamentos de direitos, situação em que o agente público intérprete deverá estabelecer um regime de transição para a aplicação da nova orientação (BRASIL, 1942)[2].

---

incluir na Lei de Introdução às Normas do Direito Brasileiro (Decreto-lei 4.657/1942) disposições para elevar os níveis de segurança jurídica e de eficiência na criação e aplicação do direito público" (BRASIL, 2015, p. 157).

2 "Art. 23. A decisão administrativa, controladora ou judicial que estabelecer interpretação ou orientação nova sobre norma de conteúdo

O artigo 24, também em consonância com os valores explicitados, normatiza a atividade de revisão e controle dos atos jurídicos concluídos, determinando que a autoridade revisora considere as circunstâncias e as orientações gerais prevalentes no momento da edição do ato, vedando a invalidação daqueles praticados em conformidade com orientações gerais que posteriormente venham a ser alteradas (BRASIL, 1942)[3].

A seguir, empreende-se a tarefa de analisar essas normas recentemente positivadas no ordenamento pátrio de modo mais minucioso, com base nas lições doutrinárias e em outros textos normativos que permitem a compreensão e a sistematização das novas normas da LINDB.

7.2 Artigo 23: o regime de transição no direito administrativo

O artigo 23 positiva importante regra a nortear a atividade interpretativa do direito, sobretudo quando o texto normativo apresenta conceitos jurídicos indeterminados,

---

indeterminado, impondo novo dever ou novo condicionamento de direito, deverá prever regime de transição quando indispensável para que o novo dever ou condicionamento de direito seja cumprido de modo proporcional, equânime e eficiente e sem prejuízo aos interesses gerais (BRASIL, 1942)."

3 "Art. 24. A revisão, nas esferas administrativa, controladora ou judicial, quanto à validade de ato, contrato, ajuste, processo ou norma administrativa cuja produção já se houver completado levará em conta as orientações gerais da época, sendo vedado que, com base em mudança posterior de orientação geral, se declarem inválidas situações plenamente constituídas. (*Incluído pela Lei n. 13.655, de 2018*)

Parágrafo único. Consideram-se orientações gerais as interpretações e especificações contidas em atos públicos de caráter geral ou em jurisprudência judicial ou administrativa majoritária, e ainda as adotadas por prática administrativa reiterada e de amplo conhecimento público. (*Incluído pela Lei n. 13.655, de 2018*) (BRASIL, 1942)."

cuja interpretação demanda maior cuidado. Em um primeiro momento, compete analisar os destinatários imediatos do comando presente nesse dispositivo.

Assim como os artigos antecedentes, o artigo 23 menciona as decisões (ou esferas) *administrativa*, *judicial* e *controladora*. Possível asseverar, nesse sentido, que os preceitos são dirigidos a todos os agentes públicos exercentes das atividades administrativa, jurisdicional ou controladora. Portanto, os dispositivos são aplicados nas relações envolvendo os entes e os órgãos encarregados de tais funções, abrangendo, pois, pessoas estatais e, até mesmo, terceiros que de algum modo exerçam a função administrativa.

No que tange à previsão de decisão/esfera controladora, a lei reconhece a existência de outras atividades estatais, além da tradicional tripartição de funções. No atual modelo constitucional, há funções estatais exercidas, por exemplo, pelos Tribunais de Contas e pelo Ministério Público que não se qualificam como administrativas, legislativas ou jurisdicionais e, pela lei, estariam abrangidas pelas expressões *esfera controladora* ou *decisões controladoras*.

Seguindo a análise do dispositivo, constatados os sujeitos destinatários, cumpre delimitar as circunstâncias aptas a ensejar a incidência da norma. Como mencionado anteriormente, o artigo 23 trata da hipótese na qual as decisões (administrativa, judicial ou controladora) estabelecem nova interpretação ou orientação sobre as normas de conteúdo indeterminado[4], implicando a imposição de nova obrigação ou condicionamento de direitos.

---

[4] Como afirma Floriano de Azevedo Marques Neto: "São de conteúdo indeterminado todas aquelas que, para o processo de extração de um conteúdo normativo da sua prescrição, demandam o preenchimento de conteúdo normativo do intérprete. É dizer, são indeterminadas normas

Importante, para compreensão do novo dispositivo da LINDB, mencionar as lições de Humberto Ávila (2019) ao distinguir a norma do texto normativo. Como assevera o jurista, a norma é o produto do processo interpretativo efetuado sobre o texto[5], ou seja, a norma apenas será obtida após a atividade do intérprete. Dessa forma, a alteração da interpretação ou da orientação a respeito do texto normativo acarretará, na realidade, a afirmação de outra norma, outro comando, que irá impor deveres e obrigações aos destinatários. Por isso, além de ter efeitos prospectivos, a nova interpretação, que, por conseguinte, implicará a existência de nova norma, deverá também obedecer a um regime de transição, de forma que as novas obrigações e condicionamentos de direitos se efetivem de modo e em tempo equânimes.

Observa-se, da análise do artigo 23, a preocupação do legislador, uma vez mais, com a interpretação dos conceitos jurídicos indeterminados. Como bem menciona García de Enterría (1962), os conceitos jurídicos indeterminados não são exclusivos do direito público e não configuram hipótese de discricionariedade, mas situação de aplicação e interpretação da lei. A interpretação desses conceitos indeterminados, continua o autor, depende da aferição das circunstâncias concretas e das balizas legais[6].

(ou melhor, prescrições) em que o processo hermenêutico não se socorre meramente do conhecimento léxico, mas sim depende de agregação de uma construção intelectiva que demanda aporte da pertença pessoal do intérprete" (MARQUES NETO, 2018, p. 105).

5 "Normas não são textos nem o conjunto deles, mas os sentidos reconstruídos a partir da interpretação sistemática de textos normativos. Daí se afirmar que os dispositivos se constituem no objeto da interpretação; e as normas, no seu resultado." (ÁVILA, 2019, p. 50)

6 Assevera o jurista espanhol: "Por ello el proceso de constatación de si un concepto jurídico indeterminado se cumple o no se cumple, no puede ser nunca un proceso volitivo de discrecionalidad o de libertad, sino un proceso de juicio o estimación (24), que ha de atenerse, necesariamente,

Dessa forma, por estar dependente em maior grau da aferição dos elementos circunstanciais, fáticos, a interpretação desses conceitos varia constantemente no tempo, sem que, necessariamente, haja qualquer modificação no texto. O artigo 23 da LINDB reconhece a possibilidade de modificação do conteúdo desses conceitos, mas, ao mesmo tempo, privilegia a segurança jurídica, na medida em que exige do aplicador a previsão de um regime de transição quando a modificação da interpretação implicar a restrição de direitos ou novas obrigações, ou seja, efeitos gravosos.

Nesse sentido, as alterações de interpretação e orientação poderão ocorrer, devendo, contudo, operar-se sem surpresas ou de modo abrupto, exigindo do agente público a previsão de prazos razoáveis para a exigibilidade das novas obrigações, implementação progressiva, além de outras previsões específicas e proporcionais a depender de cada caso concreto. O Decreto n. 9.830/2019, que regulamenta o artigo 20 e seguintes da LINDB, explicita um pouco mais o conteúdo do regime de transição no artigo 7º, estipulando que o regime, entre outros, irá prever o prazo e a forma de cumprimento da nova obrigação ou condicionamento, os destinatários, as medidas específicas que deverão ser adotadas (BRASIL, 2019)[7].

---

por una parte a las circunstancias reales que han de calificarse, por otra, al sentido jurídico preciso que la Ley ha asignado, con la intención de que la solución posible sea sólo una, al concepto jurídico indeterminado que su precepto emplea" (GARCÍA DE ENTERRÍA, 1962, p. 173).

7 "Art. 7º Quando cabível, o regime de transição preverá:
I – os órgãos e as entidades da administração pública e os terceiros destinatários;
II – as medidas administrativas a serem adotadas para adequação à interpretação ou à nova orientação sobre norma de conteúdo indeterminado; e
III – o prazo e o modo para que o novo dever ou novo condicionamento de direito seja cumprido." (BRASIL, 2019)

A previsão do regime de transição para as novas interpretações e orientações dos textos normativos está em perfeita sintonia com a segurança jurídica e apresenta conformação semelhante a outras regras e mecanismos de proteção à confiança dos cidadãos.

Quando nova lei é promulgada, começa a vigorar após o decurso de um tempo contado da publicação, o qual é denominado *vacatio legis* e que, em regra, é de 45 dias (art. 1º da LINDB - BRASIL, 1942), com o objetivo de que os destinatários tomem conhecimento e possam se ajustar aos novos comandos. Além da *vacatio legis*, é comum que novos estatutos prevejam disposições transitórias, com regras especiais, exatamente para viabilizar a implementação da nova lei de modo equânime, seguro e proporcional.

Relevante também mencionar a modulação de efeitos prevista no controle de constitucionalidade das leis realizado pelo Supremo Tribunal Federal, como dispõe o artigo 27 da Lei n. 9.868/1999. Segundo o dispositivo, ao declarar a inconstitucionalidade de determinado ato normativo, poderá o tribunal, por maioria de dois terços, em atenção à segurança jurídica, "restringir os efeitos daquela declaração ou decidir que ela só tenha eficácia a partir de seu trânsito em julgado ou de outro momento que venha a ser fixado" (BRASIL, 1999b).

Percebe-se, nesse sentido, que o artigo 23 da LINDB prevê, para o âmbito infralegal, mecanismos semelhantes àqueles existentes para a introdução de novas leis no ordenamento jurídico - *vacatio legis* e disposições transitórias - e para o controle abstrato de constitucionalidade das leis - modulação de efeitos. Dessa forma, o administrador, o julgador e o controlador, na atuação infralegal, ao interpretar texto normativo obtendo nova compreensão, deverá, diante da imperatividade do princípio da segurança jurídica, estabelecer um mecanismo de transição para a aplicação do novo entendimento, evitando-se a aplicação imediata e abrupta do novo entendimento, permitindo que o destinatário se adéque a tempo e modo equânimes.

7.3 Artigo 24: o equilíbrio entre a legalidade e a segurança jurídica

Entre os princípios da Administração Pública, a legalidade sempre ocupou posição central, princípio fundamental que caracteriza a própria função administrativa. Como assevera Bandeira de Mello (2017), enquanto a função legislativa é exercida pela edição de atos normativos originários, inovadores, a função administrativa, pela conformação constitucional pátria, opera em regra no âmbito infralegal, sob o amparo da norma legislada, sendo destituída, pois, do caráter inovador[8].

Deve-se pontuar a concepção contemporânea dada ao princípio da legalidade, sobretudo após o advento da

---

[8] O Professor Bandeira de Mello bem distingue as funções estatais e a possibilidade de inovação no ordenamento jurídico quando assevera: "Assim, função legislativa é a função que o Estado, e somente ele, exerce por via de normas gerais, normalmente abstratas, que inovam inicialmente na ordem jurídica, isto é, que se fundam direta e imediatamente na Constituição [...]. Função administrativa é a função que o Estado, ou quem lhe faça as vezes, exerce na intimidade de uma estrutura e regime hierárquicos e que no sistema constitucional brasileiro se caracteriza pelo fato de ser desempenhada mediante comportamentos infralegais ou, excepcionalmente infraconstitucionais, submissos todos a controle de legalidade pelo Poder Judiciário" (BANDEIRA DE MELLO, 2017, p. 35-36). Em outra passagem sobre a legalidade no sistema pátrio, afirma: "O princípio da legalidade, no Brasil, significa que a Administração nada pode fazer senão o que a lei determina. Ao contrário dos particulares, os quais podem fazer tudo o que a lei não proíbe, a Administração só pode fazer o que a lei antecipadamente autorize. [...] Segue-se que a atividade administrativa consiste na produção de decisões e comportamentos que, na formação escalonada do Direito, agregam níveis maiores de concreção ao que já se contém abstratamente nas leis" (BANDEIRA DE MELLO, 2017, p. 108).

Constituição de 1988. A nova ordem constitucional positivou no ordenamento brasileiro diversos princípios jurídicos que possuem caráter normativo, como bem pontua Humberto Ávila (2019), e, dessa forma, vinculam a atividade administrativa.

Neste novo cenário há a ampliação do princípio da legalidade, posto que a lei deixa de ser o único instrumento normativo a orientar a atividade administrativa, que passa a concretizar e obedecer, também, aos princípios constitucionais[9].

Em obediência ao princípio da legalidade, depreende-se que o administrador não atua com liberdade. Ruy Cirne Lima (2007) muito bem qualificou a relação estabelecida no direito administrativo como uma relação de administração, na qual se está vinculado a uma finalidade, submetido ao cumprimento do estabelecido pelo ordenamento jurídico[10] e não à vontade do agente, eis que este não está a gerir bem próprio.

---

9 Sobre o novo contorno do princípio da legalidade, Odete Medauar assevera com precisão: "No tocante ao ordenamento brasileiro a Constituição brasileira de 1988 determina que todos os entes e órgãos da administração pública obedeçam ao *princípio da legalidade* (art. 37, *caput*); a compressão do princípio deve abranger não só a lei formal, mas também os preceitos decorrentes de um Estado democrático de direito, que é o modo de ser do Estado brasileiro, conforme prevê o art. 1° *caput* da Constituição; e ainda, deve incluir os demais fundamentos e princípios de base constitucional. Desse modo vincula-se a atividade administrativa aos valores que informam o ordenamento como um todo, na esteira da contemporânea percepção do princípio da legalidade, associando-se, de modo próximo, o direito administrativo às disposições constitucionais" (MEDAUAR, 2017, p. 174).

10 Como bem assevera Ruy Cirne Lima (2007, p. 40): "Supõe, destarte, a atividade administrativa a preexistência de uma regra jurídica, reconhecendo-lhe uma finalidade própria. Jaz, consequentemente, a Administração Pública debaixo da legislação, que deve enunciar e determinar a regra de direito". Em outra passagem tratando especificamente da relação de administração, assevera: "Na administração, o dever e a finalidade são predominantes. [...] A relação de administração somente se nos depara, no plano das relações jurídicas, quando a finalidade, que a atividade de administração se propõe, nos aparece defendida e protegida, pela ordem jurídica, contra o próprio agente e contra terceiros" (LIMA, 2007, p. 106).

Por isso, o controle dos atos administrativos, sob a perspectiva da legalidade, sempre foi muito importante. Não estando o agente público no exercício da sua autonomia privada, em que prevalece a liberdade, está adstrito à persecução do estabelecido de forma heterônoma pela norma legal e constitucional, dando-lhes concretude.

O controle da Administração busca, assim, preservar a ação administrativa conforme o estabelecido na lei, concretizando, além da própria legalidade, princípios como a isonomia e a moralidade, reprimindo ações e decisões casuísticas que fogem da norma legal abstrata. Assim, imperiosa a existência de sistemas de controle que sejam efetivos, céleres e eficazes.

Ao lado da legalidade, outro princípio de grande importância é o da segurança jurídica. Na doutrina brasileira destaca-se o estudo de Almiro do Couto e Silva (2004) sobre a segurança jurídica, ao afirmar que o princípio se desdobra em duas partes: uma objetiva e outra subjetiva. Enquanto a primeira estaria ligada aos "limites à retroatividade dos atos do Estado até mesmo quando estes se qualifiquem como atos legislativos" (SILVA, 2004, p. 273), a segunda "concerne à proteção à confiança das pessoas no pertinente aos atos, procedimentos e condutas do Estado, nos mais diferentes aspectos de sua atuação" (SILVA, 2004, p. 274).

Importante asseverar, como pontua Silva (2004), que o aspecto subjetivo da segurança jurídica, a proteção à confiança, "impõe ao Estado limitações na liberdade de alterar sua conduta e de modificar atos que produziram vantagens para os destinatários, mesmo quando ilegais" (SILVA, 2004, p. 274).

Tanto o princípio da legalidade como o da segurança jurídica, assevera Silva (2004), decorrem do princípio do Estado de Direito[11].

[11] Nas palavras de Silva: "O ponto de partida, porém, para a correta interpretação e aplicação desse preceito está em que a segurança jurídica é

Nesse contexto, diante da existência de dois princípios fundamentais ao direito administrativo – a manutenção da legalidade administrativa e a garantia da segurança jurídica –, os quais, em muitas ocasiões, entram em conflito na aplicação do direito público, está a importância do novo artigo 24 introduzido na LINDB. O dispositivo busca fornecer maior parâmetro para a atividade controladora, prevendo critérios para a conciliação dos princípios mencionados.

O dispositivo veda a invalidação de atos jurídicos consolidados em razão da alteração de orientações gerais. O artigo determina ainda que a autoridade revisora analise as orientações gerais e as circunstâncias presentes no momento da edição do ato.

Pretende-se, desse modo, como bem aponta a Professora Di Pietro, resguardar "o princípio da segurança jurídica, nos dois aspectos: objetivo (que diz respeito à estabilidade das relações jurídicas) e subjetivo (que protege a confiança legítima do administrado quanto à validade dos atos emanados do poder público" (DI PIETRO, 2020, p. 89). Ou seja, ao mesmo tempo, impede que os atos concluídos sejam indefinidamente revistos e invalidados, garantindo estabilidade no ordenamento jurídico, como também resguarda a confiança individual daqueles que participam da relação jurídica concreta e atuam de boa-fé, seguindo a interpretação e a orientação geral no momento da realização do ato ou da celebração do acordo.

O artigo 6° da LINDB protege, em consonância com o artigo 5°, inciso XXXVI, da Constituição, o ato jurídico perfeito em face da edição de nova lei. O artigo 24 da LINDB,

---

um valor constitucional que se qualifica como subprincípio do princípio maior do Estado de Direito, ao lado e no mesmo nível hierárquico do outro subprincípio do Estado de Direito, que é o da legalidade. Segurança jurídica e legalidade são, sabidamente, os dois pilares de sustentação do Estado de Direito" (SILVA, 2004, p. 280).

como defende Câmara (2018), amplia a irretroatividade e a proteção aos atos jurídicos, de modo que, além de nova lei, nova interpretação ou orientação geral dos textos normativos também não poderão retroagir a ponto de invalidar os atos jurídicos concluídos[12].

Como mencionado anteriormente, com base nas lições de Humberto Ávila (2019), a partir da interpretação do texto normativo é que a norma será afirmada. Ou seja, alteração na interpretação ou orientação geral acarretará nova norma jurídica. Por isso, bem afirma Adilson Dallari que:

> [...] mudar o enunciado da norma, ou mudar a sua interpretação, são atitudes que acabam produzindo o mesmo efeito. Daí a necessidade de igual proteção no tocante à preservação das relações jurídicas constituídas antes da alteração. Da mesma forma em que esta lei repudia a retroatividade da lei, por coerência e com maior razão, deve repudiar a aplicação retroativa de nova interpretação da mesma lei, pois isso também ofende, diretamente, o superprincípio da segurança jurídica ou da estabilidade das relações jurídicas. (DALLARI, 2015, p. 31)

A nova regra da LINDB encontra paralelo em outras normas do ordenamento pátrio, como constata Jacintho Arruda Câmara (2018), ao analisar, por exemplo, o artigo 2°, parágrafo único, inciso XIII, da Lei n. 9.784/1999 (BRASIL,

---

12 Afirma Câmara: "O novo dispositivo deixa claro que a irretroatividade, para assegurar a segurança jurídica, deve se estender à interpretação dos textos normativos, não se atendo apenas à lei em sentido formal. A posição assumida pela LINDB é a de que seria insuficiente assegurar a irretroatividade de lei nova se, por intermédio de mudança de interpretação de lei antiga, situações plenamente constituídas viessem a ser atingidas. Novo entendimento geral instituído sobre lei antiga, na prática, consagra a criação de nova norma jurídica, pois muda o conteúdo da prescrição até então era extraída do Direito vigente" (CÂMARA, 2018, p. 116).

1999a), que estabelece a vedação da aplicação retroativa de nova interpretação de norma administrativa. O novo dispositivo, contudo, ressalta Dallari[13], representa um avanço em relação ao previsto na referida lei, eis que estabelece:

> [...] uma disciplina mais abrangente, com a indicação mais precisa de como e onde a vedação de retroatividade deve ser aplicada, inclusive com a conceituação, no parágrafo único, do que deve ser entendido como "orientação geral", e, por último, ao proscrever a pura e simples declaração de invalidade de situações plenamente constituídas, abre caminho para a possibilidade da modulação dos efeitos, prestigiando, ao mesmo tempo, a boa-fé e a razoabilidade, em plena consonância com o estágio atual de desenvolvimento das relações de Direito Administrativo. (DALLARI, 2015, p. 32)

No que se refere à "orientação geral" a ser observada no momento de edição do ato e considerada no momento da revisão, o artigo 24, em seu parágrafo único, diz que abrange "as interpretações e especificações contidas em atos públicos de caráter geral ou em jurisprudência judicial ou administrativa, e ainda as adotadas por prática administrativa reiterada e de amplo conhecimento público" (BRASIL, 1942).

Desse modo, o legislador determinou a observância e a consideração de diversas fontes, aptas a gerar a confiança na validade dos atos praticados e que com elas guardam compatibilidade. Nesse sentido, despertam maior confiança os atos praticados conforme orientação jurisprudencial, como decisões proferidas pelos tribunais superiores em repercussão geral ou

[13] Importante destacar que Dallari analisa o artigo 25 do Projeto de Lei n. 349/2015, cuja redação é próxima à do atual artigo 23 da LINDB; a despeito de pequenas diferenças na redação dos dispositivos, os respectivos conteúdos semânticos são equivalentes.

em julgamento de recursos repetitivos; ou editados em consonância com os atos gerais e abstratos publicados pelo Poder Público, como os regulamentos e demais atos normativos.

Importante a inserção como "orientação geral" das práticas reiteradas pelo Poder Público, ou seja, mesmo que não seja formalizada em um ato próprio, como uma portaria ou resolução, comprovando-se uma prática reiterada e de conhecimento público, como exige o parágrafo único do artigo 24, possível considerá-la como orientação geral.

7.4 Conclusão

Ante as considerações e análises expostas, constata-se que as inovações advindas com os artigos 23 e 24 da LINDB têm especial importância para a interpretação e a aplicação do Direito Público, assegurando um agir com maior segurança, protegendo as legítimas expectativas de todos os envolvidos nas relações administrativas. O artigo 23, reconhecendo a possibilidade de modificações da interpretação ou orientação no direito, impõe que o aplicador preveja um regime de transição quando a nova orientação é mais gravosa, de maneira que as novas restrições e condicionamentos se implementem de forma equânime e não surpreendam os administrados.

O artigo 24 valoriza as orientações gerais do momento de edição dos atos, de modo que eventual alteração das orientações e interpretações não dão azo à revisão dos atos concluídos. Assim, ao mesmo tempo, impede a retroatividade da nova interpretação e norteia os agentes públicos para que busquem sempre agir segundo as orientações gerais vigentes, como as jurisprudências administrativas e judiciais, os atos gerais e abstratos editados e as práticas reiteradas, implicando uma atuação mais uniforme e impessoal pelo Poder Público.

7.5 Referências

ÁVILA, Humberto. **Teoria dos princípios**: da definição à aplicação dos princípios jurídicos. 19. ed. rev. e atual. São Paulo: Malheiros, 2019.

BANDEIRA DE MELLO, Celso Antônio. **Curso de direito administrativo**. 33. ed. rev. e atual. São Paulo: Malheiros, 2017.

BRASIL. **Decreto-lei n. 4.657, de 4 de setembro de 1942**. Lei de Introdução às Normas do Direito Brasileiro. Brasília, DF: Presidência da República, [1942]. Disponível em: http://www.planalto.gov.br/ccivil_03/decreto-lei/del4657compilado.htm. Acesso em: 23 dez. 2020.

BRASIL. **Decreto n. 9.830, de 10 de junho de 2019**. Regulamenta o disposto nos art. 20 ao art. 30 do Decreto-Lei n. 4.657, de 4 de setembro de 1942, que institui a Lei de Introdução às normas do Direito brasileiro. Brasília, DF: Presidência da República, [2019]. Disponível em: http://www.planalto.gov.br/ccivil_03/_Ato2019-2022/2019/Decreto/D9830.htm. Acesso em: 30 dez. 2020.

BRASIL. **Lei n. 9.784, de 29 de janeiro de 1999**. Regula o processo administrativo no âmbito da Administração Pública Federal. Brasília, DF: Presidência da República, [1999a]. Disponível em: http://www.planalto.gov.br/ccivil_03/leis/l9784.htm. Acesso em: 23 dez. 2020.

BRASIL. **Lei n. 9.868, de 10 de dezembro de 1999**. Dispõe sobre o processo e julgamento da ação direta de inconstitucionalidade e da ação declaratória de constitucionalidade perante o Supremo Tribunal Federal. Brasília, DF: Presidência da República, [1999b]. Disponível em: http://www.planalto.gov.br/ccivil_03/leis/l9868.htm. Acesso em: 17 abr. 2021.

BRASIL. **Lei n. 13.655, de 25 de abril de 2018**. Inclui no Decreto-Lei n. 4.657, de 4 de setembro de 1942 (Lei de Introdução às Normas do Direito Brasileiro), disposições sobre segurança jurídica e eficiência na criação e na aplicação do direito público. Brasília, DF: Presidência da República, [2018]. Disponível em: http://www.planalto.gov.br/ccivil_03/_ato2015-2018/2018/lei/L13655.htm. Acesso em: 21 abr. 2021.

BRASIL. Senado Federal. **Projeto de Lei do Senado n. 349, de 2015**. Inclui, na Lei de Introdução às Normas do Direito Brasileiro (Decreto-lei n. 4.657, de 1942), disposições sobre segurança jurídica e eficiência na criação e aplicação do direito público. Brasília: Senado Federal, 10 jun. 2015. Disponível em: https://legis.senado.leg.br/diarios/ver/19513?sequencia=1. Acesso em: 18 abr. 2021.

CÂMARA, Jacintho Arruda. Art. 24 da LINDB: irretroatividade de nova orientação geral para anular deliberações administrativas. **Revista de Direito Administrativo**, Rio de Janeiro. Edição Especial: Direito Público na Lei de Introdução às Normas de Direito Brasileiro – LINDB (Lei n. 13.655/2018), p. 113-134, nov. 2018. Disponível em: http://bibliotecadigital.fgv.br/ojs/index.php/rda/article/view/77652/74315. Acesso em: 23 dez. 2020.

DALLARI, Adilson Abreu. Artigo 25. *In*: PEREIRA, Flávio Henrique Unes (coord.). **Segurança jurídica e qualidade das decisões públicas**: desafios de uma sociedade democrática. Estudos sobre o Projeto de Lei n. 349/2015, que inclui, na Lei de Introdução às Normas do Direito Brasileiro, disposições para aumentar a segurança jurídica e a eficiência na aplicação do direito público. Brasília, Senado Federal, 2015. Disponível em: http://anastasia.com.br/wp-content/uploads/2015/09/segurancajuridica.pdf. Acesso em: 30 dez. 2020.

DI PIETRO, Maria Sylvia Zanella. **Direito administrativo**. 33. ed. Rio de Janeiro: Forense, 2020.

GARCÍA DE ENTERRÍA, Eduardo. La lucha contra las inmunidades del Poder en el derecho administrativo (poderes discrecionales, poderes de gobierno, poderes normativos). **Revista de Administración Pública**, n. 38, p. 159-208, 1962. Disponível em: http://www.cepc.gob.es/publicaciones/revistas/revistaselectronicas?IDR=1&IDN=38&IDA=22227. Acesso em: 30 dez. 2020.

LIMA, Ruy Cirne. **Princípios de direito administrativo**. 7. ed. rev. e reel. por Paulo Alberto Pasqualini. São Paulo: Malheiros, 2007.

MARQUES NETO, Floriano de Azevedo. Art. 23 da LINDB: o equilíbrio entre mudança e previsibilidade na hermenêutica jurídica. **Revista de Direito Administrativo**, Rio de Janeiro, Edição Especial: Direito Público na Lei de Introdução às Normas de Direito Brasileiro – LINDB (Lei n. 13.655/2018), p. 93-112, nov. 2018. Disponível em: http://bibliotecadigital.fgv.br/ojs/index.php/rda/article/view/77651/74314. Acesso em: 29 dez. 2020.

MEDAUAR, Odete. **O direito administrativo em evolução**. 3. ed. Brasília: Gazeta Jurídica, 2017.

SILVA, Almiro do Couto e. O princípio da segurança jurídica (proteção à confiança) no direito público brasileiro e o direito da administração pública de anular seus próprios atos administrativos: o prazo decadencial do art. 54 da lei do processo administrativo da união (Lei n. 9.784/99). **Revista de Direito Administrativo**, Rio de Janeiro, v. 237, p. 271-315, jul. 2004. Disponível em: http://bibliotecadigital.fgv.br/ojs/index.php/rda/article/view/44376/44830. Acesso em: 18 abr. 2021.

Informação bibliográfica deste texto, conforme a NBR 6023:2002 da Associação Brasileira de Normas Técnicas (ABNT):

LIMA, Lisandro Carvalho de Almeida; TORRES, Marcel Martins; ALMEIDA, Sálvia Gomes de; BATISTA, Stephânia Coeli Simões. Capítulo 7 - Alterações interpretativas: da irretroatividade e do regime de transição (artigos 23 e 24 da LINDB). *In*: PIRES, Maria Coeli Simões; BITENCOURT NETO, Eurico; GUIMARÃES, Dayana Alves (coord.). **Segurança jurídica e controle da Administração:** panorama geral e comentários sobre a Lei n. 13.655/2018 (LINDB). Belo Horizonte: Del Rey, 2022. p. 255-271. ISBN 978-65-00-38426-0.

CAPÍTULO 8

CONSENSUALIZAÇÃO
compromisso de regularização
e compromisso processual para compensação
(artigos 26 e 27 da LINDB)

EDGARDO CAMPOS MELO FILHO
HAMILTON ROQUE MIRANDA PIRES

8.1 Introdução

Tendo como objetivo central reforçar o princípio da *segurança jurídica*, que vinha sendo mitigado nas e pelas diversas instâncias de interpretação e aplicação do Direito Público, ante a proliferação desenfreada da legislação infraconstitucional editada principalmente após a promulgação da Carta Cidadã de 1988, a Lei n. 13.655, de 25 de abril de 2018 (BRASIL, 2018), inovou não só ao implementar novo paradigma de atuação estatal atrelado à realidade prática, imposta pela satisfação do interesse público consentânea à experiência dos fatos, mas, também, ao expressamente estabelecer o consenso entre a autoridade e o administrado como uma das formas de se concretizar o próprio interesse público.

A inovação trazida pela Lei n. 13.655/2018 cogita "[...] mais que de um específico instrumento jurídico, de 'um novo estilo de relações, fundado sobre o diálogo e a procura do consenso, mais que sobre a autoridade'" (BITENCOURT NETO, 2017, p. 218).

Acrava-se no vetusto Decreto-lei n. 4.657, de 4 de setembro de 1942 (Lei de Introdução às Normas do Direito Brasileiro – LINDB) (BRASIL, 1942), portanto, como um dos pilares garantes da segurança jurídica, a concertação administrativa (administração consensual) ou *soft administration* (REED, 2008) como forma de substituição do decidir unilateral (administração agressiva) pelo chamamento do administrado para que participe da construção da solução a ser dada pela Administração Pública para as mais variadas e complexas questões de interesse social, político e econômico.

Não obstante a contemporaneidade dessa alteração legislativa, a noção de consensualismo no direito público pátrio vem de muito antes[1]; já estava presente pelo menos na última década do século passado e início deste milênio, surgindo como tendência à novel Administração Pública para reformular e revitalizar um novo modelo de gestão estatal focado na eficiência e na aplicação racional e justa do direito público. Faz-se necessário, assim, que o direito administrativo se consubstancie no vetor dessa natural evolução e consiga dar res-

---

[1] O Professor Diogo de Figueiredo Moreira Neto, um dos pioneiros no tema do consensualismo no direito administrativo brasileiro, merece encômios à sua destacada obra **Mutações do direito administrativo**, com primeira edição no ano 2000, na qual pontifica que "A participação e a consensualidade tornaram-se decisivas para as democracias contemporâneas, pois contribuem para aprimorar a governabilidade (eficiência), propiciam mais freios contra o abuso (legalidade); garantem a atenção a todos os interesses (justiça); proporcionam decisão mais sábia e prudente (legitimidade); desenvolvem a responsabilidade das pessoas (civismo); e tornam os comandos estatais mais aceitáveis e facilmente obedecidos (ordem)" (MOREIRA NETO, 2001, p. 40).

postas hábeis e aptas a satisfazer os anseios da sociedade, em especial na execução material das políticas públicas.

Administração concertada ou dialógica caracteriza-se, destarte, pelo afastamento da atuação unilateral (poderes de autoridade) do Estado para abrir espaço a um agir consensual ou concertado, com a ampliação de instrumentos pactuados (acordos, termos de compromisso, contratos etc.) de atuação do Poder Público[2]. Hoje, a Concertação Administrativa é objeto de estudo sistemático e aprofundado[3].

O artigo 26 do Decreto-lei n. 4.657/1942 traz – depois do veto presidencial ao inciso II de seu § 1° e à íntegra de seu § 2° na forma constante da Proposição de Lei em que se converteu o PL n. 7.448/2017 (Câmara dos Deputados), originário do PL n. 349/2015 (Senado) – a seguinte redação:

> Art. 26. Para eliminar irregularidade, incerteza jurídica ou situação contenciosa na aplicação do direito público, inclusive no caso de expedição de licença, a autoridade administrativa poderá, após oitiva do órgão jurídico e, quando for o caso, após realização de consulta pública, e presentes razões de relevante interesse geral, celebrar compromisso com os interessados, observada a legislação aplicável, o qual só produzirá efeitos a partir de sua publicação oficial.

---

2 Já anotava Odete Medauar (2003, p. 210), nesse sentido: "Associa-se o florescimento de módulos contratuais também à crise da lei formal como ordenadora de interesses, em virtude de que esta passa a enunciar os objetivos da ação administrativa e os interesses protegidos, e, ainda: ao processo de *deregulation*; à emersão de interesses metaindividuais; à exigência de racionalidade, modernização e simplificação da atividade administrativa, assim como de maior eficiência e produtividade, alcançados de modo mais fácil quando há consenso sobre o teor das decisões".

3 Eurico Bitencourt Neto desenvolveu tese de doutorado sobre o tema: Conccertação Administrativa Interorgânica: direito administrativo e organização no século XXI. São Paulo: Almedina, 2017.

> § 1º O compromisso referido no *caput* deste artigo:
>
> I – buscará solução jurídica proporcional, equânime, eficiente e compatível com os interesses gerais;
>
> II - (VETADO);
>
> III – não poderá conferir desoneração permanente de dever ou condicionamento de direito reconhecidos por orientação geral;
>
> IV – deverá prever com clareza as obrigações das partes, o prazo para seu cumprimento e as sanções aplicáveis em caso de descumprimento.
>
> § 2º (VETADO). (BRASIL, 1942)

A seu turno, o artigo 27 do citado Decreto-lei n. 4.657/1942, prescreve:

> Art. 27. A decisão do processo, nas esferas administrativa, controladora ou judicial, poderá impor compensação por benefícios indevidos ou prejuízos anormais ou injustos resultantes do processo ou da conduta dos envolvidos.
>
> § 1º A decisão sobre a compensação será motivada, ouvidas previamente as partes sobre seu cabimento, sua forma e, se for o caso, seu valor.
>
> § 2º Para prevenir ou regular a compensação, poderá ser celebrado compromisso processual entre os envolvidos. (BRASIL, 1942)

As precitadas normas são, pois, instrumentos de consensualização que visam estabelecer verdadeiros *compromissos de regularização* e, também, nas instâncias decisórias estatais, a "compensação por benefícios indevidos ou prejuízos anormais ou injustos" ou compromissos processuais de compensação destes.

8.2 O artigo 26 da LINDB

O texto normativo do artigo 26 da LINDB insere no ordenamento jurídico-positivo nacional verdadeira autorização para que a autoridade administrativa de atuação federal, estadual, distrital ou municipal, tanto da administração direta quanto da indireta, possa adotar o meio consensual para dirimir as controvérsias, litígios e contendas surgidos entre o ente estatal e os administrados, consagrando a mútua concordância no processo de tomada de decisões que consolida a ponderação com vistas a conformar ainda mais o princípio constitucional da cidadania como reflexo da própria soberania popular.

Nesse contexto, o consensualismo previsto no artigo 26 da LINDB se insere no novo e contemporâneo modelo de Administração Pública que objetiva se ajustar às exigências de uma sociedade hipercomplexa, traduzida na gestão eficiente baseada na instituição de modelos de tomada de decisões e governança com efetiva participação democrática[4]. Mas não só. Orbitam o núcleo normativo fulcrado no consenso, para o fim de robustecê-lo, as possibilidades de sanabilidade e supressão de desconformidades e desequilíbrios na aplicação do direito público sobre as relações jurídicas, incluídas as atinentes à expedição de licença[5]. Estabelece o

---

4 Dissertando sobre a consensualização, José Luiz de Moura Faleiros Júnior (2017, p. 86) bem explicita que "Este movimento rompe com o paradigma jurídico anterior – que simplesmente buscava valorizar a pretensão de um confuso e pouco delineado 'bem-estar' dos cidadãos – para instalar na sociedade um modelo pautado no diálogo, na negociação, no acordo, na coordenação, na descentralização, na cooperação e na colaboração entre os indivíduos e o Estado, o que explicita com clareza o emprego do termo 'consenso'".

5 Anotam Floriano de Azevedo Marques Neto e Rafael Véras de Freitas (2019, p. 103) nos seus **Comentários à Lei Federal n. 13.655/2018 (Lei da Segurança para a Inovação Pública)**: "Nesse quadrante, o poder público, por ocasião do procedimento de consentimento de polícia, poderá negociar condicionantes a propósito da atuação do particular (duração, regime de preços, parâmetros qualitativos do desenvolvimento de sua atividade), para o efeito de deferimento do título habilitatório – o que já ocorre por exemplo, em procedimentos de licenciamentos ambientais, mas que passará a ser, expressamente, permitido em todo o procedimento de consentimento de polícia".

novo comando, assim, o regime jurídico para negociação entre autoridades públicas e particulares (BRASIL, 2015).

Tanto para solução de controvérsias quanto para eliminação de irregularidade e incerteza jurídica, o texto legal propugna pela celebração de *compromisso*[6] *entre os interessados,* perquirindo, para tal mister, a observância de requisitos ou condicionantes elencados tanto no *caput* quanto em seus incisos subsequentes[7].

A autoridade administrativa deverá, obrigatoriamente, consultar o órgão jurídico da entidade com vistas a obter dele a análise da questão controvertida, sem, entretanto, estar permeado o parecer de caráter vinculativo (NOBRE JÚNIOR, 2019, p. 157).

Quando for o caso, referindo-se, portanto, à área de abrangência da entidade de direito público na sua esfera de atuação (competência da União, dos Estados, do Distrito Federal ou dos Municípios), haverá necessidade de implementação de *audiência pública* com vistas ao atendimento do princípio da transparência e da legitimação da atuação administrativa.

O texto menciona, ademais, razões de relevante interesse geral, reportando-se "[...] à exigência de um interesse público mais qualificado, cuja presença há de ser justificada mediante

---

[6] Sérgio Guerra e Juliana Bonacorsi de Palma (2018, p. 148-149) prelecionam na doutrina que "O compromisso previsto no art. 26 da LINDB consiste em autêntico acordo administrativo, o que pressupõe a negociação do exercício de determinada prerrogativa pública pelo Poder Público com o particular e a celebração por acordo de vontades no âmbito de um processo administrativo. A respeito da polêmica em torno da natureza do acordo administrativo – se ato administrativo bilateral, contrato administrativo ou acordo administrativo per se – a LINDB parece ter tentado suplantar essa questão por meio da disciplina regulamentar suficiente, que afastaria a necessidade de aplicação subsidiária de normas outras que não as processuais administrativas".

[7] Em razão do veto ao § 2° e ao inciso II do § 1°, ambos do citado artigo 26, sobejaram vigentes os incisos I, III e IV do mesmo § 1°.

'as razões que impõem a decisão no sentido do interesse público de uma maneira concreta e específica e não como mera afirmação abstrata'" (NOBRE JÚNIOR, 2019, p. 160).

Ainda no *caput* do artigo 26, requer a norma, para produzir efeitos, que o compromisso seja objeto de publicação oficial, não só para a fixação do marco temporal da produção de efeitos mas, também, para o atendimento aos princípios da publicidade e da transparência, que devem permear os atos administrativos. O inciso I do § 1º do citado artigo 26 estabelece que o compromisso "buscará solução jurídica proporcional, equânime, eficiente e compatível com os interesses gerais", evitando-se, destarte, que a solução consensual transborde para a imposição e a assunção de obrigações excessivamente onerosas, abusivas ou alheias aos interesses gerais em cotejo com o objeto tutelado no compromisso.

Em vista a preservar o princípio da isonomia entre os administrados e o dever de obediência à ordem jurídica, aos quais a atuação do *poder público* se acha vinculada, o inciso III do § 1º do artigo 27 da LINDB dispõe que a Administração "não poderá conferir desoneração permanente de dever ou condicionamento de direito reconhecidos por orientação geral", procurando o legislador precaver-se não somente da ofensa à lei formal, mas também – e mormente – do tratamento desigual dentre os administrados (NOBRE JÚNIOR, 2019).

O derradeiro inciso IV do mesmo artigo prescreve que o compromisso nele referido "deverá prever com clareza as obrigações das partes, o prazo para seu cumprimento e as sanções aplicáveis em caso de descumprimento", com o nítido propósito de conferir eficácia e exequibilidade ao instrumento jurídico[8] entabulado entre as partes, na medida em que intenciona preservar a segurança jurídica da e na avença.

---

[8] Nos dizeres de Floriano de Azevedo Marques Neto e Rafael Véras de Freitas (2019, p. 113) "Cuida-se de preceito que tem a ver com a eficácia e com a

8.3 O artigo 27 da LINDB

O artigo 27 da LINDB, com o propósito de inibir o ajuizamento irresponsável e indevido de demandas em âmbito administrativo, controlador ou judicial, estatui a possibilidade de reparação dos danos daí decorrentes em prol da parte prejudicada[9].

Essa inovação legislativa tem como justificativa as existentes e diversificadas práticas arbitrárias do mundo real e foi estatuída para tentar coibir ao máximo as ações injustificadas e restritivas de direitos da atuação administrativa que exponham os cidadãos aos prejuízos daí decorrentes.

No âmbito do Direito Administrativo é necessário deixar esclarecido que esse dispositivo contém uma limitação, concretizada na condição de somente ser aplicado ao Direito Público se as decisões tiverem origem em matérias de competências administrativas que acarretem controle ou decisão judicial ou administrativa. E, em qualquer caso, será a autoridade decisória do processo quem deterá a competência para estabelecer a compensação para reparação dos prejuízos então apurados.

Importante registrar, aqui, que esse dispositivo tem forte repercussão no Direito Administrativo brasileiro,

---

exequibilidade do referido instrumento. Com a eficácia, na medida em que, sem o cuidado redacional com as obrigações que serão estipuladas para os compromitentes, o pacto negocial poderá restar esvaziado. Com a exequibilidade, porquanto a ausência de uma previsão de comando-sanção, ainda que num instrumento negocial, poderá gerar incentivos para que as partes o descumpram. Ambas as referidas diretrizes, uma vez mais, têm por escopo a preservação da segurança jurídica do referido instrumento".

9 Nesse sentido, Carlos Ari Sundfeld e Alice Voronoff (2018, p. 175) prelecionam: "É para preservar a integridade dos direitos materiais e do sistema processual nos âmbitos administrativo, controlador e judicial, que o ordenamento jurídico tem de prever compensações por custos e externalidades processuais indevidos, anormais ou injustos, coibindo a assunção de riscos danosos em nome de simples interesses, e restaurando os efeitos de erros onerosos decorrentes de atos públicos".

notadamente nas ações de improbidade previstas na Lei n. 8.429/1992 (BRASIL, 1992) (na qual inexiste norma específica quanto aos danos processuais e ônus da sucumbência) e nas ações civis públicas disciplinadas na Lei n. 7.347/1985 (BRASIL, 1985) (quando comprovada a litigância de má-fé).

Ademais, a possibilidade de compensação prevista no artigo 27 da LINDB traz importante medida para evitar o exercício abusivo de medidas processuais que, muitas vezes, podem afetar a imagem ou reputação da própria Administração Pública ou do administrado.

Notadamente quanto às esferas controladoras (*i.e.*, Tribunal de Contas da União), a imposição de gravames deve observar o disposto no artigo 27 da LINDB para que seja fundamentada em elementos que demonstrem uma justa causa para sua aplicação e evitar, assim, arbitrariedades.

Em qualquer hipótese, para a correta aplicação do artigo 27 da LINDB, é necessária e indispensável a caracterização inequívoca de uma conduta tipificadora do abuso do direito quanto à instauração do procedimento administrativo, judicial ou controlador ou quanto ao exercício das faculdades processuais neles praticadas.

Afinal, a caracterização e a comprovação de uma conduta que tipifique o abuso de direito na propositura da demanda ou no seu procedimento é essencial e indispensável na configuração do benefício indevido ou do prejuízo anormal ou injusto que permita a compensação prevista no artigo 27 da LINDB.

Eis a razão pela qual o § 1º do citado artigo 27 prevê que a "decisão sobre a compensação será motivada, ouvidas previamente as partes sobre seu cabimento, sua forma e, se for o caso, seu valor" de maneira a comprovar a figura do abuso do direito e evitar arbitrariedades de toda ordem, além de garantir o devido processo legal, com a ampla defesa e o contraditório, previstos na Constituição Federal de 1988, no inciso LV de seu artigo 5º (BRASIL, 1988).

Desnecessário afirmar que, se assim não fosse estatuído, estaria a autoridade competente munida de exacerbados poderes que poderiam gerar injustiças, abusos, arbitrariedades e imensuráveis danos à parte prejudicada na relação processual.

Uma vez apurado, motivado, comprovado e justificado o direito à compensação, o § 2º do artigo 27 da LINDB dispõe que, "para prevenir ou regular a compensação, poderá ser celebrado compromisso processual entre os envolvidos" para disciplinar o modo como referido ajuste compensatório ocorrerá e prevenir o injusto dano que poderá ocorrer nos casos de aplicação de medidas e penalidades desproporcionais.

Diante desse contexto, infere-se que a possibilidade de compromisso na compensação, assim como estatuído no artigo 27 da LINDB, reforça a consensualidade administrativa hodiernamente em voga.

8.4 Conclusão

A Lei n. 13.655/2018, ao inserir novas normas de Direito Público no Decreto-lei n. 4.657/1942, objetivou, dentre outras questões e com relação à Administração Pública, modernizar a dinamicidade da atuação administrativa, conferindo-lhe caracteres de inovação e de segurança jurídica no atendimento às demandas da sociedade brasileira.

Nesse contexto, a experiência prática dos fatos e a realidade encontrada no dia a dia, com as necessidades daí decorrentes, foram levadas em conta para sua edição.

Considerando a moderna tendência a instituir uma Administração Pública consensualizada, concertada ou dialógica, a Lei n. 13.655/2018 foi promulgada priorizando esses aspectos, de forma a valorizá-los com eficácia e acentuar, com isso, o próprio caráter democrático do Estado de Direito mediante maior participação da sociedade na condução da coisa pública.

Para tanto e corroborando essa intenção legislativa, os artigos 26 e 27 acima delineados reforçam o propósito de possibilitar e ampliar o diálogo e o consenso entre as partes na busca por decisões administrativas, judiciais ou controladoras justas, razoáveis e reparadoras sem excessos, arbitrariedades ou gravames desarrazoados.

Esse entendimento está explicitado no verbete n. 21 dos "Enunciados relativos *à* interpretação da Lei de Introdução *às* Normas do Direito Brasileiro – LINDB e seus impactos no Direito Administrativo", os quais foram editados pelo Instituto Brasileiro de Direito Administrativo – IBDA no seminário docente "Impactos da Lei n. 13.655/18 no Direito Administrativo" (realizado em Tiradentes/MG em 14 de junho de 2019), com a seguinte redação: "Os artigos 26 e 27 da LINDB constituem cláusulas gerais autorizadoras de termos de ajustamento, acordos substitutivos, compromissos processuais e instrumentos afins, que permitem a solução consensual de controvérsias" (IBDA, 2019).

Destarte, a LINDB e, em especial, seus artigos 26 e 27 denotam cristalino estímulo à consensualização e à solução pacífica dos conflitos com razoabilidade e proporcionalidade na instauração e no processamento dos procedimentos administrativos, controladores e judiciais daí decorrentes, reforçando o ideal constitucional do próprio Estado Democrático de Direito.

8.5 Referências

BITENCOURT NETO, Eurico. Transformações do Estado e a Administração Pública no século XXI. **Revista de Investigações Constitucionais**, Curitiba, v. 4, n. 1, p. 207-225, jan./abr. 2017.

BITENCOURT NETO, Eurico. **Conccertação Administrativa Interorgânica:** direito administrativo e organização no século XXI. São Paulo: Almedina, 2017.

BRASIL. **Constituição da República Federativa do Brasil**. Brasília, DF: Presidência da República, [1988]. Disponível em: http://www.planalto.gov.br/ccivil_03/constituicao/constituicao.htm. Acesso em: 22 dez. 2020.

BRASIL. **Decreto-lei n. 4.657, de 4 de setembro de 1942**. Lei de Introdução às normas do Direito Brasileiro. Brasília, DF: Presidência da República, [1942]. Disponível em: http://www.planalto. gov.br/ccivil_03/decreto-lei/del4657.htm. Acesso em: 22 dez. 2020.

BRASIL. **Lei n. 7.347, de 24 de julho de 1985**. Disciplina a ação civil pública de responsabilidade por danos causados ao meio ambiente, ao consumidor, a bens e direitos de valor artístico, estético, histórico, turístico e paisagístico (VETADO) e dá outras providências. Brasília, DF: Presidência da República, [1985]. Disponível em: http://www. planalto.gov.br/ccivil_03/leis/L7347 Compilada.htm. Acesso em: 22 dez. 2020.

BRASIL. **Lei n. 8.429, de 2 de junho de 1992.** Dispõe sobre as sanções aplicáveis aos agentes públicos nos casos de enriquecimento ilícito no exercício de mandato, cargo, emprego ou função na administração pública direta, indireta ou fundacional e dá outras providências. Brasília, DF: Presidência da República, [1992]. Disponível em: https://www.planalto.gov.br/ccivil_03/leis/ l8429.htm. Acesso em: 22 dez. 2020.

BRASIL. **Lei n. 13.655, de 25 de abril de 2018**. Inclui no Decreto-Lei n. 4.657, de 4 de setembro de 1942 (Lei de Introdução às Normas do Direito Brasileiro), disposições sobre segurança jurídica e eficiência na criação e na aplicação do direito público. Brasília, DF: Presidência da República, [2018]. Disponível em: http://www.planalto.gov.br/ccivil_03/_ato2015-2018/ 2018/lei/L13655.htm. Acesso em: 22 dez. 2020.

BRASIL. **Projeto de Lei do Senado n. 349, de 2015**. Disponível em: https://legis. senado.leg.br/sdleg-getter/documento?dm=4407647&ts=1593913219661 &disposition=inline. Acesso em: 10 abr. 2021.

BRASIL. Senado Federal. **Projeto de Lei do Senado n. 349, de 2015**. Inclui, na Lei de Introdução às Normas do Direito Brasileiro (Decreto-lei n. 4.657, de 1942), disposições sobre segurança jurídica e eficiência na criação e aplicação do direito público. Brasília: Senado

Federal, 10 jun. 2015. Disponível em: https://legis.senado.leg.br/diarios/ver/19513?sequencia=1. Acesso em: 26 dez. 2020.

FALEIROS JÚNIOR, José Luiz de Moura. A Administração Pública consensual: novo paradigma de participação dos cidadãos na formação das decisões estatais. **Revista Digital de Direito Administrativo - RDDA**, Ribeirão Preto, v. 4, n. 2, p. 69-90, jul. 2017. Disponível em: https://www.revistas.usp.br/rdda/article/view/131126/130583. Acesso em: 10 abr. 2021.

GUERRA, Sérgio; DE PALMA, Juliana Bonacorsi. Art. 26 da LINDB: novo regime jurídico de negociação com a administração pública. **Revista de Direito Administrativo**, Rio de Janeiro, Edição Especial: Direito Público na Lei de Introdução às Normas de Direito Brasileiro – LINDB (Lei n. 13.655/2018), p. 135-169, nov. 2018.

INSTITUTO BRASILEIRO DE DIREITO ADMINISTRATIVO (IBDA). **Impactos da Lei n. 13.655/18 no direito administrativo.** Tiradentes (MG): IBDA, 2019. Disponível em: http://ibda.com.br/noticia/seminario-promovido-pelo-ibda-aprova-enunciados-sobre-a-lindb. Acesso em: 27 dez. 2020.

MARQUES NETO, Floriano de Azevedo; FREITAS, Rafael Véras de. **Comentários à Lei 13.655/2018 (Lei da Segurança Jurídica para a Inovação Pública)**. 2. ed. reimpr. Belo Horizonte: Fórum, 2019.

MEDAUAR, Odete. **O direito administrativo em evolução.** 2. ed. São Paulo: Revista dos Tribunais, 2003.

MOREIRA NETO, Diogo de Figueiredo. **Mutações do direito administrativo.** 2. ed. Rio de Janeiro: Renovar, 2001.

NOBRE JÚNIOR, Edilson Pereira. **As normas de direito público na Lei de Introdução ao Direito Brasileiro**: paradigmas para interpretação e aplicação do direito administrativo. São Paulo: Contracorrente, 2019.

REED, Christine M. Public administration theory and the “Soft” State. **Administrative Theory & Praxis. JSTOR**, v. 30, n. 3, p. 355-358, 2008. Disponível em: www.jstor.org/stable/25610940. Acesso em: 26 dez. 2020.

SUNDFELD, Carlos Ari; VORONOFF, Alice. Art. 27 da LINDB: quem paga pelos riscos dos processos? **Revista de Direito Administrativo**, Rio de Janeiro, Edição Especial: Direito Público na Lei de Introdução às Normas de Direito Brasileiro – LINDB (Lei n. 13.655/2018), nov. 2018.

Informação bibliográfica deste texto, conforme a NBR 6023:2002 da Associação Brasileira de Normas Técnicas (ABNT):

MELO FILHO, Edgardo Campos; PIRES, Hamilton Roque Miranda. Capítulo 8 – Consensualização: compromisso de regularização e compromisso processual para compensação (artigos 26 e 27 da LINDB). *In*: PIRES, Maria Coeli Simões; BITENCOURT NETO, Eurico; GUIMARÃES, Dayana Alves (coord.). **Segurança jurídica e controle da Administração:** panorama geral e comentários sobre a Lei n. 13.655/2018 (LINDB). Belo Horizonte: Del Rey, 2022. p. 273-286. ISBN 978-65-00-38426-0.

CAPÍTULO 9

RESPONSABILIDADE DE AGENTE PÚBLICO POR DECISÃO OU OPINIÃO TÉCNICA
(artigo 28 da LINDB)

BRUNA SOUZA DA SILVA
CAIO BENEVIDES PEDRA
MARÍLIA JUNQUEIRA LEMES
POLIANA OLIVEIRA FONSECA

9.1 Introdução

A Lei n. 13.655, de 25 de abril de 2018, que inclui no Decreto-lei n. 4.657, de 4 de setembro de 1942 (Lei de Introdução às Normas do Direito Brasileiro – LINDB) (BRASIL, 1942), disposições sobre segurança jurídica e eficiência na criação e na aplicação do direito público, intenta promover a segurança jurídica e incorporar os assentamentos jurisprudenciais desde a publicação do decreto-lei, a partir do acréscimo de artigos. Dentre os dispositivos incluídos, o artigo 28 trata da responsabilização dos agentes públicos por suas decisões ou opiniões técnicas em caso de dolo ou erro grosseiro, sendo agentes públicos os servidores e os empregados públicos, celetistas, comissionados, agentes políticos ou os que ocupam função pública, ainda que temporariamente, ou os que gerenciam recursos públicos (BRASIL, 2018b).

Embora a alteração em voga seja pontual, seu delineamento quanto à aplicação prática e suas implicações junto a outros atos normativos, tal qual a Lei de Improbidade Administrativa (LIA) (BRASIL, 1992), trazem inúmeras discussões no direito brasileiro, especialmente em relação à suposta superação de disfunção do controle interno e externo, ao enfraquecimento da contenção aos ilícitos praticados por agentes públicos e à nocividade à autonomia da advocacia.

Chama-se a atenção para a importância da análise dos impactos das recentes alterações introduzidas na Lei de Improbidade Administrativa – Lei n. 8.429/1992 - sobre a interpretação das normas de controle. Oriunda do PL n. 10.887/2018 da Câmara dos Deputados, a Lei n. 14.230, de 25 de outubro de 2021, alterou disposições da Lei n. 8.429/1992 (LIA) com o intuito de compatibilizar essa lei com normas e jurisprudências a ela supervenientes, no bojo de um movimento em prol de maior segurança jurídica aos gestores. O discurso de justificação refletiu nas soluções consubstanciadas pela nova lei, especialmente: a configuração de improbidade apenas por atos dolosos, o escalonamento de sanções e a definição de legitimidade privativa do Ministério Público para propositura da ação de improbidade (BRASIL, 2018a).

A fim de antecipar a enunciação desses aspectos, bem assim de outros específicos da LINDB, registra-se, em destaque, a ampla crítica a respeito da desproporcionalidade do controle e das sanções aplicadas aos gestores públicos, indicada como um dos fatores para a inércia da Administração Pública, comumente referenciada como o "apagão das canetas". Esse contexto resulta, dentre outras razões sistêmicas, do controle interno e/ou externo pouco empenhado em considerar as limitações fáticas da gestão pública, a intenção e os resultados alcançados pelo agente público, as interpretações plausíveis mas distintas daquela adotada pelo órgão e, especialmente, a assimetria entre prejuízo e sanção ou entre as situações impugnadas e os efeitos práticos do controle.

Por sua vez, os atores voltados para o controle da corrupção e da improbidade alegam que o novo artigo 28 enfraquece a promoção da moralidade e da licitude da Administração Pública quando se considera a vinculação à culpa grave (erro grosseiro) ou ao dolo. Sob esse prisma, o desenho da Constituição Federal de 1988, para aqueles que assumem alguma função pública, em sentido amplo, é direcionado para um zelo e consciência muito mais elevados do que em relação ao homem médio (BRASIL, 1988).

Finalmente, no que se relaciona à advocacia, o artigo 28 incorpora ao controle de eficiência, licitude e moralidade os pareceres emitidos em qualquer uma das tipologias dos pareceres jurídicos (BRASIL, 2018b). Esse exame é justificado pela responsabilidade solidária que assume o advogado que embasa juridicamente as decisões pretendidas pela Administração Pública. Nesse aspecto, convivem duas perspectivas anteriores ao dispositivo: a de que a função advocatícia só poderia ser penalizada em situações distanciadas da razoabilidade e da diligência e a de que só seria cabível em relação a ato consultivo mandatório para a constituição e orientação do ato administrativo decisório.

9.2 Contexto de edição do artigo 28: busca pela segurança jurídica e pela eficiência administrativa

A respeito do contexto de edição do artigo 28, cabe mencionar o fenômeno conhecido como “apagão das canetas” e algumas das suas possíveis causas. Essa expressão é utilizada para se referir ao esvaziamento decisório dentro da Administração Pública, com a postergação de deliberações e elevada apreensão e desinteresse generalizado para a ocupação de cargos de chefia (HALPERN; OLIVEIRA, 2020).

Cita-se, dentre outras razões, o controle excessivo, insulado e desproporcional aplicado aos agentes públicos sem a consideração dos aspectos fáticos comuns à gestão pública brasileira. Ademais, a atuação dos Tribunais de Contas e de outros órgãos de controle se dá mediante a aplicação de suas próprias compreensões, mesmo quando se vislumbram outras igualmente válidas adotadas pelos gestores públicos (HALPERN; OLIVEIRA, 2020).

Ao lado desse quadro, verifica-se o estiramento do princípio da legalidade e da concepção burocrática tradicional da Administração Pública. Esse modelo considerava a racionalidade administrativa proveniente das leis positivadas; em outras palavras, o gestor público deveria atuar em total conformidade com as regras instituídas (HALPERN; OLIVEIRA, 2020).

Havia, então, os atos vinculados à determinação legal, sobre os quais incidiam o controle formal, e os atos discricionários, subordinados apenas ao domínio hierárquico e político (LUSTOSA, 2019). Porém, em decorrência do aprofundamento da democracia e da elevação dos princípios como normas jurídicas, a atuação dos agentes públicos ultrapassou a concepção inicial de aplicação direta da lei.

Ao mesmo tempo, a deslegalização, ou seja, a edição de leis menos minudentes com a preferência de regulamentação pela própria Administração Pública, exige maior criatividade e amplia o escopo da "discricionariedade" do agente público (ARAGÃO, 2001).

Assim, conforme justificativa apresentada com o Projeto de Lei (PL) do Senado Federal n. 349, de 2015 (BRASIL,

2015), de autoria do Senador Antonio Anastasia (PSDB/MG), o desenvolvimento de normas administrativas que regulam o funcionamento de diversos tipos e naturezas de órgãos que compõem a estrutura da Administração Pública, em todos os níveis de governo, resulta no aumento da insegurança jurídica, pois o excesso de regras sobre processos e controles administrativos traz incerteza e imprevisibilidade no momento da emissão de opiniões e da tomada de decisões.

Nesse sentido, pretendeu-se, com a introdução de novos artigos na LINDB, estabelecer parâmetros de interpretação a serem seguidos tanto pela Administração Pública Federal quanto pelas Administrações estaduais, municipais e distritais. Com esse viés, o artigo em comento visa impedir a responsabilização injusta da autoridade em caso de revisão de suas decisões pelos órgãos de controle interno ou, até mesmo, do controle externo. Limitando-se a responsabilização do agente somente por dolo ou erro grosseiro, busca-se enfrentar o problema da insegurança jurídica, que provoca a paralisação ou a lentidão na tomada de decisões importantes para a administração. Aliás, também o Código de Processo Civil somente responsabiliza os membros da advocacia pública, civil e regressivamente, quando atuam com dolo ou fraude no exercício das funções.

De modo coerente com o propósito de segurança jurídica, segundo o discurso de justificação do Projeto de Lei do Senado n. 349/2015, os novos atos normativos e as mudanças de entendimentos administrativos ou da jurisprudência não podem incidir de forma retroativa sobre atos já praticados especialmente para acarretar punições aos agentes que deram opiniões ou tomaram decisões quando estes estavam imbuídos de boa-fé e do dever de cuidado. Nesse sentido, o artigo 28 afasta a invocação de novos atos normativos ou mudanças decorrentes de jurisprudência para justificar punições a advogados públicos ou pareceristas por decisões anteriores, excetuados os casos de erro grosseiro ou dolo.

9.3 Distinções entre culpa, erro grosseiro e dolo

Como dito, a menção a respeito da responsabilização em caso de dolo ou erro grosseiro diante de decisões ou opiniões técnicas para os agentes públicos enseja ainda diversas discussões desde a edição da Lei n. 13.655/2018.

Anteriormente, a responsabilização dos agentes firmava-se estritamente pela orientação dada pela Constituição Federal de 1988, no § 4º do artigo 37, que determina que "os atos de improbidade administrativa importarão a suspensão dos direitos políticos, a perda da função pública, a indisponibilidade dos bens e o ressarcimento ao erário, na forma e gradação previstas em lei, sem prejuízo da ação penal cabível", e nos artigos que tratam dos tipos de improbidade administrativa definidos na Lei n. 8.429/1992.

A referida lei atualizada indica diversas classificações de improbidade administrativa: enriquecimento ilícito, dano ao erário, concessão e aplicação de benefícios tributários e financeiros indevidos e atentado aos princípios da Administração Pública. Para a finalidade central deste trabalho, importa a última categorização.

Alude o artigo 11 da citada norma, com a redação dada pela Lei n. 14.230, de 25 de outubro de 2021 que "constitui ato de improbidade administrativa que atenta contra os princípios da administração pública a ação ou omissão dolosa que viole os deveres de honestidade, de imparcialidade e de legalidade, caracterizada por uma das seguintes condutas: (...)".

Logo, tem-se que qualquer ofensa aos princípios da legalidade, impessoalidade, moralidade, publicidade e eficiência pode constituir um ato de improbidade. Nesse ponto, a moralidade aparece como a norma mais discutida em razão da sua maleabilidade e extensão, pois "corresponde a um conceito jurídico indeterminado [...] Trata-se de conceito de valor, sem conteúdo preciso que possa ser definido pelo direito positivo" (DI PIETRO, 2020, p. 1031).

Destarte, constata-se que a LIA e a Constituição Federal apontavam para a responsabilização sem qualquer indicação para o enquadramento e a vinculação a culpa, erro grosseiro ou dolo. Todas as ofensas e os ilícitos estavam no bojo do controle, conquanto este devesse, também, corresponder aos princípios da razoabilidade e da eficiência. A Lei n. 14.230, de 25 de outubro de 2021, determina a necessidade de dolo para configuração de ato de improbidade, excluindo a modalidade culposa.

À sua vez, com a inovação no artigo 28 da LINDB, o dolo e o erro grosseiro passam a ser tratados como balizas para remarcação das condições e medidas de responsabilização do agente público diante das diversas situações de aplicação. Assim, cabe distinguir as definições de culpa, erro grosseiro e dolo mais proeminentes na literatura e na jurisprudência.

O dolo é correspondente à má-fé do agente quando da emissão da opinião técnica ou decisão, abrangendo tanto os casos de dolo direto como os de dolo eventual, ou seja, quando o agente possui a intenção de causar dano ou assume conscientemente o risco de causá-lo.

Para compreender o conceito de erro grosseiro, pode-se socorrer ao decreto regulamentador do dispositivo, Decreto n. 9.830/2019, que determina, no § 1º do artigo 12, que se se considera erro grosseiro aquele manifesto, evidente e inescusável praticado com culpa grave, caracterizado por ação ou omissão com elevado grau de negligência, imprudência ou imperícia nos conceitos já conhecidos por meio do Direito Civil (BRASIL, 2019).

Pode-se dizer que o erro grosseiro equivale à chamada culpa grave, o que também significa que, caso o agente atue com culpa leve ou levíssima, ele não poderá ser responsabilizado. Essa é uma das grandes dificuldades relacionadas com o tema, pois a identificação e a gradação da medida da culpa é imprescindível à caracterização da responsabilidade subjetiva do agente.

De toda forma, também conforme prescrições do decreto regulamentador já citado, é indispensável a comprovação do dolo ou do erro grosseiro para que se proceda à responsabilização do agente. O § 2º do artigo 12 do Decreto n. 9.830/2019 determina que não se configura o dolo ou erro grosseiro se, no processo de responsabilização, não ficar comprovada situação ou circunstância fática capaz de caracterizar tais institutos. Ainda, o § 3º do mesmo artigo ensina que a existência de nexo de causalidade entre a conduta e o resultado danoso não implicará responsabilização do agente, exceto se comprovado o dolo ou o erro grosseiro.

O tema é delicado. Outras disposições a respeito da comprovação do dolo ou erro grosseiro chamam a atenção no decreto, o qual determina que a complexidade da matéria e as atribuições exercidas pelo agente público devem ser consideradas em eventual responsabilização. Some-se a isso a disposição segundo a qual o montante do dano ao erário por si só, ainda que vultoso, não pode ser o único elemento a caracterizar dolo ou erro grosseiro.

As disposições do artigo 12 do mencionado decreto, portanto, alinham-se aos objetivos iniciais da alteração legislativa que foi feita por meio do artigo 28 da LINDB, já que este traz elementos de segurança para que o agente possa desempenhar suas funções, visando impedir responsabilização desmedida dos agentes decisores em caso de revisão de seus atos ou de rejeição posterior da interpretação adotada por órgãos controladores.

9.4 Responsabilização por decisão técnica: contraposição e reflexos

A Constituição Federal de 1988 menciona a Advocacia-Geral da União, diretamente ou por órgãos vinculados, como responsável pela representação judicial e extrajudicial e pelas atividades de assessoria e consultoria jurídica do Poder Executivo (artigo 131). Nas demais unidades federativas, o artigo 132 reserva as mesmas funções aos Procuradores, com critérios de ingresso distintos. E, por fim, o artigo 133 indica que "o advogado é indispensável à administração da justiça, sendo inviolável por seus atos e manifestações no exercício da profissão, nos limites da lei".

Aspectos da redação original do art. 28 da Proposição enviada à sanção do Presidente da República e que resultou na Lei n. 13.655/2018 colidiam com tais prescrições constitucionais, sendo que apenas uma situação de potencial conflito persiste com o texto em vigor. Primeiramente, o § 2° do projeto (vetado na versão publicada da lei) apresentava a garantia de apoio da entidade ao agente nas despesas com sua defesa. Essa determinação, lida de modo amplo, poderia confrontar com o papel da Advocacia-Geral da União. Em segundo lugar, o *caput* do artigo 28 indica que qualquer agente público responderá pessoalmente por suas decisões ou opiniões técnicas em caso de dolo ou erro grosseiro. A última situação configura um conceito jurídico indeterminado e pode ensejar afronta ao que dispõe o artigo 133.

Na mesma linha, a Lei n. 8.666/1993 (revogada em 2021 pela Lei n. 14.133, de 1° de abril de 2021, nova Lei de Licitações e Contratos Administrativos) (BRASIL, 1993) apresentava outro dispositivo que possibilitava afronta à segurança do advogado na aplicação do artigo 28 da Lei n. 13.655/2018, visto que o parágrafo único do artigo 38 determinava que "as minutas de editais de licitação, bem como as dos contratos, acordos, convênios ou ajustes devem ser previamente examinadas e aprovadas por assessoria jurídica da Administração".

A respeito desse indicativo na antiga norma de licitações, agrega-se a característica de pareceres vinculantes, em que a responsabilidade jurídica seria partilhada entre o advogado público e o gestor. Para além do risco incorrido pelo conceito jurídico indeterminado, menciona-se a ocorrência de prática de revisão de pareceres pelos diversos órgãos de controle com a indicação do melhor entendimento (BARRETO, 2017, p. 67-69).

O Mandado de Segurança n. 24.073-3/DF (BRASIL, 2002), cuja relatoria ficou a cargo do Ministro Carlos Mário Velloso, apresenta com evidência essa prática de reexame das decisões, seja pelo Tribunal de Contas ou pelo Ministério Público. De modo mais específico, o caso em questão versava sobre a emissão de parecer jurídico para a inexigibilidade de contratação de consultoria estrangeira e aplicação de responsabilidade compartilhada com os advogados que participaram de sua elaboração.

Os entendimentos apresentados fundamentaram-se na natureza dos pareceres jurídicos, ao argumento de que não configuram atos administrativos e nem possuem a capacidade de dano ao erário, visto que se trata de peças opinativas e sem vinculação para a Administração Pública. Porém, o fato evidentemente assegurado na determinação dos votos foi a salvaguarda do direito constitucional do advogado no exercício da sua profissão. Por sua vez, o Mandado de Segurança n. 24.631/DF (BRASIL, 2007), do relator Ministro Joaquim Barbosa, também trata do tema da responsabilização de advogados em pareceres que sustentam atos administrativos inadequados, mas a análise aprofunda a diferenciação dos pareceres, como se demonstra a seguir.

Quando o ato não requer parecer jurídico prévio, como disposto pela lei, sua natureza é opinativa e não enseja vinculação para a decisão do administrador, situação em que não há como compartilhar a responsabilidade (pareceres facultativos). Outra possibilidade que recai no mesmo quadro ocorre quando o ato requer parecer jurídico, mas cabe ao administrador optar pelo melhor ato, mesmo que diverso do sugerido pelo parecer.

No entanto, como alega o relator do MS n. 24.631/DF, se a lei determina que o ato administrativo seja delimitado pelo parecer jurídico (nesse caso, parecer obrigatório), então o advogado partilha a responsabilidade com o gestor público. E ressalta que, caso contrário, o desrespeito às normas e princípios da Administração Pública poderia ser justificado pela existência de parecer jurídico, mesmo que este confrontasse claramente a lógica jurídica.

Curiosa, para o estudo, é a figura do parecer vinculante, criticada por Carvalho Filho (2016, p. 209), segundo o qual, por serem atos opinativos, os pareceres não deveriam ter caráter vinculante sob pena de deixarem de ser atos enunciativos para serem propriamente atos decisórios; a autoridade destinatária do parecer ficará vinculada a reproduzir o seu conteúdo, tratando-se, assim, de uma inversão do *status* jurídico entre o agente que opina e o agente que decide, e implicando estranho compartilhamento de responsabilidades.

O autor chama a atenção para o tratamento dispensado ao parecer, vinculante ou facultativo, na Lei n. 9.784/1999, que dispõe sobre o processo administrativo em esfera federal. No referido marco legal está consignado que, em caso de parecer vinculante não emitido, o processo deve ficar paralisado, e, caso o parecer não seja vinculante, o processo poderá prosseguir (BRASIL, 1999). Para Carvalho Filho (2016), a lei deveria ter mencionado parecer obrigatório e não parecer vinculante (que só pode existir em casos muito específicos e com expressa determinação legal).

Como visto, as controvérsias acerca dos pareceres e seus efeitos concretos, bem como das possíveis situações de responsabilização do parecerista – seja por seu conteúdo, seja pela sua inexistência –, não são novidades no âmbito do Direito Administrativo brasileiro, tampouco foram pacificadas no recém-introduzido artigo 28 da LINDB.

A exceção do erro grosseiro estava também alinhada à jurisprudência do Supremo Tribunal Federal (STF) sobre o tema, mas é importante destacar que a referida Corte voltou a discutir a matéria em maio de 2020 e, no julgamento de pedidos liminares contra a MP n. 966/2020,que restringiu a possibilidade de responsabilização dos agentes públicos durante a pandemia da Covid-19 aos casos de dolo ou erro grosseiro, decidiu que incorre em erro grosseiro "o ato administrativo que ensejar violação do direito à vida, à saúde ou ao meio ambiente equilibrado em razão da inobservância de normas e critérios científicos e técnicos e dos princípios constitucionais da precaução e da prevenção" (BRASIL, 2020ª).

Recorda-se que os três parágrafos do artigo 28 foram objeto do Veto n. 15/2018 oposto pelo Presidente da República (BRASIL, 2018d), baseado em um estudo das normas gerais de direito público que subsidiou a Mensagem n. 212, de 25 de abril de 2018, da Presidência da República à Presidência do Senado Federal. No que diz respeito especificamente a esses três parágrafos, a Presidência da República ouviu os Ministérios da Justiça e da Transparência, a Controladoria-Geral da União e a Advocacia-Geral da União (BRASIL, 2018c).

Sobre o texto do § 1°, que protegia a decisão ou opinião baseada em entendimentos ainda não pacificados da caracterização como erro grosseiro, a Mensagem n. 212/2018 justificou o veto do dispositivo alegando insegurança jurídica. Isso porque, de acordo com o texto da Mensagem (que é bem breve sobre cada tópico), o dispositivo atribuiria discricionariedade ao administrador para agir com base em sua própria convicção, o que implicaria insegurança jurídica.

O § 2°, que assegurava apoio institucional ao agente público para sua defesa, foi vetado porque, segundo a Mensagem n. 212/2018, ao criar um direito subjetivo ao amparo em qualquer esfera, sem especificação do órgão responsável pela sua prestação, ficaria caracterizada a não exclusividade da missão pública do órgão oficial de advocacia, podendo, por outro lado, resultar para cada entidade dispêndio financeiro indevido, sobretudo para os entes subnacionais. Essa justificativa é aplicada também para fundamentar a decisão pelo veto ao § 3°, que obrigaria o agente a ressarcir ao erário.

Com a nova legislação, é importante destacar que a responsabilidade do advogado público que emite o parecer deve ser apurada de forma autônoma em relação à responsabilidade do agente tomador da decisão. No caso da responsabilização deste, é preciso que se demonstre que ele tinha condições de saber que o parecerista estava agindo com dolo ou erro grosseiro ou que estivesse em conluio com o parecerista. Tal disposição, que está prevista no § 6° do artigo 12 do decreto regulamentador dos novos artigos da LINDB, no entanto, não exime os agentes públicos do dever de cuidado e diligência no exercício de suas funções.

Por fim, deve ser apurada também, de forma autônoma, a responsabilidade do superior hierárquico do agente que agiu com dolo ou erro grosseiro, sendo que o superior responderá somente por culpa *in vigilando* quanto ao erro grosseiro ou dolo caracterizado por sua omissão (§ 7° do artigo 12 do Decreto n. 9.830/2019).

9.5 Aplicações jurisprudenciais sobre a responsabilização do agente público por decisão ou opinião técnica

No que tange à responsabilização do agente público por suas decisões, cabe, inicialmente, fazer uma digressão sobre o entendimento dos órgãos de fiscalização, notadamente do Tribunal de Contas da União (TCU), quanto à matéria.

Para o TCU, a responsabilidade dos administradores de recursos públicos deve seguir a regra geral da responsabilidade civil e, portanto, tem natureza subjetiva, o que implica dizer que há análise da conduta culposa, conforme pode ser aferido do Acórdão n. 249/2010, de relatoria de Walton Alencar Rodrigues (BRASIL, 2010).

Dessa forma, tem-se que a aferição da responsabilidade de agentes públicos pressupõe a análise de conduta dolosa ou culposa (incluídas a culpa *in vigilando* e a culpa *in eligendo*), por ação ou omissão, que resulta em infração legal ou violação de dever imposto àqueles que administram recursos públicos.

Uma vez enquadrada a conduta como dolosa ou culposa, ou seja, delineados os limites e o alcance da reprovabilidade da conduta, passa-se à análise da incidência ou não de aplicação de multa ao responsável e de eventual redução do valor a ser pago a título de sanção. Assim, antes da entrada em vigor da LINDB, a jurisprudência do TCU sustentava a suficiência do dolo ou da culpa (ainda que simples) do agente público para sua responsabilização, uma vez que restassem consubstanciadas graves irregularidades, mesmo quando ausentes dano ou prejuízo.

No entanto, atualmente, vem o TCU observando os preceitos trazidos pela LINDB no tocante à responsabilização dos agentes públicos, ocupando-se, em especial, da verificação da existência de erro grosseiro (culpa grave) e da análise das circunstâncias do caso concreto.

A posição evidencia-se no julgado a seguir, em que resta tipificada, como conduta culposa decorrente de erro grosseiro (artigo 28 da LINDB), a aprovação pelo parecerista jurídico de minuta de edital contendo vícios que não envolvem controvérsias jurídicas ou complexidades técnicas:

> 8.4. [...] a jurisprudência desta Corte de Contas, desde algum tempo, orienta para a responsabilização do parecerista jurídico, sobretudo quando defenda tese não aceitável, quando seu parecer careça de fundamentação, *quando cometa erro grosseiro ou quando atue*

> *de forma culposa, condutas essas que venham a induzir o administrador público à prática de irregularidades* [...]
>
> 8.6. Além disso, ao contrário da argumentação da responsável, *os erros e omissões do Parecer 371/ PGM/2009 foram grosseiros.* [...]
>
> 8.7. No caso vertente, a recorrente emitiu parecer aprovando edital de licitação de obra, sem que houvesse dotação orçamentária suficiente, sem projeto básico e com inúmeras cláusulas restritivas de habilitação (peça 30, p. 27-32).
>
> *8.8. Portanto, os erros e omissões do Parecer 371/ PGM/2009 ensejam a responsabilização do seu autor nos termos da jurisprudência desta Corte de Contas.* (BRASIL, 2020d) (grifamos)

Conforme se extrai da jurisprudência citada, o TCU vem reconhecendo a necessidade de caracterização de erro grosseiro para fins de responsabilização do agente público, conforme previsto no artigo 28 da Lei n. 13.655/2018. Nesse aspecto, revela-se um redirecionamento dos julgamentos do referido órgão de fiscalização, que passa a incluir, nos fundamentos de suas decisões, argumentos relacionados com a tipificação do erro grosseiro.

Para catalisar o entendimento recentemente adotado pelo TCU no tocante ao erro grosseiro, pode-se extrair de alguns julgados o sentido e a direção dados à sua conceituação:

> Para fins do exercício do poder sancionatório do TCU, pode ser tipificado como erro grosseiro (art. 28 do Decreto-lei 4.657/19–2 - LINDB) o descumprimento, sem a devida motivação, de determinação expedida pelo TCU, pois tal conduta revela grave inobservância do dever de cuidado, o que configura culpa grave. (BRASIL, 2020c)

Deve ser registrado, ainda, que, de acordo com o Decreto federal n. 9.830/2019, alguns elementos devem ser considerados para fins de responsabilização do agente público:

> Art. 16. A decisão que impuser sanção ao agente público considerará:
>
> I – a natureza e a gravidade da infração cometida;
>
> II – os danos que dela provierem para a administração pública;
>
> III – as circunstâncias agravantes ou atenuantes;
>
> IV – os antecedentes do agente;
>
> V – o nexo de causalidade; e
>
> VI – a culpabilidade do agente. (BRASIL, 2019)

Ainda quanto à temática da responsabilização, sinaliza a jurisprudência do TCU acerca da importância de observância do princípio constitucional da precaução (obrigação de adotar medidas antecipatórias e proporcionais mesmo nos casos de incerteza quanto à produção de danos fundadamente temidos).

A simples ausência de má-fé e de proveito pessoal não é suficiente para a exclusão das responsabilidades, devendo, no caso concreto, ser analisadas as circunstâncias do ato e dos seus resultados.

No que tange à responsabilização do agente público por opinião técnica, cabe destacar que, conforme Carvalho Filho (2016, p. 203), os pareceres podem ser atos administrativos que, quando classificados pelo critério dos efeitos que podem produzir, são definidos como enunciativos, ou seja, indicam juízos de valor cuja concretização dependerá de atos posteriores de caráter decisório. Por isso mesmo, quando o ato decisório coincide com o conteúdo sugerido pelo parecer, este pode ser considerado uma forma de motivação "externa" ao próprio ato administrativo decisório em si, que, embora sempre tenha motivo, nem sempre tem, nele mesmo, a motivação contida.

Dessa forma, Carvalho Filho (2016, p. 204) opina que o parecer e o ato decisório são atos independentes, podendo ser até antagônicos, motivo pelo qual jamais poderiam ser praticados pelo mesmo agente público. Em seu entendimento, a responsabilização do parecerista por fato "mal sugerido" só poderia ocorrer demonstrando-se sua intenção em causar dano, cabendo àquele que impugnar o ato o ônus demonstrar a intenção de improbidade daquele que proferiu o parecer. Defende, portanto, postura mais compreensiva com aqueles que emitem suas opiniões legais por dever de função.

A responsabilização do parecerista por conduta dolosa ou por erro grosseiro, portanto, na opinião desse autor, deve vir acompanhada da demonstração concreta e inequívoca de que o ato do parecerista foi praticado com culpa grave, caracterizado por ação ou omissão com elevado grau de negligência, imprudência ou imperícia, não se admitindo presunção a esse respeito.

Na visão do controle externo, o conceito de erro grosseiro para fins de responsabilidade dos pareceristas jurídicos tem sido bastante amplo, considerando tipificada como erro grosseiro, por exemplo, a aprovação pelo parecerista jurídico de minuta de edital contendo vícios que não envolvem controvérsias jurídicas ou complexidades técnicas, conforme pode ser extraído do Acórdão n. 9.294/2020.

Ainda, entende o TCU que o advogado parecerista pode ser responsabilizado, mesmo quando não tenha atuado com dolo ou fraude, conforme consignado no Acórdão n. 615/2020. No caso em questão, compreendeu-se configurado erro grosseiro ao não indicar falha em instrumento convocatório de amplo conhecimento para o parecerista médio (BRASIL, 2020b).

9.6 Conclusão

Tem-se visto, nos últimos anos, um recrudescimento do posicionamento dos Tribunais de Contas e do Ministério Público, no notório e histórico cenário brasileiro de abusos e desvios dos recursos públicos e de acirrada discussão pública sobre o controle da corrupção e a busca pela eficiência. É preciso ter cuidado tanto com a flexibilização de valores éticos e jurídicos que norteiam a Administração Pública quanto com a sua excessiva rigidez, que pode, ao revés do efeito esperado, paralisar a atividade administrativa, negando-lhe, da mesma forma, eficiência.

Assim, conclui-se pela necessidade de enfrentamento dos abusos ou desleixos cometidos por administradores descomprometidos, pouco qualificados, sobrecarregados ou, até mesmo, mal-intencionados por meio de mecanismos diversos de controle. A rigidez na persecução dos atos de gestão deve, porém, dar lugar a uma atuação equilibrada para garantir, no entremeio, tanto a regularidade do agir administrativo quanto a viabilidade de eficiência na prestação da atividade administrativa ao cidadão, alinhando-se aos fundamentos expostos no MS n. 24.631/DF pelo Supremo Tribunal Federal.

A busca pela segurança jurídica dos agentes públicos que resultou na inclusão do artigo 28 na LINDB guarda coerência com os postulados do Estado Democrático de Direito. A alteração analisada tende a aperfeiçoar o controle sobre a Administração Pública, afastando a desproporcionalidade da carga punitiva nos processos dele decorrentes. Compreende-se ser ainda necessária, em situações de ausência de desvios severos, a ênfase no controle orientador, na atividade pedagógica, como contraponto à vertente punitiva, para a promoção dos princípios da Administração Pública, sob o enfoque cultural, principalmente.

9.7 Referências

ARAGÃO, Alexandre Santos de. Princípio da legalidade e poder regulamentar no Estado contemporâneo. **Revista de Direito Administrativo**, Rio de Janeiro: FGV, n. 225, p. 109-129, 2001. Disponível em: https://bibliotecadigital.fgv.br/ojs/index.php/rda/article/view/47568/44782. Acesso em: 17 abr. 2021.

BARRETO, Amanda Louise Ramanjo Corvello. A responsabilização do parecerista na jurisprudência dominante e no Novo CPC: análise crítica. **Revista Jurídica da Procuradoria-Geral do Estado do Paraná**, Curitiba: MP, n. 8, p. 65-93, 2017. Disponível em: http://www.mpsp.mp.br/portal/page/portal/documentacao_e_divulgacao/doc_biblioteca/bibli_servicos_produtos/bibli_informativo/bibli_inf_2006/Rev-Juridica-PG-PR_n.08.03.pdf. Acesso em: 17 abr. 2021.

BRASIL. Câmara dos Deputados. **Projeto de Lei da Câmara dos Deputados n. 10.887/2018**. Altera a Lei n. 8.429, de 2 de junho de 1992, que dispõe sobre improbidade administrativa. Brasília, DF: Presidência da República, [2018a]. Disponível em: https://www.camara.leg.br/proposicoesWeb/prop_mostrarintegra;jsessionid=node0p715vfxsmckg1wwdk74f6279313195851.node0?codteor=1687121&filename=PL+10887/2018. Acesso em: 17 abr. 2021.

BRASIL. **Constituição da República, 1988**. Constituição da República Federativa do Brasil. Brasília, DF: Presidência da República, [1988]. Disponível em: http://www.planalto.gov.br/ccivil_03/constituicao/constituicaocompilado.htm. Acesso em: 16 abr. 2021.

BRASIL. **Decreto n. 9.830, de 10 de junho de 2019**. Regulamenta o disposto nos art. 20 ao art. 30 do Decreto-Lei n. 4.657, de 4 de setembro de 1942, que institui a Lei de Introdução às normas do Direito brasileiro. Brasília, DF: Presidência da República, [2019]. Disponível em: http://www.planalto.gov.br/ccivil_03/_ato2019-2022/2019/decreto/D9830.htm. Acesso em: 17 abr. 2021.

BRASIL. **Decreto-lei n. 4.657, de 4 de setembro de 1942**. Lei de Introdução às normas do Direito Brasileiro. Brasília, DF: Presidência da República, [1942]. Disponível em: http://www.planalto.gov.br/ccivil_03/decreto-lei/del4657.htm. Acesso em: 16 abr. 2021.

BRASIL. **Lei n. 8.429, de 2 de junho de 1992**. Dispõe sobre as sanções aplicáveis aos agentes públicos nos casos de enriquecimento ilícito no exercício de mandato, cargo, emprego ou função na administração pública direta, indireta ou fundacional e dá outras providências. Brasília, DF: Presidência da República, [1992]. Disponível em: http://www.planalto.gov.br/ccivil_03/leis/l8429.htm. Acesso em: 17 abr. 2021.

BRASIL. **Lei n. 8.666, de 21 de junho de 1993**. Regulamenta o art. 37, inciso XXI, da Constituição Federal, institui normas para licitações e contratos da Administração Pública e dá outras providências. Brasília, DF: Presidência da República, [1993]. Disponível em: http://www.planalto.gov.br/ccivil_03/leis/l8666cons.htm. Acesso em: 17 abr. 2021.

BRASIL. **Lei n. 9.784, de 29 de janeiro de 1999**. Regula o processo administrativo no âmbito da Administração Pública Federal. Brasília, DF: Presidência da República, [1999]. Disponível em: http://www.planalto.gov.br/ccivil_03/leis/l9784.htm. Acesso em: 17 abr. 2021.

BRASIL. **Lei n. 13.655, de 25 de abril de 2018**. Inclui no Decreto-Lei n. 4.657, de 4 de setembro de 1942 (Lei de Introdução às Normas do Direito Brasileiro), disposições sobre segurança jurídica e eficiência na criação e na aplicação do direito público. Brasília, DF: Presidência da República, [2018b]. Disponível em: http://www.planalto.gov.br/ccivil_03/_ato2015-2018/2018/lei/L13655.htm. Acesso em: 17 abr. 2021.

BRASIL. **Lei n. 14.230, de 25 de outubro de 2021**. Altera a Lei n.8.429, de 2 de junho de 1992, que dispõe sobre improbidade administrativa.

BRASIL. **Medida Provisória n. 966, de 13 de maio de 2020**. Dispõe sobre a responsabilização de agentes públicos por ação e omissão em atos relacionados com a pandemia da Covid-19. Brasília: Planalto Federal, 2020a. Disponível em: http://www.planalto.gov.br/ccivil_03/_ato2019-2022/2020/mpv/mpv966.htm. Acesso em: 21 abr. 2021.

BRASIL. Presidência da República. **Mensagem n. 212/2018**. Brasília, 25 abr. 2018c. Disponível em: http://www.planalto.gov.br/ccivil_03/_ato2015-2018/2018/Msg/VEP/VEP-212.htm. Acesso em: 17 abr. 2021.

BRASIL. Presidência da República. **Veto n. 15/2018**. Veto Parcial aposto ao Projeto de Lei do Senado n. 349/2015 (n. 7.448/2017, na Câmara dos Deputados). Brasília, 25 abr. 2018d. Disponível em: https://www.congressonacional.leg.br/materias/vetos/-/veto/detalhe/11782. Acesso em: 17 abr. 2021.

BRASIL. Senado Federal. **Projeto de Lei do Senado n. 349/2015**. Autoria: Senador Antonio Augusto Anastasia. Inclui, na Lei de Introdução às Normas do Direito Brasileiro (Decreto-lei n. 4.657, de 1942), disposições sobre segurança jurídica e eficiência na criação e aplicação do direito público. Brasília: Senado Federal, 9 jun. 2015. Disponível em: https://www25.senado.leg.br/web/atividade/materias/-/materia/121664. Acesso em: 17 abr. 2021.

BRASIL. Supremo Tribunal Federal. **Mandado de Segurança n. 24.073-3/DF**. Relator Ministro Carlos Velloso. DJ 6 nov. 2002. Disponível em: http://portal.stf.jus.br/processos/detalhe.asp?incidente=1969143. Acesso em: 17 abr. 2021.

BRASIL. Supremo Tribunal Federal. **Mandado de Segurança n. 24.631/DF**. Relator Ministro Joaquim Barbosa. DJ 9 nov. 2007. Disponível em: https://jurisprudencia.stf.jus.br/pages/search/sjur90567/false. Acesso em: 17 abr. 2021.

BRASIL. Tribunal de Contas da União. **Acórdão n. 249/2010** – Plenário, Relator Walton Alencar Rodrigues, Processo 003.193/2001-7, Tomada de Contas Especial, Data da Sessão: 24 fev. 2010, Número da Ata: 5/2010 – Plenário. Disponível em https://pesquisa.apps.tcu.gov.br/#/documento/acordao-completo/249%252F2010/%2520/DTRELEVANCIA%2520desc%252C%2520NUMACORDAOINT%2520desc/0/%2520?uuid=5c8e7260-1bb2-11eb-82f5-4fc5f1c336ff. Acesso em: 17 abr. 2021.

BRASIL. Tribunal de Contas da União. **Acórdão n. 615/2020** – Plenário, Relator Ana Arraes, Processo 015.224/2016-3, Tomada de Contas Especial, Data da Sessão: 18 mar. 2020b, Número da Ata: 8/2020 – Plenário. Disponível em: https://pesquisa.apps.tcu.gov.br/#/documento/acordao-completo/*/NUMACORDAO%253A615%2520ANOACORDAO%253A2020/DTRELEVANCIA%2520desc%252C%2520NUMACORDAOINT%2520desc/0/%2520. Acesso em: 17 abr. 2021.

BRASIL. Tribunal de Contas da União. **Acórdão n. 2.028/2020** – Plenário, Relator Augusto Sherman, Processo 020.166/2015-0, Relatório de Auditoria, Data da Sessão: 5 ago. 2020c, Número da Ata: 29/2020 – Plenário. Disponível em: https://pesquisa.apps.tcu.gov.br/#/documento/acordao-completo/2028%252F2020/%2520/DTRELEVANCIA%2520desc%252C%2520NUMACORDAOINT%2520desc/0/%2520?uuid=cddd1550-1bb9-11eb-a030-ef78f6c9f284. Acesso em: 17 abr. 2021.

BRASIL. Tribunal de Contas da União. **Acórdão n. 9.294/2020** – Primeira Câmara, Relator Bruno Dantas, Processo 004.098/2015-3, Tomada de Contas Especial, Data da Sessão: 1° set. 2020d, Número da Ata: 30/2020 – Plenário. Disponível em: https://pesquisa.apps.tcu.gov.br/#/documento/acordao-completo/*/NUMACORDAO%253A9294%2520ANOACORDAO%253A2020/DTRELEVANCIA%2520desc%252C%2520NUMACORDAOINT%2520desc/1/%2520. Acesso em: 17 abr. 2021.

CARVALHO FILHO, José dos Santos. **Manual de direito administrativo.** 30. ed. rev., atual. e ampl. São Paulo: Atlas, 2016.

DI PIETRO, Maria Sylvia Zanella. **Direito administrativo**. 33. ed. Rio de Janeiro: Forense, 2020. *E-book.*

HALPERN, Erick; OLIVEIRA, Rafael Carvalho Rezende. O mito "quanto mais controle, melhor" na administração pública. **Zênite** (*online*). 2020. Disponível em: https://www.zenite.blog.br/o-mito-do-quanto-mais-controle-melhor-na-administracao-publica/. Acesso em: 17 abr. 2021.

LUSTOSA, Pedro Aurélio Azevedo. **Responsabilidade de agentes públicos sob a perspectiva do artigo 28 da Lei de Introdução às Normas do Direito brasileiro – LINDB**. 2019. Monografia (Programa de Graduação) – Faculdade de Direito, Universidade de Brasília, Brasília, 2019. Disponível em: https://bdm.unb.br/handle/10483/22651. Acesso em: 17 abr. 2021.

Informação bibliográfica deste texto, conforme a NBR 6023:2002 da Associação Brasileira de Normas Técnicas (ABNT):

SILVA, Bruna Souza da; PEDRA, Caio Benevides; LEMES, Marília Junqueira; FONSECA, Poliana Oliveira. Capítulo 9 – Responsabilidade de agente público por decisão ou opinião técnica (artigo 28 da LINDB). *In*: PIRES, Maria Coeli Simões; BITENCOURT NETO, Eurico; GUIMARÃES, Dayana Alves (coord.). **Segurança jurídica e controle da Administração:** panorama geral e comentários sobre a Lei n. 13.655/2018 (LINDB). Belo Horizonte: Del Rey, 2022. p. 287-308. ISBN 978-65-00-38426-0.

CAPÍTULO 10

AVANÇOS NA PROCESSUALIDADE DE EDIÇÃO DE ATOS NORMATIVOS E INSTRUMENTOS DIVERSOS DE SEGURANÇA JURÍDICA

JESIMIEL ANDRÉ PEREIRA
GLADSTON SOARES DA SILVA

10.1 Introdução

O objeto da presente pesquisa são os mecanismos que podem garantir avanços no tocante à legitimidade, à eficiência e à segurança no bojo dos processos de construção ou edição de normas da Administração Pública, bem assim nos procedimentos decisórios e de aplicação ou interpretação de normas do direito público, em especial a consulta pública e os instrumentos de consensualidade e suporte, nos termos dos artigos 29 e 30 da Lei de Introdução às Normas do Direito Brasileiro (LINDB) (Decreto-lei n. 4.657/1942), acrescidos pela Lei federal n. 13.655, de 25 de abril de 2018 (BRASIL, 2018).

Para a análise, não se pode olvidar da busca pelos objetivos primários da norma em destaque, importando salientar que o anteprojeto de lei resultou da contribuição dos administrativistas

Carlos Ari Sundfeld, Professor da Fundação Getulio Vargas, e Floriano Azevedo Marques Neto, Professor da Universidade de São Paulo (USP), tendo sido acolhido em autoria do Professor e Senador Antonio Anastasia sob a rubrica de Projeto de Lei do Senado Federal n. 349/2015 (BRASIL, 2015), o qual, na Câmara dos Deputados, recebeu o n. 7.448/2017. O Projeto objetivava a inclusão, em uma *lex legum*, de dispositivos de segurança jurídica e de eficiência na criação e na aplicação de normas de direito público pela Administração Pública.

Portanto, os dispositivos legais que serão objeto desta pesquisa integram o sistema normativo brasileiro como normas gerais que devem ser observadas na formalização de normas e na sua aplicação para a tomada de decisões pelos Poderes Públicos.

Este capítulo não visa discorrer sobre o processo de edição de atos normativos da Administração Pública, como também não é um compilado sobre consulta pública.

Vale salientar que o artigo 29 do Decreto-lei n. 4.657/1942 (BRASIL, 1942), com a entrada em vigor da Lei n. 13.655/2018, prevê a possibilidade de consulta pública, que precede a edição de normas pela Administração, como uma das etapas do processo administrativo para a formalização de atos gerais e abstratos. Cumpre ressaltar que o texto sancionado destoa do original, que foi modificado para retirar a obrigatoriedade de realização da consulta pública, tornando-a facultativa, como se infere da citação dos dispositivos da referida lei:

> Art. 29. Em qualquer órgão ou Poder, a edição de atos normativos por autoridade administrativa, salvo os de mera organização interna, *poderá* ser precedida de consulta pública para manifestação de interessados, preferencialmente por meio eletrônico, a qual será considerada na decisão.
>
> § 1º A convocação conterá a minuta do ato normativo e fixará o prazo e demais condições da consulta

> pública, observadas as normas legais e regulamentares específicas, se houver. (BRASIL, 2018) (grifamos)

O artigo 30 do Decreto-lei n. 4.657/1942 dispõe sobre o dever de incremento da segurança jurídica, principalmente pela observância dos precedentes na aplicação de normas e princípios de Direito Público para a tomada de decisões, por considerar o legislador a necessidade de contraposição aos fenômenos da indeterminação na atividade decisória estatal, da constante incerteza e imprevisibilidade nas soluções adotadas pelo Poder Público, muitas vezes, afastadas de critérios de hermenêutica, de racionalidade e de proporcionalidade. Assim, dispõe o referido comando:

> Art. 30. As autoridades públicas devem atuar para aumentar a segurança jurídica na aplicação das normas, inclusive por meio de regulamentos, súmulas administrativas e respostas a consultas.
>
> Parágrafo único. Os instrumentos previstos no *caput* deste artigo terão caráter vinculante em relação ao órgão ou entidade a que se destinam, até ulterior revisão. (BRASIL, 2018)

Portanto, este capítulo desenvolve-se com o escopo de sedimentar elementos para a interpretação dos artigos 29 e 30 da LINDB, para apreensão do sentido, do alcance e da extensão dos instrumentos de segurança jurídica neles previstos.

10.2 Dos avanços na processualidade de edição de atos normativos

O artigo 29 da LINDB, incluído pela Lei n. 13.655/2018, prevê, como fase facultativa do processo de criação e de edição de normas administrativas, uma consulta prévia e pública sobre os institutos a serem abarcados pelo ato administrativo em construção.

Importa salientar, a exemplo do que aborda Morgana Bellazzi de Oliveira Carvalho em artigo sobre a Lei n. 13.655/2018, que a consulta pública, como fase preliminar na edição de normas de caráter administrativo, não é matéria nova no Direito brasileiro, não obstante ser nova a sua inserção em norma geral, *lex legum*, para disciplinar o processo formal de consecução das próprias normas jurídicas, indicando-lhes a maneira de interpretação e aplicação, predeterminando as fontes de direito e estabelecendo as regras de vigência e de solução de conflitos de normas no espaço e no tempo (CARVALHO, 2019, p. 312).

Há vinte anos a consulta pública já é instrumento de participação popular, presente no ordenamento jurídico brasileiro com o fito de contribuir na decisão da autoridade administrativa. Cabe destacar a Lei de Processos Administrativos do Estado de São Paulo, Lei n. 10.177/1998 (SÃO PAULO, 1998), e a Lei Federal de Processo Administrativo, Lei n. 9.784/1999 (BRASIL, 1999). Estatuem os artigos 28 a 31 da Lei n. 10.177/1998:

> Artigo 28. Quando a matéria do processo envolver assunto de interesse geral, o órgão competente *poderá*, mediante despacho motivado, autorizar consulta pública para manifestação de terceiros, antes da decisão do pedido, se não houver prejuízo para a parte interessada.
>
> § 1° A abertura da consulta pública será objeto de divulgação pelos meios oficiais, a fim de que os autos possam ser examinados pelos interessados, fixando-se prazo para oferecimento de alegações escritas.
>
> § 2° O comparecimento à consulta pública não confere, por si, a condição de interessado no processo, mas constitui o direito de obter da Administração resposta fundamentada.

> Artigo 29. Antes da tomada de decisão, a juízo da autoridade, diante da relevância da questão, poderá ser realizada audiência pública para debates sobre a matéria do processo.
>
> Artigo 30. Os órgãos e entidades administrativas, em matéria relevante, poderão estabelecer outros meios de participação dos administrados, diretamente ou por meio de organizações e associações legalmente reconhecidas.
>
> Artigo 31. Os resultados da consulta e audiência pública e de outros meios de participação dos administrados deverão ser acompanhados da indicação do procedimento adotado. (SÃO PAULO, 1998) (grifamos)

Como se verifica, tanto a norma contida no artigo 29 da LINDB quanto a norma prevista no artigo 28 da Lei Paulista preveem a participação dos administrados na consecução da norma administrativa, fase facultativa e inicial, que poderá ser realizada para que haja a manifestação dos interessados. Importa salientar que a Lei federal n. 9.784/1999 é quase uma cópia da Lei Paulista, e, no que tange à participação dos administrados na consecução da norma administrativa, dos artigos 31 a 34 depreende-se a seguinte proposição:

> Art. 31. Quando a matéria do processo envolver assunto de interesse geral, o órgão competente poderá, mediante despacho motivado, abrir período de consulta pública para manifestação de terceiros, antes da decisão do pedido, se não houver prejuízo para a parte interessada.
>
> § 1º A abertura da consulta pública será objeto de divulgação pelos meios oficiais, a fim de que pessoas físicas ou jurídicas possam examinar os autos, fixando-se prazo para oferecimento de alegações escritas.

> § 2° O comparecimento à consulta pública não confere, por si, a condição de interessado do processo, mas confere o direito de obter da Administração resposta fundamentada, que poderá ser comum a todas as alegações substancialmente iguais.
>
> Art. 32. Antes da tomada de decisão, a juízo da autoridade, diante da relevância da questão, poderá ser realizada audiência pública para debates sobre a matéria do processo.
>
> Art. 33. Os órgãos e entidades administrativas, em matéria relevante, poderão estabelecer outros meios de participação de administrados, diretamente ou por meio de organizações e associações legalmente reconhecidas.
>
> Art. 34. Os resultados da consulta e audiência pública e de outros meios de participação de administrados deverão ser apresentados com a indicação do procedimento adotado. (BRASIL, 1999)

Refletindo a processualidade democrática na moldura dos direitos subjetivos dos administrados, a legislação brasileira já previa consultas públicas desde a edição da Lei de Processos Administrativos de São Paulo, impulsionada pelas leis de criação das agências reguladoras, que as previram expressamente.

Para melhor entender a necessidade de participação dos interessados por meio das consultas públicas, cumpre destacar o disposto no artigo 174 da Constituição Federal de 1988:

> Art. 174. Como agente normativo e regulador da atividade econômica, o Estado exercerá, na forma da lei, as funções de fiscalização, incentivo e planejamento, sendo este determinante para o setor público e indicativo para o setor privado.

> § 1º A lei estabelecerá as diretrizes e bases do planejamento do desenvolvimento nacional equilibrado, o qual incorporará e compatibilizará os planos nacionais e regionais de desenvolvimento. (BRASIL, 2019a, p. 150)

O referido artigo constitucional permite verificar claramente o grau de interferência do Poder Público nas atividades econômicas, mediante atos normativos administrativos advindos da Administração Pública enquanto agente regulador e normatizador, nas funções de fiscalização, incentivo e planejamento.

Logo, havendo a possibilidade de interferência na esfera dos administrados, a participação destes, trazendo seus interesses em exposição clara e objetiva das suas causas e motivos, resultará em atos normativos com maior capacidade de atender à pluralidade dos interesses, sem deixar de cumprir o objetivo de ordem pública veiculado nas normas constitucionais, afastando incertezas e imprevisibilidades, em cumprimento ao princípio da eficiência. Floriano de Azevedo Marques Neto e Rafael Véras de Freitas (2018) trazem um apontamento interessante ao afirmarem que a edição de atos normativos que vão de encontro claro à esfera de direitos dos administrados deve ser precedida de consulta pública obrigatória.

Convém salientar que a consulta pública nada mais é que um mecanismo que pode ser utilizado para obter informações, opiniões ou críticas a respeito de determinado marco teórico, problema ou tema, por se tratar de instrumento apto a incentivar a participação do público-alvo em questões de interesse público e relevante, que amplia as discussões sobre o tema e auxilia na tomada de decisões. Pode ser utilizada pelos particulares, quando sua atividade cause impactos na coletividade, mas é instrumento de gestão e governança pública, posto para a formulação e a definição de políticas públicas.

Com a vigência do artigo 29 do Decreto-lei n. 4.657/1942, incluído pela Lei n. 13.655/2018, o dispositivo teve o seu escopo ampliado e passou a ser uma das fases da produção de atos normativos, na tentativa de evitar a criação unilateral das normas, diminuindo as incertezas e as imprevisibilidades que surgem quando o processo de criação prescinde da participação de todos os interessados.

O Decreto n. 9.830/2019, que regulamentou as alterações feitas na LINDB (BRASIL, 2019b), disciplina, em seu artigo 18, a consulta pública, estatuindo que será feita, preferencialmente, por meios eletrônicos, devendo ser devidamente motivada a decisão que conclui pela manifestação dos interessados nessa participação popular. Sua convocação deverá conter a minuta do ato normativo a ser discutido, e a autoridade pública não está adstrita a comentar ou considerar cada manifestação individual.

Dessa forma, o artigo 29 da LINDB, alterado pela Lei n. 13.655/2018 (BRASIL, 2018), prevê a participação facultativa dos interessados e atingidos por um ato normativo, em consulta pública, como um mecanismo de segurança jurídica, em uma tentativa de diminuir as incertezas e as imprevisões na criação desses atos, principalmente quando são invasivos e determinantes na esfera de direitos subjetivos dos administrados.

10.3 Conclusão

O legislador, no artigo 30 da LINDB, determina que sejam criados e aplicados instrumentos capazes de estabilizar e uniformizar as decisões administrativas no tempo, permitindo, ainda, seu aperfeiçoamento contínuo a partir da aplicação de mecanismos públicos que divulguem as decisões administrativas e vinculem as autoridades, em um esforço normativo para a instauração da segurança jurídica nas emanações do Poder Público.

O enunciado do referido artigo apresenta, entre os mecanismos, a edição de súmulas administrativas, o reconhecimento de precedentes vinculantes, à luz de motivação e até ulterior revisão, com o intuito de trazer maior segurança jurídica, além de prestigiar os princípios da eficiência e da igualdade.

Verifica-se, ao tratar do dever de criação e de aplicação de atos normativos e súmulas administrativas, que há dois importantes desdobramentos a serem notados quando da análise do Decreto n. 9.830/2019. Um é a observância do entendimento esposado pela Administração Pública na dimensão horizontal, ou seja, que o entendimento seja observado pelo órgão ou entidade que o proferiu, e o outro na dimensão vertical, pelos órgãos que compõem a estrutura hierárquica.

A Administração Pública, regida e limitada pelo princípio da legalidade, diante dessa nova sinalização trazida pela LINDB, possui, como bem apresenta Rafael Carvalho Rezende Oliveira no seu texto sobre precedentes administrativos no Brasil (OLIVEIRA, 2019), autorização legal para adotar os precedentes vinculantes, dentro das balizas traçadas pela norma geral, legitimando a atuação dos agentes públicos, publicizando aos administrados a posição administrativa e assentando a integridade do direito no Estado, precedentes que exercem, de fato, uma função muito importante na segurança jurídica para os administrados, evitando-se que, em igualdade de condições, o entendimento do órgão administrativo seja díspar.

Os princípios e as regras contidos no artigo 30, incluídos pela Lei n. 13.655/2018 na LINDB, visam adequar a estrutura decisória do Estado para torná-la coerente e consistente, determinando ao Poder Público que exponha claramente o entendimento do Estado acerca dos dispositivos legais e constitucionais, trazendo maior racionalidade às decisões em atenção aos princípios da legalidade e da proporcionalidade.

A Lei n. 9.784/1999, que regula o processo administrativo em âmbito federal há mais de vinte anos, traz, no artigo 50, §§ 1º, 2º e 3º (BRASIL, 1999), um esboço da aplicação dos referidos mecanismos de segurança jurídica, informando que os atos administrativos devem ser motivados, com indicação dos fatos e dos fundamentos jurídicos, ao deixar de aplicar jurisprudência firmada sobre a questão ou diferir de pareceres, laudos, propostas e relatórios oficiais. Essa motivação, por sua vez, deve ser explícita, clara e congruente, podendo, na solução de vários assuntos da mesma natureza, ser utilizado meio mecânico que reproduza os fundamentos das decisões, desde que não prejudique direito ou garantia dos interessados e que conste ao final da respectiva ata ou termo escrito.

O artigo 30 confere coerência, sustentabilidade e segurança na aplicação das normas do Direito Público ao determinar a consideração obrigatória dos resultados ou precedentes já consolidados segundo uma interpretação fixada pela Administração, em clara afirmação de um Direito Público dialógico e sustentado em bases de confiança nas relações com o Estado. Ainda que existam várias interpretações possíveis para uma regra ou princípio até mesmo pela densificação que o caso concreto opera, andou bem o legislador ao prever que, nos processos decisórios e nos respectivos controles, se leve em conta a vinculação do Poder Público às soluções e parâmetros escolhidos – ao abrigo da legalidade – para o atendimento das políticas públicas traçadas, de modo que o administrado saiba, de antemão, qual o entendimento acolhido pelo Poder Público, em atenção à segurança jurídica.

Desta forma, a Lei federal n. 13.655/2018, ao acrescentar princípios e regras à LINDB, trouxe uma série de inovações com vistas a garantir maior segurança jurídica e eficiência na criação e na aplicação do Direito Público, colocando parâmetros de previsibilidade e estabilidade nas relações com a Administração Pública.

Alçou à condição de norma a participação popular, instrumentalizada especialmente por consultas públicas, assim como assentou a previsão de aplicação da jurisprudência administrativa, em uma tentativa de implementar um Direito Público fundamentado e justificado em precedentes.

10.4 Referências

BRASIL, Constituição (1988). **Constituição da República Federativa do Brasil**. Brasília: Supremo Tribunal Federal, Secretaria de Documentação, 2019a. Atualizada até a EC n. 105/2019. Disponível em: https://www.stf.jus.br/arquivo/cms/legislacaoConstituicao/anexo/CF.pdf. Acesso em: 15 mar. 2021.

BRASIL. **Decreto n. 9.830, de 10 de junho de 2019**. Regulamenta o disposto nos art. 20 ao art. 30 do Decreto-Lei n. 4.657, de 4 de setembro de 1942, que institui a Lei de Introdução às normas do Direito brasileiro. Brasília, DF: Presidência da República, [2019b]. Disponível em: http://www.planalto.gov.br/ccivil_03/_Ato2019-2022/2019/Decreto/D9830.htm. Acesso em: 25 mar. 2021.

BRASIL. **Decreto-lei n. 4.657, de 4 de setembro de 1942**. Lei de Introdução às normas do Direito Brasileiro. Brasília, DF: Presidência da República, [1942]. Disponível em: http://www.planalto.gov.br/ccivil_03/decreto-lei/del4657.htm. Acesso em: 25 mar. 2021.

BRASIL. **Lei n. 9.784, de 29 de janeiro de 1999**. Regula o processo administrativo no âmbito da Administração Pública Federal. Brasília, DF: Presidência da República, [1999]. Disponível em: http://www.planalto.gov.br/ccivil_03/leis/l9784.htm. Acessado em: 25 mar. 2021.

BRASIL. **Lei n. 13.655, de 25 de abril de 2018**. Inclui no Decreto-Lei n. 4.657, de 4 de setembro de 1942 (Lei de Introdução às Normas do Direito Brasileiro), disposições sobre segurança jurídica e eficiência na criação e na aplicação do direito público. Brasília, DF: Presidência da República, [2018]. Disponível em: http://www.planalto.gov.br/ccivil_03/_Ato2015-2018/2018/Lei/L13655.htm. Acesso em: 20 abr. 2021.

BRASIL. Senado Federal. **Projeto de Lei do Senado n. 349, de 2015**. Inclui, na Lei de Introdução às Normas do Direito Brasileiro (Decreto-lei n. 4.657, de 1942), disposições sobre segurança jurídica e eficiência na criação e aplicação do direito público. Brasília: Senado

Federal, 10 jun. 2015. Disponível em: https://legis.senado.leg.br/diarios/ver/19513?sequencia=1. Acesso em: 25 mar. 2021.

CARVALHO, Morgana Bellazzi de Oliveira. A Lei n. 13.655/2018 e seus efeitos para o controle da Administração Pública. **Revista Controle**, Fortaleza, v. 17, n. 2, p. 305-333, jul./dez. 2019. Disponível em: https://www.dropbox.com/s/7ivv52hkvfm4gxo/Texto%20LINDB%20e%20controle.pdf?dl=0. Acesso em: 17 abr. 2021.

MARQUES NETO, Floriano de Azevedo; FREITAS, Rafael Véras de. A função normativa da Administração Pública e a Lei 13.655/2018. **Conjur**. 14 jun. 2018. Disponível em: htpp://www.conjur.com.br/2018-jun-14/opiniao-funcao-normativa-administracao-publica-lindb. Acesso em: 15 mar. 2021.

OLIVEIRA, Rafael Carvalho Rezende. Precedentes Administrativos no Brasil. **Revista da EMERJ**, Rio de Janeiro, v.21, n.1, 2019. Disponível em: https://www.emerj.tjrj.jus.br/revistaemerj_online/edicoes/revista_v21_n1/versao-digital/135/. Acesso em: 17 abr. 2021.

SÃO PAULO. **Lei n. 10.177, de 30 de dezembro de 1998**. Regula o processo administrativo no âmbito da Administração Pública Estadual. São Paulo: Assembleia Legislativa do Estado de São Paulo, [1998]. Disponível em: https://www.al.sp.gov.br/repositorio/legislacao/lei/1998/lei-10177-30.12.1998.html#:~:text=Artigo%201.%C2%BA%20%2D%20Esta%20lei,n%C3%A3o%20tenham%20disciplina%20legal%20espec%C3%ADfica. Acesso em: 25 mar. 2021.

Informação bibliográfica deste texto, conforme a NBR 6023:2002 da Associação Brasileira de Normas Técnicas (ABNT):

PEREIRA, Jesimiel André; SILVA, Gladston Soares da. Capítulo 10 – Avanços na processualidade de edição de atos normativos e instrumentos diversos de segurança jurídica. *In*: PIRES, Maria Coeli Simões; BITENCOURT NETO, Eurico; GUIMARÃES, Dayana Alves (coord.). **Segurança jurídica e controle da Administração:** panorama geral e comentários sobre a Lei n. 13.655/2018 (LINDB). Belo Horizonte: Del Rey, 2022. p. 309-320. ISBN 978-65-00-38426-0.

ANEXOS

ANEXO I

LEI N. 13.655, DE 25 DE ABRIL DE 2018

Inclui no Decreto-Lei n. 4.657, de 4 de setembro de 1942 (Lei de Introdução às Normas do Direito Brasileiro), disposições sobre segurança jurídica e eficiência na criação e na aplicação do direito público.

O PRESIDENTE DA REPÚBLICA

Faço saber que o Congresso Nacional decreta e eu sanciono a seguinte Lei:

Art. 1º O Decreto-Lei n. 4.657, de 4 de setembro de 1942 (Lei de Introdução às Normas do Direito Brasileiro), passa a vigorar acrescido dos seguintes artigos:

> "Art. 20. Nas esferas administrativa, controladora e judicial, não se decidirá com base em valores jurídicos abstratos sem que sejam consideradas as consequências práticas da decisão.
>
> Parágrafo único. A motivação demonstrará a necessidade e a adequação da medida imposta ou da invalidação de ato, contrato, ajuste, processo ou norma administrativa, inclusive em face das possíveis alternativas."
>
> "Art. 21. A decisão que, nas esferas administrativa, controladora ou judicial, decretar a invalidação de ato, contrato, ajuste, processo ou norma administrativa deverá

indicar de modo expresso suas consequências jurídicas e administrativas.

Parágrafo único. A decisão a que se refere o *caput* deste artigo deverá, quando for o caso, indicar as condições para que a regularização ocorra de modo proporcional e equânime e sem prejuízo aos interesses gerais, não se podendo impor aos sujeitos atingidos ônus ou perdas que, em função das peculiaridades do caso, sejam anormais ou excessivos."

"Art. 22. Na interpretação de normas sobre gestão pública, serão considerados os obstáculos e as dificuldades reais do gestor e as exigências das políticas públicas a seu cargo, sem prejuízo dos direitos dos administrados.

§ 1° Em decisão sobre regularidade de conduta ou validade de ato, contrato, ajuste, processo ou norma administrativa, serão consideradas as circunstâncias práticas que houverem imposto, limitado ou condicionado a ação do agente.

§ 2° Na aplicação de sanções, serão consideradas a natureza e a gravidade da infração cometida, os danos que dela provierem para a administração pública, as circunstâncias agravantes ou atenuantes e os antecedentes do agente.

§ 3° As sanções aplicadas ao agente serão levadas em conta na dosimetria das demais sanções de mesma natureza e relativas ao mesmo fato."

"Art. 23. A decisão administrativa, controladora ou judicial que estabelecer interpretação ou orientação nova sobre norma de conteúdo indeterminado, impondo novo dever ou novo condicionamento de direito, deverá prever regime de transição quando indispensável para que o novo dever ou condicionamento de direito seja cumprido de modo proporcional, equânime e eficiente e sem prejuízo aos interesses gerais.

Parágrafo único. (VETADO)."

"Art. 24. A revisão, nas esferas administrativa, controladora ou judicial, quanto à validade de ato, contrato, ajuste, processo ou norma administrativa cuja produção já se houver completado levará em conta as orientações gerais da época, sendo vedado que, com base em mudança posterior de orientação geral, se declarem inválidas situações plenamente constituídas.

Parágrafo único. Consideram-se orientações gerais as interpretações e especificações contidas em atos públicos de caráter geral ou em jurisprudência judicial ou administrativa majoritária, e ainda as adotadas por prática administrativa reiterada e de amplo conhecimento público."

"Art. 25. (VETADO)."

"Art. 26. Para eliminar irregularidade, incerteza jurídica ou situação contenciosa na aplicação do direito público, inclusive no caso de expedição de licença, a autoridade administrativa poderá, após oitiva do órgão jurídico e, quando for o caso, após realização de consulta pública, e presentes razões de relevante interesse geral, celebrar compromisso com os interessados, observada a legislação aplicável, o qual só produzirá efeitos a partir de sua publicação oficial.

§ 1° O compromisso referido no *caput* deste artigo:

I – buscará solução jurídica proporcional, equânime, eficiente e compatível com os interesses gerais;

II – (VETADO);

III – não poderá conferir desoneração permanente de dever ou condicionamento de direito reconhecidos por orientação geral;

IV – deverá prever com clareza as obrigações das partes, o prazo para seu cumprimento e as sanções aplicáveis em caso de descumprimento.

§ 2° (VETADO)."

"Art. 27. A decisão do processo, nas esferas administrativa, controladora ou judicial, poderá impor compensação por benefícios indevidos ou prejuízos anormais ou injustos resultantes do processo ou da conduta dos envolvidos.

§ 1° A decisão sobre a compensação será motivada, ouvidas previamente as partes sobre seu cabimento, sua forma e, se for o caso, seu valor.

§ 2° Para prevenir ou regular a compensação, poderá ser celebrado compromisso processual entre os envolvidos."

"Art. 28. O agente público responderá pessoalmente por suas decisões ou opiniões técnicas em caso de dolo ou erro grosseiro.

§ 1° (VETADO).

§ 2° (VETADO).

§ 3° (VETADO)."

"Art. 29. Em qualquer órgão ou Poder, a edição de atos normativos por autoridade administrativa, salvo os de mera organização interna, poderá ser precedida de consulta pública para manifestação de interessados, preferencialmente por meio eletrônico, a qual será considerada na decisão. (*Vigência*.)

§ 1° A convocação conterá a minuta do ato normativo e fixará o prazo e demais condições da consulta pública, observadas as normas legais e regulamentares específicas, se houver.

§ 2° (VETADO)."

"Art. 30. As autoridades públicas devem atuar para aumentar a segurança jurídica na aplicação das normas, inclusive por meio de regulamentos, súmulas administrativas e respostas a consultas.

Parágrafo único. Os instrumentos previstos no *caput* deste artigo terão caráter vinculante em relação ao órgão ou entidade a que se destinam, até ulterior revisão."

Art. 2° Esta Lei entra em vigor na data de sua publicação, salvo quanto ao art. 29 acrescido à Lei n. 4.657, de 4 de setembro de 1942 (Lei de Introdução às Normas do Direito Brasileiro), pelo art. 1° desta Lei, que entrará em vigor após decorridos 180 (cento e oitenta) dias de sua publicação oficial.

Brasília, 25 de abril de 2018;

197° da Independência e 130° da República.

MICHEL TEMER

Gilson Libório de Oliveira Mendes

Eduardo Refinetti Guardia

Walter Baere de Araújo Filho

Wagner de Campos Rosário

Eliseu Padilha

Grace Maria Fernandes Mendonça

Este texto não substitui o publicado no DOU de 26.4.2018.

ANEXO II

PROJETO DE LEI DO SENADO N. 349, DE 2015

Inclui, na Lei de Introdução às Normas do Direito Brasileiro (Decreto-lei n. 4.657, de 1942), disposições sobre segurança jurídica e eficiência na criação e aplicação do direito público.

O CONGRESSO NACIONAL decreta:

Art. 1º Inclua-se os seguintes artigos na Lei de Introdução às Normas do Direito Brasileiro, Decreto-lei n. 4.657, de 1942:

> "Art. 20. Nas esferas administrativa, controladora e judicial, não se decidirá com base em valores jurídicos abstratos sem medir as consequências práticas da decisão.
>
> Parágrafo único. A motivação demonstrará a necessidade e adequação da medida, inclusive em face das possíveis alternativas.
>
> Art. 21. A interpretação das normas sobre gestão pública considerará os obstáculos e dificuldades reais do gestor e as exigências das políticas públicas a seu cargo, sem prejuízo dos direitos dos administrados.
>
> Parágrafo único. Na decisão sobre a regularidade de comportamento ou sobre a validade de ato, contrato, ajuste, processo ou norma administrativa, serão levadas em conta

as circunstâncias práticas que tiverem imposto, limitado ou condicionado a ação dos agentes.

Art. 22. A decisão administrativa, controladora ou judicial que, com base em norma indeterminada, impuser dever ou condicionamento novo de direito, ou fixar orientação ou interpretação nova, deverá prever um regime de transição, quando indispensável para que a submissão às exigências se opere de modo proporcional, equânime e eficiente, e sem prejuízo aos interesses gerais.

Parágrafo único. Se o regime de transição não estiver previamente estabelecido, o sujeito obrigado terá direito a negociá-lo com a autoridade, segundo as peculiaridades de seu caso e observadas às limitações legais, celebrando-se compromisso para o ajustamento, na esfera administrativa, controladora ou judicial, conforme o caso.

Art. 23. Para eliminar irregularidade, incerteza jurídica ou situação contenciosa na aplicação do direito público, inclusive quando da expedição de licença, a autoridade administrativa poderá, após consulta pública e oitiva do órgão jurídico, e presentes razões de relevante interesse geral, celebrar compromisso com os interessados, o qual só produzirá efeitos a partir de sua publicidade, na forma dos atos oficiais.

§ 1° O compromisso:

I – buscará uma solução jurídica proporcional, equânime, eficiente e compatível com os interesses gerais;

II – poderá envolver transação razoável quanto a sanções e créditos relativos ao passado, e ainda o estabelecimento de um regime de transição;

III – não poderá conferir desoneração permanente de dever ou condicionamento de direito reconhecidos por orientação geral;

IV – deverá prever com clareza as obrigações das partes e o prazo para sua efetivação;

§ 2° Poderá ser requerida autorização judicial para celebração do compromisso, em procedimento de jurisdição voluntária, para o fim de excluir a responsabilidade pessoal do agente público por vício do compromisso, salvo por enriquecimento ilícito ou crime.

Art. 24. Quando necessário por razões de segurança jurídica de interesse geral, poderá ser proposta ação declaratória de validade de ato, contrato, ajuste, processo ou norma administrativa, com efeitos *erga omnes*, no regime da ação civil pública.

§ 1° Se não for o autor, o Ministério Público será citado para a ação, podendo se abster, contestar ou aderir ao pedido.

§ 2° A declaração de validade poderá abranger a adequação e economicidade dos preços ou valores previstos no ato, contrato ou ajuste.

Art. 25. A revisão, na esfera administrativa, controladora ou judicial, quanto à validade de ato, contrato, ajuste, processo ou norma administrativa cuja produção já se houver completado levará em conta as orientações gerais da época, não se podendo, com base em mudança posterior de orientação geral, considerar como inválidas as situações plenamente constituídas.

Parágrafo único. Consideram-se orientações gerais as interpretações e especificações contidas em atos públicos de caráter geral ou em jurisprudência judicial ou administrativa majoritária, e ainda as adotadas por prática administrativa reiterada e de amplo conhecimento público.

Art. 26. A decisão que, na esfera administrativa, controladora ou judicial, decretar a invalidação de ato, contrato, ajuste, processo ou norma administrativa deverá indicar de modo expresso as suas consequências e, quando for o caso, as condições para que a regularização ocorra de modo proporcional, equânime e eficiente, e sem prejuízo aos interesses gerais, não se podendo impor, aos sujeitos atingidos, ônus ou perdas que, em função das peculiaridades do caso, sejam anormais ou excessivos.

Parágrafo único. A motivação demonstrará a necessidade e adequação da invalidação e das medidas impostas, inclusive em face das possíveis alternativas.

Art. 27. O agente público responderá pessoalmente por suas decisões ou opiniões técnicas em caso de dolo ou erro grosseiro.

§ 1° Não se considera erro grosseiro a decisão ou opinião baseada em orientação geral, ou ainda em interpretação razoável, em jurisprudência ou em doutrina, ainda que não pacificadas, mesmo que venha a ser posteriormente aceita, no caso, por órgãos de controle ou judiciais.

§ 2° O agente público que tiver de se defender, em qualquer esfera, por ato ou comportamento praticado no exercício normal de suas competências terá direito ao apoio da entidade, inclusive nas despesas com a defesa.

Art. 28. Em qualquer órgão ou Poder, a edição de atos normativos por autoridade administrativa, salvo os de mera organização interna, será precedida de consulta pública para manifestações escrita de interessados, a qual será considerada na decisão.

§ 1° A convocação conterá a minuta do ato normativo e fixará o prazo e demais condições da consulta pública, observadas as normas legais e regulamentares específicas, se houver.

§ 2° É obrigatória a publicação das contribuições e de sua análise, juntamente com a do ato normativo.

§ 3° Em caso de relevância e urgência, a consulta poderá se iniciar quando da edição do ato, que, se não confirmado na forma deste artigo, deixará automaticamente de vigorar em 120 (cento e vinte) dias.

Art. 29. A decisão do processo, na esfera administrativa, controladora ou judicial, poderá impor compensação razoável por benefícios indevidos ou prejuízos anormais e injustos resultantes do processo ou do comportamento dos envolvidos.

§ 1° A decisão sobre a compensação será motivada, ouvidas previamente as partes sobre seu cabimento, sua forma e, se for o caso, seu valor.

§ 2° Para prevenir ou regular a compensação, poderá ser celebrado compromisso processual entre os envolvidos."

Art. 2° Esta Lei entra em vigor na data de sua publicação, salvo quanto ao art. 28, que entrará e, vigor 180 (cento e oitenta) dias após a data da publicação desta Lei.

JUSTIFICATIVA

Como fruto da consolidação da democracia e da crescente institucionalização do Poder Público, o Brasil desenvolveu, com o passar dos anos, ampla legislação administrativa que regula o funcionamento, a atuação dos mais diversos órgãos do Estado, bem como viabiliza o controle externo e interno do seu desempenho.

Ocorre que, quanto mais se avança na produção dessa legislação, mais se retrocede em termos de segurança jurídica. O aumento de regras sobre processos e controle da administração têm provocado aumento da incerteza e da imprevisibilidade e esse efeito deletério pode colocar em risco os ganhos de estabilidade institucional.

Em razão disso, os professores Carlos Ari Sundfeld e Floriano de Azevedo Marques Neto elaboraram projeto de lei, que ora é acolhido, fruto de projetos de pesquisa mais amplos desenvolvidos por pesquisadores da Sociedade Brasileira de Direito Público em parceria com a Escola de Direito de São Paulo da Fundação Getúlio Vargas. O resultado desse trabalho foi publicado na obra "Contratações Públicas e Seu Controle", pela Editora Malheiros, ano 2013.

O que inspira a proposta é justamente a percepção de que os desafios da ação do Poder Público demandam que a atividade de regulamentação e aplicação das leis seja submetida a novas balizas interpretativas, processuais e de controle, a serem seguidas pela administração pública federal, estadual e municipal.

A ideia é incluir na Lei de Introdução às Normas do Direito Brasileiro (Decreto-lei 4.657/1942) disposições para elevar os níveis de segurança jurídica e de eficiência na criação e aplicação do direito público.

Conforme esclareceram os referidos professores, o projeto em apreço propõe medidas para neutralizar importantes fatores de distorção da atividade jurídico-decisória pública. São eles:

> - O alto grau de indeterminação de grande parte das normas públicas;
> - A relativa incerteza, inerente ao Direito, quanto ao verdadeiro conteúdo de cada norma;
> - A tendência à superficialidade na formação do juízo sobre complexas questões jurídico-públicas;
> - A dificuldade de o Poder Público obter cumprimento voluntário e rápido de obrigação por terceiros, contribuindo para a inefetividade das políticas públicas;
> - A instabilidade dos atos jurídicos públicos, pelo isco potencial de invalidação posterior, nas várias instâncias de controle.
> - Os efeitos negativos indiretos da exigência de que as decisões e controles venham de processos (que demoram, custam e podem postergar cumprimento de obrigações);
> - O modo autoritário como, na quase totalidade dos casos, são concebidas e editadas normas pela Administração Pública.
>
> (SUNDFELD, Carlos Ari. MARQUES NETO, Floriano de Azevedo. **Contratações Públicas e Seu Controle**. 2013: Malheiros, p. 278)

Com efeito, as diretrizes propostas pelos ilustres professores Carlos Ari Sundfeld e Floriano Marques Neto podem ser assim resumidas:

- Consagram alguns novos princípios gerais a serem observados pelas autoridades nas decisões baseadas em normas indeterminadas (arts. 20 e 21);
- Conferem aos particulares o direito à transição adequada quando da criação de novas situações jurídicas passivas (art. 22);

- Estabelecem o regime jurídico para negociação entre autoridades públicas e particulares (art. 23);
- Criam a ação civil pública declaratória de validade, com efeito *erga omnes*, para dar estabilidade a atos, contratos, ajustes, processos e normas administrativas (art. 24);
- Impedem a invalidação de atos em geral por mudança de orientação (art. 25);
- Disciplinam os efeitos da invalidação de atos em geral, para torná-los mais justos (art. 26);
- Impedem a responsabilização injusta de autoridade em caso de revisão de suas decisões (art. 27);
- Impõem a consulta pública obrigatória para a edição de regulamentos administrativos (art. 28); e:
- Determinam a compensação, dentro dos processos, de benefícios ou prejuízos injustos gerados para os envolvidos (art. 29)

(SUNDFELD, Carlos Ari. MARQUES NETO, Floriano de Azevedo. **Contratações Públicas e Seu Controle**. 2013: Malheiros, p. 280)

Assim, submetemos a presente proposta, tal como formulada pelos professores citados, na expectativa de contar com as sugestões de aprimoramento dos eminentes pares.

Sala das Sessões,
Senador ANTONIO ANASTASIA

LEGISLAÇÃO CITADA

DECRETO-LEI N. 4.657, DE 4 DE SETEMBRO DE 1942

Lei de Introdução às normas do Direito Brasileiro.
(Redação dada pela Lei n. 12.376, de 2010)

O PRESIDENTE DA REPÚBLICA, usando da atribuição que lhe confere o artigo 180 da Constituição, decreta:

Art. 1º Salvo disposição contrária, a lei começa a vigorar em todo o país quarenta e cinco dias depois de oficialmente publicada.

§ 1º Nos Estados, estrangeiros, a obrigatoriedade da lei brasileira, quando admitida, se inicia três meses depois de oficialmente publicada. (Vide *Lei n. 2.807, de 1956*)

§ 2º (*Revogado pela Lei n. 12.036, de 2009*).

§ 3º Se, antes de entrar a lei em vigor, ocorrer nova publicação de seu texto, destinada a correção, o prazo deste artigo e dos parágrafos anteriores começará a correr da nova publicação.

§ 4º As correções a texto de lei já em vigor consideram-se lei nova.

Art. 2º Não se destinando à vigência temporária, a lei terá vigor até que outra a modifique ou revogue. (Vide *Lei n. 3.991, de 1961*)

§ 1º A lei posterior revoga a anterior quando expressamente o declare, quando seja com ela incompatível ou quando regule inteiramente a matéria de que tratava a lei anterior.

§ 2º A lei nova, que estabeleça disposições gerais ou especiais a par das já existentes, não revoga nem modifica a lei anterior.

§ 3º Salvo disposição em contrário, a lei revogada não se restaura por ter a lei revogadora perdido a vigência.

Art. 3º Ninguém se escusa de cumprir a lei, alegando que não a conhece.

Art. 4º Quando a lei for omissa, o juiz decidirá o caso de acordo com a analogia, os costumes e os princípios gerais de direito.

Art. 5º Na aplicação da lei, o juiz atenderá aos fins sociais a que ela se dirige e às exigências do bem comum.

Art. 6º A Lei em vigor terá efeito imediato e geral, respeitados o ato jurídico perfeito, o direito adquirido e a coisa julgada. (*Redação dada pela Lei n. 3.238, de 1957*)

§ 1º Reputa-se ato jurídico perfeito o já consumado segundo a lei vigente ao tempo em que se efetuou. (*Incluído pela Lei n. 3.238, de 1957*)

§ 2º Consideram-se adquiridos assim os direitos que o seu titular, ou alguém por êle, possa exercer, como aquêles cujo comêço do exercício tenha têrmo pré-fixo, ou condição pré-estabelecida inalterável, a arbítrio de outrem. (*Incluído pela Lei n. 3.238, de 1957*)

§ 3º Chama-se coisa julgada ou caso julgado a decisão judicial de que já não caiba recurso. (*Incluído pela Lei n. 3.238, de 1957*)

Art. 7º A lei do país em que domiciliada a pessoa determina as regras sobre o começo e o fim da personalidade, o nome, a capacidade e os direitos de família.

§ 1º Realizando-se o casamento no Brasil, será aplicada a lei brasileira quanto aos impedimentos dirimentes e às formalidades da celebração.

§ 2º O casamento de estrangeiros poderá celebrar-se perante autoridades diplomáticas ou consulares do país de ambos os nubentes. (*Redação dada pela Lei n. 3.238, de 1957*)

§ 3º Tendo os nubentes domicílio diverso, regerá os casos de invalidade do matrimônio a lei do primeiro domicílio conjugal.

§ 4º O regime de bens, legal ou convencional, obedece à lei do país em que tiverem os nubentes domicílio, e, se este for diverso, a do primeiro domicílio conjugal.

§ 5º O estrangeiro casado, que se naturalizar brasileiro, pode, mediante expressa anuência de seu cônjuge, requerer ao juiz, no ato de entrega do decreto de naturalização, se apostile ao mesmo a adoção do regime de comunhão parcial de bens, respeitados os direitos de terceiros e dada esta adoção ao competente registro. (*Redação dada pela Lei n. 6.515, de 1977*)

§ 6º O divórcio realizado no estrangeiro, se um ou ambos os cônjuges forem brasileiros, só será reconhecido no Brasil depois de 1 (um) ano da data da sentença, salvo se houver sido antecedida de separação judicial por igual prazo, caso em que a homologação produzirá efeito imediato, obedecidas as condições estabelecidas para a eficácia das sentenças estrangeiras no país. O Superior Tribunal de Justiça, na forma de seu regimento interno, poderá reexaminar, a requerimento do interessado, decisões já proferidas em pedidos de homologação de sentenças estrangeiras de divórcio de brasileiros, a fim de que passem a produzir todos os efeitos legais. (*Redação dada pela Lei n. 12.036, de 2009*).

§ 7° Salvo o caso de abandono, o domicílio do chefe da família estende-se ao outro cônjuge e aos filhos não emancipados, e o do tutor ou curador aos incapazes sob sua guarda.

§ 8° Quando a pessoa não tiver domicílio, considerar-se-á domiciliada no lugar de sua residência ou naquele em que se encontre.

Art. 8° Para qualificar os bens e regular as relações a eles concernentes, aplicar-se-á a lei do país em que estiverem situados.

§ 1° Aplicar-se-á a lei do país em que for domiciliado o proprietário, quanto aos bens moveis que ele trouxer ou se destinarem a transporte para outros lugares.

§ 2° O penhor regula-se pela lei do domicílio que tiver a pessoa, em cuja posse se encontre a coisa apenhada.

Art. 9° Para qualificar e reger as obrigações, aplicar-se-á a lei do país em que se constituirem.

§ 1° Destinando-se a obrigação a ser executada no Brasil e dependendo de forma essencial, será esta observada, admitidas as peculiaridades da lei estrangeira quanto aos requisitos extrínsecos do ato.

§ 2° A obrigação resultante do contrato reputa-se constituida no lugar em que residir o proponente.

Art. 10. A sucessão por morte ou por ausência obedece à lei do país em que domiciliado o defunto ou o desaparecido, qualquer que seja a natureza e a situação dos bens.

§ 1° A sucessão de bens de estrangeiros, situados no País, será regulada pela lei brasileira em benefício do cônjuge ou dos filhos brasileiros, ou de quem os represente, sempre que não lhes seja mais favorável a lei pessoal do de cujus. (*Redação dada pela Lei n. 9.047, de 1995*)

§ 2° A lei do domicílio do herdeiro ou legatário regula a capacidade para suceder.

Art. 11. As organizações destinadas a fins de interesse coletivo, como as sociedades e as fundações, obedecem à lei do Estado em que se constituirem.

§ 1° Não poderão, entretanto ter no Brasil filiais, agências ou estabelecimentos antes de serem os atos constitutivos aprovados pelo Governo brasileiro, ficando sujeitas à lei brasileira.

§ 2° Os Governos estrangeiros, bem como as organizações de qualquer natureza, que eles tenham constituido, dirijam ou hajam investido de funções públicas, não poderão adquirir no Brasil bens imóveis ou susceptiveis de desapropriação.

§ 3° Os Governos estrangeiros podem adquirir a propriedade dos prédios necessários à sede dos representantes diplomáticos ou dos agentes consulares. (Vide *Lei n. 4.331, de 1964*)

Art. 12. É competente a autoridade judiciária brasileira, quando for o réu domiciliado no Brasil ou aqui tiver de ser cumprida a obrigação.

§ 1° Só à autoridade judiciária brasileira compete conhecer das ações relativas a imóveis situados no Brasil.

§ 2° A autoridade judiciária brasileira cumprirá, concedido o *exequatur* e segundo a forma estabelecida pele lei brasileira, as diligências deprecadas por autoridade estrangeira competente, observando a lei desta, quanto ao objeto das diligências.

Art. 13. A prova dos fatos ocorridos em país estrangeiro rege-se pela lei que nele vigorar, quanto ao ônus e aos meios de produzir-se, não admitindo os tribunais brasileiros provas que a lei brasileira desconheça.

Art. 14. Não conhecendo a lei estrangeira, poderá o juiz exigir de quem a invoca prova do texto e da vigência.

Art. 15. Será executada no Brasil a sentença proferida no estrangeiro, que reuna os seguintes requisitos:

a) haver sido proferida por juiz competente;

b) terem sido as partes citadas ou haver-se legalmente verificado à revelia;

c) ter passado em julgado e estar revestida das formalidades necessárias para a execução no lugar em que foi proferida;

d) estar traduzida por intérprete autorizado;

e) ter sido homologada pelo Supremo Tribunal Federal. (Vide art. *105, I*, i *da Constituição Federal*).

Parágrafo único. (*Revogado pela Lei n. 12.036, de 2009*).

Art. 16. Quando, nos termos dos artigos precedentes, se houver de aplicar a lei estrangeira, ter-se- á em vista a disposição desta, sem considerar-se qualquer remissão por ela feita a outra lei.

Art. 17. As leis, atos e sentenças de outro país, bem como quaisquer declarações de vontade, não terão eficácia no Brasil, quando ofenderem a soberania nacional, a ordem pública e os bons costumes.

Art. 18. Tratando-se de brasileiros, são competentes as autoridades consulares brasileiras para lhes celebrar o casamento e os mais atos de Registro Civil e de tabelionato, inclusive o registro de nascimento e de óbito dos filhos de brasileiro ou brasileira nascido no país da sede do Consulado. (*Redação dada pela Lei n. 3.238, de 1957*)

§ 1º As autoridades consulares brasileiras também poderão celebrar a separação consensual e o divórcio consensual de brasileiros, não havendo filhos menores ou incapazes do casal e observados os requisitos legais quanto aos prazos, devendo constar da respectiva escritura pública as disposições relativas à descrição e à partilha dos bens comuns e à pensão alimentícia e, ainda, ao acordo quanto à retomada pelo cônjuge de seu nome de solteiro ou à manutenção do nome adotado quando se deu o casamento. (*Incluído pela Lei n. 12.874, de 2013*) (*Vigência*)

§ 2º É indispensável a assistência de advogado, devidamente constituído, que se dará mediante a subscrição de petição, juntamente com ambas as partes, ou com apenas uma delas, caso a outra constitua advogado próprio, não se fazendo necessário que a assinatura do advogado conste da escritura pública. (*Incluído pela Lei n. 12.874, de 2013*) (*Vigência*)

Art. 19. Reputam-se válidos todos os atos indicados no artigo anterior e celebrados pelos cônsules brasileiros na vigência do Decreto-lei n. 4.657, de 4 de setembro de 1942, desde que satisfaçam todos os requisitos legais. (*Incluído pela Lei n. 3.238, de 1957*)

Parágrafo único. No caso em que a celebração dêsses atos tiver sido recusada pelas autoridades consulares, com fundamento no artigo 18 do mesmo Decreto-lei, ao interessado é facultado renovar o pedido dentro em 90 (noventa) dias contados da data da publicação desta lei. (*Incluído pela Lei n. 3.238, de 1957*)[2]

Rio de Janeiro, 4 de setembro de 1942,

121 da Independência e 54° da República.

GETULIO VARGAS

Alexandre Marcondes Filho

Oswaldo Aranha.

Este texto não substitui o publicado no DOU de 9.9.1942.

[1] À Comissão de Constituição, Justiça e Cidadania, em decisão terminativa.

ANEXO III

OFÍCIO N. 304 (SF)*

Brasília, em 19 de abril de 2017.

A Sua Excelência o Senhor Deputado Giacobo
Primeiro-Secretário da Câmara dos Deputados
Assunto: Projeto de Lei do Senado à revisão.

Senhor Primeiro-Secretário,

Encaminho a Vossa Excelência, a fim de ser submetido à revisão da Câmara dos Deputados, nos termos do art. 65 da Constituição Federal, o Projeto de Lei do Senado n. 349, de 2015, de autoria do Senador Antonio Anastasia, constante dos autógrafos em anexo, que "Inclui no Decreto-Lei n. 4.657, de 4 de setembro de 1942 (Lei de Introdução às Normas do Direito Brasileiro), disposições sobre segurança jurídica e eficiência na criação e na aplicação do direito público".

Atenciosamente,

---

* Na Câmara dos Deputados, o Projeto n. 349/2015 recebeu o número 7.448/2017.

Inclui no Decreto-Lei n. 4.657, de 4 de setembro de 1942 (Lei de Introdução às Normas do Direito Brasileiro), disposições sobre segurança jurídica e eficiência na criação e na aplicação do direito público.

O **Congresso Nacional** decreta:

Art. 1º O Decreto-Lei n. 4.657, de 4 de setembro de 1942 (Lei de Introdução às Normas do Direito Brasileiro), passa a vigorar acrescido dos seguintes artigos:

> "Art. 20. Nas esferas administrativa, controladora e judicial, não se decidirá com base em valores jurídicos abstratos sem que sejam consideradas as consequências práticas da decisão.
>
> Parágrafo único. A motivação demonstrará a necessidade e a adequação da medida imposta ou da invalidação de ato, contrato, ajuste, processo ou norma administrativa, inclusive em face das possíveis alternativas.
>
> Art. 21. A decisão que, na esfera administrativa, controladora ou judicial, decretar a invalidação de ato, contrato, ajuste, processo ou norma administrativa deverá indicar de modo expresso suas consequências jurídicas e administrativas.
>
> Parágrafo único. A decisão a que se refere o *caput* deverá, quando for o caso, indicar as condições para que a regularização ocorra de modo proporcional e equânime e sem prejuízo aos interesses gerais, não se podendo impor aos sujeitos atingidos ônus ou perdas que, em função das peculiaridades do caso, sejam anormais ou excessivos.
>
> Art. 22. Na interpretação de normas sobre gestão pública, serão considerados os obstáculos e as dificuldades reais do gestor e as exigências das políticas públicas a seu cargo, sem prejuízo dos direitos dos administrados.
>
> § 1º Em decisão sobre regularidade de conduta ou validade de ato, contrato, ajuste, processo ou norma administrativa, serão consideradas as circunstâncias práticas que houverem imposto, limitado ou condicionado a ação do agente.

§ 2º Na aplicação de sanções, serão consideradas a natureza e a gravidade da infração cometida, os danos que dela provierem para a administração pública, as circunstâncias agravantes ou atenuantes e os antecedentes do agente.

§ 3º As sanções aplicadas ao agente serão levadas em conta na dosimetria das demais sanções de mesma natureza e relativas ao mesmo fato.

Art. 23. A decisão administrativa, controladora ou judicial que estabelecer interpretação ou orientação nova sobre norma de conteúdo indeterminado, impondo novo dever ou novo condicionamento de direito, deverá prever regime de transição quando indispensável para que o novo dever ou condicionamento de direito seja cumprido de modo proporcional, equânime e eficiente e sem prejuízo aos interesses gerais.

Parágrafo único. Se o regime de transição, quando aplicável nos termos do *caput*, não estiver previamente estabelecido, o sujeito obrigado terá direito a negociá-lo com a autoridade, segundo as peculiaridades de seu caso e observadas as limitações legais, celebrando-se compromisso para o ajustamento, na esfera administrativa, controladora ou judicial, conforme o caso.

Art. 24. A revisão, na esfera administrativa, controladora ou judicial, quanto à validade de ato, contrato, ajuste, processo ou norma administrativa cuja produção já se houver completado levará em conta as orientações gerais da época, sendo vedado que, com base em mudança posterior de orientação geral, se declarem inválidas situações plenamente constituídas.

Parágrafo único. Consideram-se orientações gerais as interpretações e especificações contidas em atos públicos de caráter geral ou em jurisprudência judicial ou administrativa majoritária, e ainda as adotadas por prática administrativa reiterada e de amplo conhecimento público.

Art. 25. Quando necessário por razões de segurança jurídica de interesse geral, o ente poderá propor ação declaratória de validade de ato, contrato, ajuste, processo ou norma administrativa, cuja sentença fará coisa julgada com eficácia *erga omnes*.

§ 1° A ação de que trata o *caput* será processada conforme o rito aplicável à ação civil pública.

§ 2° O Ministério Público será citado para a ação, podendo abster-se, contestar ou aderir ao pedido.

§ 3° A declaração de validade poderá abranger a adequação e a economicidade dos preços ou valores previstos no ato, contrato ou ajuste.

Art. 26. Para eliminar irregularidade, incerteza jurídica ou situação contenciosa na aplicação do direito público, inclusive no caso de expedição de licença, a autoridade administrativa poderá, após oitiva do órgão jurídico e, quando for o caso, após realização de consulta pública, e presentes razões de relevante interesse geral, celebrar compromisso com os interessados, observada a legislação aplicável, o qual só produzirá efeitos a partir de sua publicação oficial.

§ 1° O compromisso:

I – buscará solução jurídica proporcional, equânime, eficiente e compatível com os interesses gerais;

II – poderá envolver transação quanto a sanções e créditos relativos ao passado e, ainda, o estabelecimento de regime de transição;

III – não poderá conferir desoneração permanente de dever ou condicionamento de direito reconhecidos por orientação geral; IV – deverá prever com clareza as obrigações das partes, o prazo para cumprimento e as sanções aplicáveis em caso de descumprimento.

§ 2° Poderá ser requerida autorização judicial para celebração do compromisso, em procedimento de jurisdição voluntária, para o fim de excluir a responsabilidade pessoal do agente público por vício do compromisso, salvo por enriquecimento ilícito ou crime.

Art. 27. A decisão do processo, na esfera administrativa, controladora ou judicial, poderá impor compensação por benefícios indevidos ou prejuízos anormais ou injustos resultantes do processo ou da conduta dos envolvidos.

§ 1º A decisão sobre a compensação será motivada, ouvidas previamente as partes sobre seu cabimento, sua forma e, se for o caso, seu valor.

§ 2º Para prevenir ou regular a compensação, poderá ser celebrado compromisso processual entre os envolvidos.

Art. 28. O agente público responderá pessoalmente por suas decisões ou opiniões técnicas em caso de dolo ou erro grosseiro.

§ 1º Não se considera erro grosseiro a decisão ou opinião baseada em jurisprudência ou doutrina, ainda que não pacificadas, em orientação geral ou, ainda, em interpretação razoável, mesmo que não venha a ser posteriormente aceita por órgãos de controle ou judiciais.

§ 2º O agente público que tiver de se defender, em qualquer esfera, por ato ou conduta praticada no exercício regular de suas competências e em observância ao interesse geral terá direito ao apoio da entidade, inclusive nas despesas com a defesa.

§ 3º Transitada em julgado decisão que reconheça a ocorrência de dolo ou erro grosseiro, o agente público ressarcirá ao erário as despesas assumidas pela entidade em razão do apoio de que trata o § 2º deste artigo.

Art. 29. Em qualquer órgão ou Poder, a edição de atos normativos por autoridade administrativa, salvo os de mera organização interna, poderá ser precedida de consulta pública para manifestação de interessados, preferencialmente por meio eletrônico, a qual será considerada na decisão.

§ 1º A convocação conterá a minuta do ato normativo e fixará o prazo e demais condições da consulta pública, observadas as normas legais e regulamentares específicas, se houver.

§ 2º É obrigatória a publicação, preferencialmente por meio eletrônico, das contribuições e de sua análise, juntamente com a do ato normativo.

> Art. 30. As autoridades públicas devem atuar para aumentar a segurança jurídica na aplicação das normas, inclusive por meio de regulamentos, súmulas administrativas e respostas a consultas.
>
> Parágrafo único. Os instrumentos previstos no *caput* terão caráter vinculante em relação ao órgão ou entidade a que se destinam, até ulterior revisão."

Art. 2º Esta Lei entra em vigor na data de sua publicação, salvo o art. 29, que entrará em vigor após decorridos 180 (cento e oitenta) dias de sua publicação oficial.

Senado Federal, em 19 de abril de 2017.

Senador Eunício Oliveira
Presidente do Senado Federal

ANEXO IV

MENSAGEM N. 212, DE 25 DE ABRIL DE 2018*

Senhor Presidente do Senado Federal,

Comunico a Vossa Excelência que, nos termos do § 1º do art. 66 da Constituição, decidi vetar parcialmente, por contrariedade ao interesse público e inconstitucionalidade, o Projeto de Lei n. 7.448, de 2017 (n. 349/15 no Senado Federal), que "Inclui no Decreto-Lei n. 4.657, de 4 de setembro de 1942 (Lei de Introdução às Normas do Direito Brasileiro), disposições sobre segurança jurídica e eficiência na criação e na aplicação do direito público".

Ouvidos, os Ministérios do Planejamento, Desenvolvimento e Gestão, da Fazenda, da Transparência e Controladoria-Geral da União e a Advocacia-Geral da União manifestaram-se pelo veto ao seguinte dispositivo:

* Mensagem do Presidente da República ao Presidente do Senado Federal. Disponível em: www.planalto.gov.br/ccivil_03/_ato2015-2018/2018/Msg/VEP/VEP-212.htm. Acesso em: 15 jun. 2021.

Parágrafo único do art. 23 do Decreto-Lei n. 4.657, de 4 de setembro de 1942, acrescido pelo art. 1° do projeto

> "Parágrafo único. Se o regime de transição, quando aplicável nos termos do *caput* deste artigo, não estiver previamente estabelecido, o sujeito obrigado terá direito a negociá-lo com a autoridade, segundo as peculiaridades de seu caso e observadas as limitações legais, celebrando-se compromisso para o ajustamento, na esfera administrativa, controladora ou judicial, conforme o caso."

Razões do veto

> "O *caput* do artigo impõe a obrigatoriedade de estabelecimento de regime de transição em decisão administrativa, controladora ou judicial que preveja mudança de entendimento em norma de conteúdo indeterminado quando indispensável para o seu cumprimento, todavia, o parágrafo único traz um direito subjetivo do administrado ao regime. Assim, o dispositivo reduz a força cogente da própria norma e deve ser vetado, de modo a garantir a segurança jurídica de tais decisões."

O Ministério da Justiça, juntamente com os Ministérios da Fazenda, da Transparência e Controladoria-Geral da União e a Advocacia-Geral da União manifestaram-se pelo veto ao dispositivo a seguir transcrito:

Art. 25 do Decreto-Lei n. 4.657, de 4 de setembro de 1942, acrescido pelo art. 1° do projeto

> "Art. 25. Quando necessário por razões de segurança jurídica de interesse geral, o ente poderá propor ação declaratória de validade de ato, contrato, ajuste, processo ou norma administrativa, cuja sentença fará coisa julgada com eficácia *erga omnes*.
>
> § 1° A ação de que trata o *caput* deste artigo será processada conforme o rito aplicável à ação civil pública.
>
> § 2° O Ministério Público será citado para a ação, podendo abster-se, contestar ou aderir ao pedido.

§ 3º A declaração de validade poderá abranger a adequação e a economicidade dos preços ou valores previstos no ato, contrato ou ajuste."

Razões do veto

"A ação declaratória preconizada pelo dispositivo, cuja sentença terá eficácia para todos, inclusive podendo dispor a respeito de preço e valores, poderá acarretar em excessiva demanda judicial injustificada, tendo em vista a abrangência de cabimento para a impetração da ação por 'razões de segurança jurídica de interesse geral' o que, na prática, poderá contribuir para maior insegurança jurídica. Ademais, há omissão quanto à eficácia de decisões administrativas ou de controle anteriores à impetração da ação declaratória de validade, uma vez que a atuação judicial pode se tornar instrumento para a mera protelação ou modificação dessas deliberações, representando, também, violação ao Princípio Constitucional da Independência e Harmonia entre os Poderes."

O Ministério da Fazenda, juntamente com o Ministério da Transparência e Controladoria-Geral da União e a Advocacia-Geral da União, acrescentaram veto ao seguinte dispositivo:

Inciso II do § 1º do art. 26, do Decreto-Lei n. 4.657, de 4 de setembro de 1942, acrescido pelo art. 1º do projeto

"II – poderá envolver transação quanto a sanções e créditos relativos ao passado e, ainda, o estabelecimento de regime de transição;"

Razões do veto

"A celebração de compromisso com os interessados, instrumento de natureza administrativa previsto no *caput* do artigo, não pode, em respeito ao princípio da reserva legal, transacionar a respeito de sanções e créditos relativos ao tempo pretérito e imputados em decorrência de lei. Ademais, poderia representar estímulo indevido ao não cumprimento das respectivas sanções, visando posterior transação."

O Ministério da Transparência e Controladoria-Geral da União e a Advocacia-Geral da União acrescentaram, ainda, veto aos seguintes dispositivos:

§ 2 º do art. 26 do Decreto-Lei n. 4.657, d e 4 de setembro de 1942, acrescido pelo art. 1º do projeto

> "§ 2º Poderá ser requerida autorização judicial para celebração do compromisso, em procedimento de jurisdição voluntária, para o fim de excluir a responsabilidade pessoal do agente público por vício do compromisso, salvo por enriquecimento ilícito ou crime."

Razão do veto

> "A autorização judicial destinada à celebração de compromisso administrativo com a finalidade de excluir a responsabilidade pessoal do agente público viola o Princípio Constitucional da Independência e Harmonia entre os Poderes, ao comprometer a apreciação das esferas administrativa e de controle."

§ 1 º do art. 28 do Decreto-Lei n. 4.657, d e 4 de setembro de 1942, acrescido pelo art. 1º do projeto

> "§ 1º Não se considera erro grosseiro a decisão ou opinião baseada em jurisprudência ou doutrina, ainda que não pacificadas, em orientação geral ou, ainda, em interpretação razoável, mesmo que não venha a ser posteriormente aceita por órgãos de controle ou judiciais."

Razão do veto

> "A busca pela pacificação de entendimentos é essencial para a segurança jurídica. O dispositivo proposto admite a desconsideração de responsabilidade do agente público por decisão ou opinião baseada em interpretação jurisprudencial ou doutrinária não pacificada ou mesmo minoritária. Deste modo, a propositura atribui discricionariedade ao administrado em agir com base em sua própria convicção, o que se traduz em insegurança jurídica."

§ 2 º do art. 29 do Decreto-Lei n. 4.657, de 4 de setembro de 1942, acrescido pelo art. 1º do projeto

"§ 2º É obrigatória a publicação, preferencialmente por meio eletrônico, das contribuições e de sua análise, juntamente com a do ato normativo."

Razão do veto

"Configura-se de todo louvável o comando do dispositivo de tornar obrigatória a publicação das contribuições oriundas das consultas públicas que precedam a edição de atos normativos. Não obstante, a extensão dessa obrigatoriedade à publicação também das respectivas análises, e de modo concomitante à edição do respectivo ato normativo, poderia tornar extremamente morosa e ineficiente a sistemática por parte dos órgãos ou Poderes, ou mesmo retardar sua implementação, indo de encontro ao interesse público e recomendando, assim, o veto do parágrafo."

Os Ministérios da Justiça e da Transparência e Controladoria-Geral da União e a Advocacia-Geral da União manifestaram-se, também, pelo veto aos dispositivos a seguir transcritos:

§§ 2º e 3º d o art. 28 do Decreto-Lei n. 4.657, de 4 de setembro de 1942, acrescido pelo art. 1º do projeto

"§ 2º O agente público que tiver de se defender, em qualquer esfera, por ato ou conduta praticada no exercício regular de suas competências e em observância ao interesse geral terá direito ao apoio da entidade, inclusive nas despesas com a defesa.

§ 3º Transitada em julgado decisão que reconheça a ocorrência de dolo ou erro grosseiro, o agente público ressarcirá ao erário as despesas assumidas pela entidade em razão do apoio de que trata o § 2º deste artigo."

Razões dos vetos

"Os dispositivos criam direito subjetivo para o agente público obter apoio e defesa pela entidade, em qualquer

> esfera, decorrente de ato ou conduta praticada no exercício regular de suas competências, inclusive nas despesas com a defesa. Tal como se apresenta, fica caracterizada a não exclusividade do órgão de advocacia pública na prestação, podendo impor a cada entidade dispêndio financeiro indevido, sem delimitar hipóteses de ocorrência de tais apoios nem especificar o órgão responsável por esse amparo, o que poderia gerar significativos ônus sobretudo para os entes subnacionais."

Essas, Senhor Presidente, as razões que me levaram a vetar os dispositivos acima mencionados do projeto em causa, as quais ora submeto à elevada apreciação dos Senhores Membros do Congresso Nacional.

Este texto não substitui o publicado no DOU de 26.04.2018.

ANEXO V

DECRETO N. 9.830, DE 10 DE JUNHO DE 2019*

Regulamenta o disposto nos art. 20 ao art. 30 do Decreto-Lei n. 4.657, de 4 de setembro de 1942, que institui a Lei de Introdução às normas do Direito brasileiro.

O PRESIDENTE DA REPÚBLICA, no uso das atribuições que lhe confere o art. 84, *caput*, incisos IV e VI, alínea "a", da Constituição, e tendo em vista o disposto nos art. 20 ao art. 30 do Decreto-Lei n. 4.657, de 4 de setembro de 1942,

DECRETA:

CAPÍTULO I
DISPOSIÇÕES PRELIMINARES

Objeto

Art. 1º Este Decreto regulamenta o disposto nos art. 20 ao art. 30 do Decreto-Lei n. 4.657, de 4 de setembro de 1942, que institui a Lei de Introdução às normas do Direito brasileiro.

* Disponível em: http://www.planalto.gov.br/ccivil_03/_ato2019-2022/2019/decreto/D9830.htm. Acesso em: 15 jun. 2021.

CAPÍTULO II
DA DECISÃO

Motivação e decisão

Art. 2º A decisão será motivada com a contextualização dos fatos, quando cabível, e com a indicação dos fundamentos de mérito e jurídicos.

§ 1º A motivação da decisão conterá os seus fundamentos e apresentará a congruência entre as normas e os fatos que a embasaram, de forma argumentativa.

§ 2º A motivação indicará as normas, a interpretação jurídica, a jurisprudência ou a doutrina que a embasaram.

§ 3º A motivação poderá ser constituída por declaração de concordância com o conteúdo de notas técnicas, pareceres, informações, decisões ou propostas que precederam a decisão.

Motivação e decisão baseadas em valores jurídicos abstratos

Art. 3º A decisão que se basear exclusivamente em valores jurídicos abstratos observará o disposto no art. 2º e as consequências práticas da decisão.

§ 1º Para fins do disposto neste Decreto, consideram-se valores jurídicos abstratos aqueles previstos em normas jurídicas com alto grau de indeterminação e abstração.

§ 2º Na indicação das consequências práticas da decisão, o decisor apresentará apenas aquelas consequências práticas que, no exercício diligente de sua atuação, consiga vislumbrar diante dos fatos e fundamentos de mérito e jurídicos.

§ 3º A motivação demonstrará a necessidade e a adequação da medida imposta, inclusive consideradas as possíveis alternativas e observados os critérios de adequação, proporcionalidade e de razoabilidade.

Motivação e decisão na invalidação

Art. 4º A decisão que decretar invalidação de atos, contratos, ajustes, processos ou normas administrativos observará o disposto no art. 2º e indicará, de modo expresso, as suas consequências jurídicas e administrativas.

§ 1º A consideração das consequências jurídicas e administrativas é limitada aos fatos e fundamentos de mérito e jurídicos que se espera do decisor no exercício diligente de sua atuação.

§ 2º A motivação demonstrará a necessidade e a adequação da medida imposta, consideradas as possíveis alternativas e observados os critérios de proporcionalidade e de razoabilidade.

§ 3º Quando cabível, a decisão a que se refere o *caput* indicará, na modulação de seus efeitos, as condições para que a regularização ocorra de forma proporcional e equânime e sem prejuízo aos interesses gerais.

§ 4º Na declaração de invalidade de atos, contratos, ajustes, processos ou normas administrativos, o decisor poderá, consideradas as consequências jurídicas e administrativas da decisão para a administração pública e para o administrado:

I – restringir os efeitos da declaração; ou

II – decidir que sua eficácia se iniciará em momento posteriormente definido.

§ 5º A modulação dos efeitos da decisão buscará a mitigação dos ônus ou das perdas dos administrados ou da administração pública que sejam anormais ou excessivos em função das peculiaridades do caso.

Revisão quanto à validade por mudança de orientação geral

Art. 5º A decisão que determinar a revisão quanto à validade de atos, contratos, ajustes, processos ou normas administrativos cuja produção de efeitos esteja em curso ou que tenha sido concluída levará em consideração as orientações gerais da época.

§ 1º É vedado declarar inválida situação plenamente constituída devido à mudança posterior de orientação geral.

§ 2º O disposto no § 1º não exclui a possibilidade de suspensão de efeitos futuros de relação em curso.

§ 3º Para fins do disposto neste artigo, consideram-se orientações gerais as interpretações e as especificações contidas em atos públicos de caráter geral ou em jurisprudência judicial ou administrativa majoritária e as adotadas por prática administrativa reiterada e de amplo conhecimento público.

§ 4º A decisão a que se refere o *caput* será motivada na forma do disposto nos art. 2º, art. 3º ou art. 4º.

Motivação e decisão na nova interpretação de norma de conteúdo indeterminado

Art. 6º A decisão administrativa que estabelecer interpretação ou orientação nova sobre norma de conteúdo indeterminado e impuser novo dever ou novo condicionamento de direito, preverá regime de transição, quando indispensável para que o novo dever ou o novo condicionamento de direito seja cumprido de modo proporcional, equânime e eficiente e sem prejuízo aos interesses gerais.

§ 1º A instituição do regime de transição será motivada na forma do disposto nos art. 2º, art. 3º ou art. 4º.

§ 2º A motivação considerará as condições e o tempo necessário para o cumprimento proporcional, equânime e eficiente do novo dever ou do novo condicionamento de direito e os eventuais prejuízos aos interesses gerais.

§ 3º Considera-se nova interpretação ou nova orientação aquela que altera o entendimento anterior consolidado.

Regime de transição

Art. 7º Quando cabível, o regime de transição preverá:

I – os órgãos e as entidades da administração pública e os terceiros destinatários;

II – as medidas administrativas a serem adotadas para adequação à interpretação ou à nova orientação sobre norma de conteúdo indeterminado; e

III – o prazo e o modo para que o novo dever ou novo condicionamento de direito seja cumprido.

Interpretação de normas sobre gestão pública

Art. 8º Na interpretação de normas sobre gestão pública, serão considerados os obstáculos, as dificuldades reais do agente público e as exigências das políticas públicas a seu cargo, sem prejuízo dos direitos dos administrados.

§ 1º Na decisão sobre a regularidade de conduta ou a validade de atos, contratos, ajustes, processos ou normas administrativos, serão consideradas as circunstâncias práticas que impuseram, limitaram ou condicionaram a ação do agente público.

§ 2º A decisão a que se refere o § 1º observará o disposto nos art. 2º, art. 3º ou art. 4º.

Compensação

Art. 9º A decisão do processo administrativo poderá impor diretamente à pessoa obrigada compensação por benefícios indevidos ou prejuízos anormais ou injustos resultantes do processo ou da conduta dos envolvidos, com a finalidade de evitar procedimentos contenciosos de ressarcimento de danos.

§ 1º A decisão do processo administrativo é de competência da autoridade pública, que poderá exigir compensação por benefícios indevidamente fruídos pelo particular ou por prejuízos resultantes do processo ou da conduta do particular.

§ 2º A compensação prevista no *caput* será motivada na forma do disposto nos art. 2º, art. 3º ou art. 4º e será precedida de manifestação das partes obrigadas sobre seu cabimento, sua forma e, se for o caso, seu valor.

§ 3º A compensação poderá ser efetivada por meio do compromisso com os interessados a que se refere o art. 10.

CAPÍTULO III
DOS INSTRUMENTOS

Compromisso

Art. 10. Na hipótese de a autoridade entender conveniente para eliminar irregularidade, incerteza jurídica ou situações contenciosas na aplicação do direito público, poderá celebrar compromisso com os interessados, observada a legislação aplicável e as seguintes condições:

I – após oitiva do órgão jurídico;

II – após realização de consulta pública, caso seja cabível; e
III - presença de razões de relevante interesse geral.

§ 1° A decisão de celebrar o compromisso a que se refere o *caput* será motivada na forma do disposto no art. 2°.

§ 2° O compromisso:

I – buscará solução proporcional, equânime, eficiente e compatível com os interesses gerais;

II – não poderá conferir desoneração permanente de dever ou condicionamento de direito reconhecido por orientação geral; e

III – preverá:

a) as obrigações das partes;

b) o prazo e o modo para seu cumprimento;

c) a forma de fiscalização quanto a sua observância;

d) os fundamentos de fato e de direito;

e) a sua eficácia de título executivo extrajudicial; e

f) as sanções aplicáveis em caso de descumprimento.

§ 3° O compromisso firmado somente produzirá efeitos a partir de sua publicação.

§ 4° O processo que subsidiar a decisão de celebrar o compromisso será instruído com:

I – o parecer técnico conclusivo do órgão competente sobre a viabilidade técnica, operacional e, quando for o caso, sobre as obrigações orçamentário-financeiras a serem assumidas;

II – o parecer conclusivo do órgão jurídico sobre a viabilidade jurídica do compromisso, que conterá a análise da minuta proposta;

III – a minuta do compromisso, que conterá as alterações decorrentes das análises técnica e jurídica previstas nos incisos I e II; e

IV – a cópia de outros documentos que possam auxiliar na decisão de celebrar o compromisso.

§ 5º Na hipótese de o compromisso depender de autorização do Advogado-Geral da União e de Ministro de Estado, nos termos do disposto no § 4º do art. 1º ou no art. 4º-A da Lei n. 9.469, de 10 de julho de 1997, ou ser firmado pela Advocacia-Geral da União, o processo de que trata o § 3º será acompanhado de manifestação de interesse da autoridade máxima do órgão ou da entidade da administração pública na celebração do compromisso.

§ 6º Na hipótese de que trata o § 5º, a decisão final quanto à celebração do compromisso será do Advogado-Geral da União, nos termos do disposto no parágrafo único do art. 4º-A da Lei n. 9.469, de 1997.

Termo de ajustamento de gestão

Art. 11. Poderá ser celebrado termo de ajustamento de gestão entre os agentes públicos e os órgãos de controle interno da administração pública com a finalidade de corrigir falhas apontadas em ações de controle, aprimorar procedimentos, assegurar a continuidade da execução do objeto, sempre que possível, e garantir o atendimento do interesse geral.

§ 1º A decisão de celebrar o termo de ajustamento de gestão será motivada na forma do disposto no art. 2º.

§ 2º Não será celebrado termo de ajustamento de gestão na hipótese de ocorrência de dano ao erário praticado por agentes públicos que agirem com dolo ou erro grosseiro.

§ 3º A assinatura de termo de ajustamento de gestão será comunicada ao órgão central do sistema de controle interno.

CAPÍTULO IV
DA RESPONSABILIZAÇÃO DO AGENTE PÚBLICO

Responsabilização na hipótese de dolo ou erro grosseiro

Art. 12. O agente público somente poderá ser responsabilizado por suas decisões ou opiniões técnicas se agir ou se omitir com dolo, direto ou eventual, ou cometer erro grosseiro, no desempenho de suas funções.

§ 1º Considera-se erro grosseiro aquele manifesto, evidente e inescusável praticado com culpa grave, caracterizado por ação ou omissão com elevado grau de negligência, imprudência ou imperícia.

§ 2º Não será configurado dolo ou erro grosseiro do agente público se não restar comprovada, nos autos do processo de responsabilização, situação ou circunstância fática capaz de caracterizar o dolo ou o erro grosseiro.

§ 3º O mero nexo de causalidade entre a conduta e o resultado danoso não implica responsabilização, exceto se comprovado o dolo ou o erro grosseiro do agente público.

§ 4º A complexidade da matéria e das atribuições exercidas pelo agente público serão consideradas em eventual responsabilização do agente público.

§ 5º O montante do dano ao erário, ainda que expressivo, não poderá, por si só, ser elemento para caracterizar o erro grosseiro ou o dolo.

§ 6º A responsabilização pela opinião técnica não se estende de forma automática ao decisor que a adotou como fundamento de decidir e somente se configurará se estiverem presentes elementos suficientes para o decisor aferir o dolo ou o erro grosseiro da opinião técnica ou se houver conluio entre os agentes.

§ 7º No exercício do poder hierárquico, só responderá por culpa *in vigilando* aquele cuja omissão caracterizar erro grosseiro ou dolo.

§ 8º O disposto neste artigo não exime o agente público de atuar de forma diligente e eficiente no cumprimento dos seus deveres constitucionais e legais.

Análise de regularidade da decisão

Art. 13. A análise da regularidade da decisão não poderá substituir a atribuição do agente público, dos órgãos ou das entidades da administração pública no exercício de suas atribuições e competências, inclusive quanto à definição de políticas públicas.

§ 1º A atuação de órgãos de controle privilegiará ações de prevenção antes de processos sancionadores.

§ 2º A eventual estimativa de prejuízo causado ao erário não poderá ser considerada isolada e exclusivamente como motivação para se concluir pela irregularidade de atos, contratos, ajustes, processos ou normas administrativos.

Direito de regresso, defesa judicial e extrajudicial

Art. 14. No âmbito do Poder Executivo federal, o direito de regresso previsto no § 6° do art. 37 da Constituição somente será exercido na hipótese de o agente público ter agido com dolo ou erro grosseiro em suas decisões ou opiniões técnicas, nos termos do disposto no art. 28 do Decreto-Lei n. 4.657, de 1942, e com observância aos princípios constitucionais da proporcionalidade e da razoabilidade.

Art. 15. O agente público federal que tiver que se defender, judicial ou extrajudicialmente, por ato ou conduta praticada no exercício regular de suas atribuições institucionais, poderá solicitar à Advocacia- Geral da União que avalie a verossimilhança de suas alegações e a consequente possibilidade de realizar sua defesa, nos termos do disposto no art. 22 da Lei n. 9.028, de 12 de abril de 1995, e nas demais normas de regência.

Decisão que impuser sanção ao agente público

Art. 16. A decisão que impuser sanção ao agente público considerará:

I – a natureza e a gravidade da infração cometida;

II – os danos que dela provierem para a administração pública;

III – as circunstâncias agravantes ou atenuantes;

IV – os antecedentes do agente;

V – o nexo de causalidade; e

VI – a culpabilidade do agente.

§ 1° A motivação da decisão a que se refere o *caput* observará o disposto neste Decreto.

§ 2° As sanções aplicadas ao agente público serão levadas em conta na dosimetria das demais sanções da mesma natureza e relativas ao mesmo fato.

Art. 17. O disposto no art. 12 não afasta a possibilidade de aplicação de sanções previstas em normas disciplinares, inclusive nos casos de ação ou de omissão culposas de natureza leve.

CAPÍTULO V
DA SEGURANÇA JURÍDICA NA APLICAÇÃO DAS NORMAS

Consulta pública para edição de atos normativos

Art. 18. A edição de atos normativos por autoridade administrativa poderá ser precedida de consulta pública para manifestação de interessados, preferencialmente por meio eletrônico.

§ 1° A decisão pela convocação de consulta pública será motivada na forma do disposto no art. 3°.

§ 2° A convocação de consulta pública conterá a minuta do ato normativo, disponibilizará a motivação do ato e fixará o prazo e as demais condições.

§ 3° A autoridade decisora não será obrigada a comentar ou considerar individualmente as manifestações apresentadas e poderá agrupar manifestações por conexão e eliminar aquelas repetitivas ou de conteúdo não conexo ou irrelevante para a matéria em apreciação.

§ 4° As propostas de consulta pública que envolverem atos normativos sujeitos a despacho presidencial serão formuladas nos termos do disposto no Decreto n. 9.191, de 1° de novembro de 2017.

Segurança jurídica na aplicação das normas

Art. 19. As autoridades públicas atuarão com vistas a aumentar a segurança jurídica na aplicação das normas, inclusive por meio de normas complementares, orientações normativas, súmulas, enunciados e respostas a consultas.

Parágrafo único. Os instrumentos previstos no *caput* terão caráter vinculante em relação ao órgão ou à entidade da administração pública a que se destinarem, até ulterior revisão.

Parecer do Advogado-Geral da União e de consultorias jurídicas e súmulas da Advocacia- Geral da União

Art. 20. O parecer do Advogado-Geral da União de que tratam os art. 40 e art. 41 da Lei Complementar n. 73, 10 de fevereiro de 1993, aprovado pelo Presidente da República e publicado no Diário Oficial da União juntamente com o despacho presidencial, vincula os órgãos e as entidades da administração pública federal, que ficam obrigados a lhe dar fiel cumprimento.

§ 1º O parecer do Advogado-Geral da União aprovado pelo Presidente da República, mas não publicado, obriga apenas as repartições interessadas, a partir do momento em que dele tenham ciência.

§ 2º Os pareceres de que tratam o *caput* e o § 1º têm prevalência sobre outros mecanismos de uniformização de entendimento.

Art. 21. Os pareceres das consultorias jurídicas e dos órgãos de assessoramento jurídico, de que trata o art. 42 da Lei Complementar n. 73, de 1993, aprovados pelo respectivo Ministro de Estado, vinculam o órgão e as respectivas entidades vinculadas.

Orientações normativas

Art. 22. A autoridade que representa órgão central de sistema poderá editar orientações normativas ou enunciados que vincularão os órgãos setoriais e seccionais.

§ 1º As controvérsias jurídicas sobre a interpretação de norma, instrução ou orientação de órgão central de sistema poderão ser submetidas à Advocacia-Geral da União.

§ 2º A submissão à Advocacia-Geral da União de que trata o § 1º será instruída com a posição do órgão jurídico do órgão central de sistema, do órgão jurídico que divergiu e dos outros órgãos que se pronunciaram sobre o caso.

Enunciados

Art. 23. A autoridade máxima de órgão ou da entidade da administração pública poderá editar enunciados que vinculem o próprio órgão ou a entidade e os seus órgãos subordinados.

Transparência

Art. 24. Compete aos órgãos e às entidades da administração pública manter atualizados, em seus sítios eletrônicos, as normas complementares, as orientações normativas, as súmulas e os enunciados a que se referem os art. 19 ao art. 23.

Vigência

Art. 25. Este Decreto entra em vigor na data de sua publicação.

Brasília, 10 de junho de 2019;
198º da Independência e 131º da República.

JAIR MESSIAS BOLSONARO

Paulo Guedes

Wagner de Campos Rosário

André Luiz de Almeida Mendonça

Este texto não substitui o publicado no DOU de 11.6.2019